A Natural History of RAPE

人はなぜレイプするのか

進化生物学が解き明かす

ランディ・ソーンヒル
クレイグ・パーマー

訳
望月 弘子

青灯社

装幀　三村　淳

目次

マーゴ・ウィルソンによる〈まえがき〉

女性にとって、レイプは忌むべきものだ。レイプという言葉を思い浮かべただけで、不安や嫌悪感、怒りの気持ちなどがこみ上げる。だから、レイプを科学研究のテーマとすることに女性たちが、興味もひかれるが避けたくもあるというアンビバレントな思いを抱くのは、きわめて当然といえる。たとえば、容姿をひどく損なうような病気についての研究であっても、おそらくこれほどの嫌悪感やアンビバレントな思いを引き起こすことはないだろう。アンビバレントな気持ちは、不安や嫌悪などがないまぜになった感情と、もっと情報を得たいという気持ちの両方が生じることによって、起こるのである。

本書の著者であるソーンヒルとパーマーは、そのようなアンビバレントな気持ちがさまざまな形をとって自分たちの周囲にあらわれるのを何度も経験しており、なぜ女性がそんなに不安に思うのかも十分に理解している。だが科学者である著者たちは、真実を知ることにこそ大きな価値があると考える。たとえ本書のような科学研究が不安や嫌悪感を引き起こすとしても、もしその研究によって、レイプが起こる理由を理解できるのであれば、そのほうが長期的には女性たちに大きな利益があると確信しているのだ。著者たちにとっていっそう不利なことに、彼らが提唱する進化的アプローチを標榜《ひょうぼう》するような小説類がこれまでたくさん書かれ、レイプの要因や、なぜ被害女性たちがひどい痛手をこうむるかについて、多くの怪しげな考察を撒き散らしてきた。したがって著者たちは、二重の悪条件をかかえていることになる。扱うテーマがレイプだという点と、彼らの理論的アプローチが進化理論に基づくものだという点である。というのも、たいていの人々が進化生物学については正しい基礎知識をもっておらず、生物学者のなかにさえ、人類が一つの（ただし、きわめて特殊な）種にすぎないと考えるのをためらう人がいるからだ。

本書には、著者たちがこれまでレイプについて進めてきた進化的アプローチが、意を尽くして述べられている。そしてその順序だった記述は、レイプについてだけにとどまらず、人間についてのさまざまな分野、たとえば精神病理学などにまで及ぶ。著者たちの仮定、推論の筋道、証拠の採用基準といったものは、関心を持って読む読者たちの目の前に、明確に提示されている。ごまかしやまわりくどい表現は、著者らの望むところではないのだ。データや仮定、推論を明快に示し、そこに弱点がないかを誰もがチェックできる——その点にこそ、著者たちの知的な強みがあるといえるだろう。著者たちは科学的手法をあくまでも貫こうとし、レイプが起こる理由についての自分たちの推論が、皆の手で吟味され、修正され、より深い理解に到達することを歓迎している。いかなる科学も、ダーウィン主義も、また他のどんな主義であろうとも、その分野の人たちの考えかたがすべて一つに一致することはあり得ない。本書の二人の著者たちの意見も、あらゆる点で完全に一致しているというわけではないが、そうした仮説や推論の食い違いは、科学研究がさらに進めば、しだいに解消されていくとも考えられる。なぜレイプが起こるのか、なぜそれが女性をひどく傷つけるのかを論じる時、著者たちの言葉はいちだんと熱を帯びる。自分たちの考えかたの枠組みとなっている科学的手法の有効性を認めない人たちと知的に対決したいという気持ちから、著者らは、間違った考えかたを幅広く取り上げて鋭く批判する。ソーンヒルもパーマーも、他分野の学問とのつながりや競争について、歴史学的または社会学的に、組織立った論述を行なおうとしているわけではない。しかしそれにもかかわらず著者らの洞察は、他の学問分野にも大いに役立つものとなっているのである。

最近は、個人が別の個人に与えるさまざまな害悪の要因や経過を明らかにし、それを防ぐ効果的な手立てを提唱しようとする、新しいタイプの進化学者が増えてきた。ソーンヒルとパーマーは、まさしくその一員であるといえるだろう。

マーゴ・ウィルソン（進化心理学）

はじめに

人々の生活からレイプを根絶したいと願う科学者の一員として私たちは、そのような変化を起こせるかどうかは、ひとえに、人間の行動の要因についてどこまで知ることができるかにかかっているると確信している。もしレイプの要因を間違ってとらえれば、その予防は不可能に近いだろう。

不幸なことに、動物学者のパトリシア・ゴワティ（1997,p.1）が述べているとおり、「現代社会には、そして多くのフェミニストたちのなかにさえ、科学や科学的論述に対する厄介な反感」が存在する。「そのような、科学を毛嫌いする態度のせいで、科学の本質に対する理解が深まらず、進化的なプロセスの無視につながっている」と、ゴワティはつづけている。科学が軽んじられ、アカデミックな集団でも科学に対する間違った理解が少なからず見られることを指摘する人たちは、他にもいる(1)。実際、「大きな影響力をもつ社会科学の著作の大多数はイデオロギー的なものである」という主張もある（Leslie 1990, p.896）。社会科学全体についてこの主張が正しいかどうかはさておくとしても、少なくとも、レイプに関するさまざまな説明に付随してここ三十年間に提唱されたその防止策の多くが、科学的証拠よりもイデオロギーに基づくものであったことは間違いない。

一九八二年から一九九二年までのあいだに発表された、人間の性的強要についての社会科学の諸論文を調査した心理学者のデル・ティーセンとロバート・ヤング（1994, p.60）は、「それらが伝えようとしている内容は、科学的というよりむしろ政治的なものだ」と結論している。私たちは、レイプの問題を解決しようとする最近の研究者たちの理論の大部分も依然として、生物に関する最も有力な科学的理論であるダーウィンの進化理論、すなわち自然淘汰の理論をよく理解しないまま構築されていると考えている。その結果、レイプに関する社会科学者の提案の多くが、チャールズ・ダーウィンの著作『種の起源（On the Origin of Species 八杉龍一訳、岩波文庫）』が発表された一八五九年以来ずっと定説となっている進化理論に反するような、人間の行動についての仮定の上に成り立っているのだ。

なかには、レイプ研究者が進化理論に詳しくなくてもべつに問題ないだろうと主張する人たちもいる。なぜなら、生物学者にして女性学教授でもあるジュレイマ・タング＝マーティーニズ（1996, p.122）が述べているように、進化理論に詳しい研究者たちが提供するレイプ解決策は、「どれもこれも、進化生物学の力など借りなくても、フェミニスト的心理社会学分析によって到達可能」だからだ、とそのような人たちは言う。だが、そうした考えは正しくない。進化的なアプローチは、レイプを減らすために役立つ新知識を与えてくれる。それに反して、進化理論をよく理解していない人たちが提唱する予防法は、むしろレイプを増やしてしまうことにもなりかねないからだ。

本書で述べる私たちのアプローチとその率直さが、真面目で善意にあふれたレイプ研究者たちを含めた社会科学者たちを当惑させてしまうだろうことは、私たち自身にも予想がつく。だが、社会科学者たちの最新の主張と進化論的アプローチが必ずしも矛盾せず、両立し得るものだということがもっと強調されれば、そのようなレイプ研究者たちも、進化的アプローチを尊重するようになるだろう。しかもありがたいことに、私たち以外の進化学者たちも最近では、彼らへの啓蒙につとめてくれている。そうした努力がやがては、進化的アプローチを社会科学の中心に据えることは想像にかたくない。これまでは、社会科学者たちによるレイプについての説明の非科学性を軽視したり見過ごしたりしてきたために、非科学的な仮説に基づいた対策がまかり通ってきた。警察官も法律家も、教師や両親やカウンセラーも、レイプ犯もその予備軍も、子どもたちも、人間の本性についての不正確な考えかたに基づいているので実際には役に立たない〝レイプ防止法〟を、これまで教えられてきたのだ。私たちが、レイプに関するいわゆる〝社会科学的説明〟を批判して述べる内容を、そのような観点から理解していただけるとありがたい。

カール・ヘンペル（1959）やカール・ポッパー（1968）をはじめとする哲学者たちが述べているように、科学というものは、誤った考えかたへの反証を通じて発展する。したがって科学的な批判は、対象とする理論や調査研究の本質的な問題点を、ズバリとつくものでなくてはならない。周辺部の些細な間違いを示して、だからその研究は根本から誤りだとするような態度は、正しい科学的批判とはいえないのだ。同様に、ある分野の一部の研究者たちの仕事が誤っていることを指摘したからといって、その分野全体が間違っていると立証したことにはならない。ある研究のなかの些細な一部、ある分野のなかの不出来な研究を攻撃すること――人文科学によく見られる、修辞学的なアプローチ――は、科学としては役立たないのだ(2)。

レイプに関する社会科学者の理論は、人類の発達、行動、心理に関して、経験的に誤った、むしろ神話的ともいえる考えかたに基づいている。進化に関する基本的な知識を否定し、この、筋の通った進歩的な考えかたに従うのを拒否しているのだ。したがって社会科学者の著述は、科学的というよりむしろ政治的なものになってしまっている。

ダーウィンの進化理論について、生物学者のジェイムズ・ロイド（1979, p.18）は、「ガイドとなって、ある種の誤りを予防し、ある種の説明や観察への疑いを生じさせ、今後の研究の筋道を示し、自然現象に関する重要な観察をどう理解するかについての確たる基準を与えてくれるものだ」と述べている。それに対して社会科学者たちの研究は、実証された理論による一貫したガイドを欠いていると、進化人類学者のドナルド・サイモンズ（1987a, p.135）は記す――「なぜなら社会科学は、進化理論とまったく無縁なところで発展してきたからだ。その結果、社会科学や行動科学は、ある種の誤りをおかし、疑わしい説明を量産し、研究の道筋を誤り、重要な観察をどう理解するかについての確たる基準を多くの点で欠くことになってしまった」

I　レイプと進化理論

レイプがどういうものなのかをほんとうに理解している人が、十分にいるとは思えません。そして、そのような人が増えないかぎり（中略）レイプをなくすために十分な手立てがとられるとは考えられません。

レイプ被害者の言葉。グロート（1979, p.87）からの引用

直観的かつ今日的な一定義によれば、レイプとは、「被害者自身や、被害者が日常的に保護している人物に死や深刻なケガをもたらさない範囲で、力のかぎり被害者が抵抗したにもかかわらず遂行された性交」である[1]。同様の状況下での、男性および女性に対する口腔あるいは肛門への性器挿入などといった性的暴行も、場合によってはレイプと呼ばれる。

ある研究によれば、調査対象となった十八歳以上のアメリカ女性の十三％が、少なくとも一度は、完全なレイプ――「女性の同意なしに、暴力をふるうという脅しや実際の暴力を伴って行な

われた、被害者の膣、口腔、あるいは直腸への性的挿入」という定義にあてはまる行為――を受けたことがあると答えている（Kilpatrick et al. 1992, p.i）。やや違う定義を用いて、別のデータ収集法で行なわれたいくつかの調査では、さらに高い割合が報告されている。特に、被害にはあったが警察には届けなかったというケースを調べた調査では、その割合が高い。キルパトリックら（同上p.6）は、警察に届けないレイプを経験したことのある女性の割合は六十六～八十四％にものぼるのではないかと考えている。ペニスによる膣へのレイプを経験した女性の三十七～五十七％が、その後、ポスト・トラウマ・ストレス症候群に悩まされており、その割合は、レイプ以外の暴行、住居侵入、強盗など、女性に対する他の犯罪のいずれの場合よりも高い（Kilpatrick et al. 1987; Resnick et al. 1993）。

人類がなぜレイプをなくすことができないかについて、私たちは、以下の二つの答えを提示したい――

・たいていの人は、レイプを引き起こす欲望や感情や価値観をなぜ人間がもつのかを、よく知らない。なぜなら、人間を現在あるような形にしている究極要因（つまり、進化に基づく要因）を理解していない人が多いからだ。それを理解していないせいで、レイプの至近要因を正しく理解することができず、レイプに関わる人たちの行動を、うまく変えさせることができない。

・これまで四半世紀ものあいだ、レイプ防止策の策定に関しては、進化的なアプローチは取り入れられてこなかった。人間の行動についての科学的知識に忠実であることよりイデオロギー的な発言をすることを主目的として生み出された説明にばかり、頼ってきたのである。

進化理論そのものをきちんと理解しないかぎり、レイプに関する進化的説明の価値を認めることはおろか、そうした説明を理解することさえ不可能だ。その点がよくわかっていなかったために、これまで長いこと、進化的説明に対する的外れな攻撃に、貴重な時間が浪費されてきた。ただし本書の読者の大多数にとっていちばん興味があるのは、進化理論それ自体よりもレイプの問題だろう。したがって私たちはここで、レイプに関する疑問のうち、進化的アプローチからなら答えることのできるいくつかを、列挙してみたいと思う——

・なぜレイプを行なうのは男で、被害者は（通常）女なのか？
・なぜレイプは被害者にとって、ひどく恐ろしい体験なのか？
・なぜレイプが与える精神的外傷は、被害者の年齢や、未婚・既婚によって違うのか？
・なぜレイプが与える精神的外傷は、性行為のタイプによって違うのか？
・なぜレイプが与える精神的外傷は、目に見える身体的外傷の程度によって左右され、しかも、被害者自身も予想しない方面にあらわれるのか？

・なぜ若い男のほうが年配の男より、レイプの加害者になりやすいのか？
・なぜ若い女のほうが、年配の女や（思春期前の）少女より、レイプの被害者になりやすいのか？
・なぜ戦争中などのいくつかの状況下では、それ以外の時よりレイプが頻発しやすいのか？
・これまで知られているあらゆる文化でレイプが起きているのはなぜか？
・これまで知られているあらゆる文化で、ある種のレイプが罰せられているのはなぜか？
・なぜ人々（特に夫たち）はしばしば、レイプされたという訴えを疑うのか？
・なぜレイプはしばしば、被害者の夫に対する犯罪として扱われるのか？
・なぜレイプに関する法律を改正しようとする試みは、なかなか成功しないのか？
・なぜレイプは、人間以外の多くの種にも存在するのか？　そして、すべての種に存在するわけではないのはなぜか？
・なぜ人間にはいまだにレイプが起こるのか？
・レイプはどうしたら防げるのか？

進化理論

人間によって発せられる最も深遠な問いはおそらく、「人間とは何か？」ということだろう。

この問いはつねに、あらゆる哲学や神学の中核をなしてきた。今から二〇〇〇〇年前の賢人たちはたしかにその問いを発しているし、二〇〇万年前のアウストラロピテクスのうち最も賢い個体も、もしかしたら同じ問いを発していたかもしれない。だが私がここで言いたいのは、こうした問いに答えようとした試みのうち、一八五九年以前のものはすべて価値がなく、それを完全に無視しても、いっこうにかまわないということだ。――シンプソン（1966, p.472）

ある惑星の住人が知的な段階に入るのは、自分たち自身が存在する理由を見つけ出した時からだ。知能の高い宇宙人が地球に降り立って、人間の文明のレベルを知ろうとしたら、最初に目安にするのは、「こいつらはもう、進化を発見したのか？」という点だろう。真実がついに一人の人間の前に姿をあらわすまでの三十億年以上ものあいだ、地球上の生物はずっと、なぜ自分たちが存在しているのかを知らないままだった。その人間とは、チャールズ・ダーウィンである。たしかにそのほかにも、真実に薄々気づいていた者はいたが、なぜ私たちが存在しているかの理由について、初めて首尾一貫した説明を行なったのは、ダーウィンその人である。――ドーキンス（1976, p.1）

多くの社会科学者たち（そして他の多くの人たち）は、このような文学的表現で述べられた主張のことを、科学的とはいえない〝盲信的言辞〟（Kacelnik 1997, p.65）であるとして退けてきた。

たしかにこの二つの表現には並々ならぬ熱意がこめられているが、問題にすべきなのは、これらの引用が、自然淘汰による進化という理論のもつ意味を正確に言いあらわしているかどうかである。そして、全生物、さらにはとりわけ人間についての科学的研究の道標となり、実り多い知識を数多くもたらしたという、進化理論の多大な功績から考えれば、シンプソンやドーキンスの熱意も、しごく当然のものだといえるだろう。

至近要因と究極要因

私たちの友人である一人の女性が、ある時、こんな話をきりだした。ボーイフレンドと映画を見た帰り、人気のない駐車場に停めてあった車に戻ると、彼はそのまま彼女を自宅に送り届けるのではなく、突然、車のドアをロックして、無理やりセックスしたというのだ。本書で問題にしているのは、そして、その友人が私たちに尋ねたのは、つぎのようなことだ——その男の行動の要因は、いったい何なのか?

日常的な意味でも科学的な意味でも、要因というのは、それがなかったら、ある効果や現象が起こらないものごとをさす。そして生物学者は、二つの異なるレベルの要因を追究しようとする——至近要因と、究極要因だ。行動の至近要因というのは、短期的に働く要因、すなわち行動に直近する要因のことだ。社会科学者たちを含め、大多数の人たちが専ら考えようとするのは、このタイプの要因である。たとえば、ボーイフレンドの行動の要因についての私たちの女友達の疑問を読むと、たいていの人は、「きっとその男は、女性を憎んでいたか、誰かを支配したかったか、子ども時代に虐待されていたか、酔っ払っていたか、体内のテストステロン（男性ホルモン）の分泌が多すぎたか、無能感を埋め合わせたかったか、家父長的文化のなかで育てられたか、テレビの暴力番組を見すぎたか、暴力ポルノ中毒者か、性的にひどく興奮していたか、母親を憎んでいたか、父親を憎んでいたか、暴力を好むというごく稀な遺伝子をもっていたのだろう」と考えて、そのような直近の要因を提示しようとする。そして、そもそもその直近の要因がなぜ存在することになったのかは、考えようとはしないだろう。そんなわけで、男の行動の究極要因には、思い至らないのである。

　至近要因としては、行動や身体にあらわれた特徴の、ごく直近に生じた出来事が問題にされるから、遺伝子、ホルモン、（脳のメカニズムなどの）生理学的構造、（学習に影響を与える環境要因などの）環境刺激、といったものがあげられることになる。つまり至近要因は、発達上あるいは生理学上のメカニズムがどのようにして物事を引き起こすかを説明する。それに対して究極要因は、そうした至近的なメカニズムがそもそもなぜ存在するかを説明するものだ。

　至近要因による説明と究極要因による説明は、どちらかいっぽうが正しいというのではなく、双方が補い合って成立するものである。たとえば、「何百万年にもわたる淘汰のプロセスによって、人間の目は現在のような形態になった」という主張（究極要因による説明）はけっして、

「網膜の視細胞である杆体《かんたい》と錐体《すいたい》の働きのおかげで、目は視覚的情報を脳に伝えることができる」という主張（至近的な説明）と矛盾するものではない。それと同様に、「学習が男性のレイプ行動に影響を与える」という主張（つまり、至近要因についての主張）も、レイプ行動が進化によってもたらされたという主張と、なんら矛盾しないのである。

しかしながら、究極要因から考えた場合にあり得ない至近要因というものも存在するから、究極要因をつきとめることが、とても重要になってくる。究極要因が至近要因の正否を規定するのである。たとえば、「人間の目が今のような形態になったのは、そのほうが人類の祖先は光を感知しやすかったからだ」という究極的な説明から考えて、人間の目の光感知メカニズムについての至近的説明は、妥当なものだと考えられる。

至近要因と究極要因の双方が十分に解明されないかぎり、人間生活のどんな側面も、完全に理解することは不可能だ。そして、究極要因の解明方法を理解するためには、自然淘汰が適応をもたらす仕組みを理解する必要がある。

自然淘汰と適応

適応というのは、過去に自然淘汰によって選ばれたために、現在その生物にそなわっている表現型すなわち特徴（形態学的構造、生理学的メカニズム、行動など）のことである。そうした適応は淘汰による進化によってもたらされるのではないかと最初に考えたのが、チャールズ・ダーウィンだ。彼はまず、自然界の生物に対する淘汰の働き——すべての生物が高い繁殖率と高い死亡率を示すことから必然的に生じる博物学上の事実——を注意深く観察した。そしてやがて、地球上の長い生物の歴史のなかで淘汰がどんなに創造的な役割を果たしてきたかに気づいたのである。その働きのありさまは、『種の起源』から引用されたつぎの一節に雄弁に語られている——

自然淘汰は、日々一刻も休まずに、世界中で、あらゆる微細な変化形も見逃さず、精密な吟味をつづけ、悪しきものを拒絶し、良きものをすべて保存強化し、黙ったまま、ごくわずかずつ働きつづけている。（中略）我々がそのゆっくりした歩みに気づくのは、長い年月がたってからだ。（Ridley 1987, p.87）

生物学者のジョージ・ウィリアムズは、一九六六年の著書『適応と自然淘汰（*Adaptation and Natural Selection*）』のなかで、ダーウィンの言う「自然淘汰が〝悪しき〟ものをすべて拒絶し、〝良き〟ものをすべて保存する」とはどういう意味なのかを解説している。ウィリアムズがまず明確にしているのは、これらの言葉がけっしてモラル的な意味で使われているのではないということだ。これらは単に、各個体が生き残ったり繁殖したりする能力にその特徴がどう影響するかを述べているにすぎないのである。(3) つまり〝良き〟特徴とは、その個体の繁殖に利益をもたらす特徴のことだ。私たち進化学者はそのような繁殖上の利益を〝繁殖成功度〟と呼ぶが、それは単純に子どもを残すことだけをさすのではなく、その子どもが生きのびて、さらに子孫を残すことまでを含めて言っている（Palmer and Steadman 1997）。たとえモラル的には望ましくない特徴でも、そうした能力を高めるものであれば、自然淘汰上は〝良き〟特徴となる。生物学的あるいは自然淘汰上の良し悪しと、モラル的に正しいかどうかは、まったく無関係なのである。その両者を混同すると、〝自然主義の誤謬《ごびゅう》〟と呼ばれるものに陥ってしまう。さらにウィリアムズはつけ加えて、自然淘汰が〝良き〟ものとして選び取るのは、各個体の繁殖成功度を増す特徴であって、必ずしもその集団全体の生存能力を高める特徴ではないことも明言している。

ウィリアムズのこの著書が出版されるまでは、「集団全体の生存能力を高める特徴を淘汰が選び取る」という、いわゆる〝群淘汰〟の考えかたが主流だった。その説を一気に広めたのは、一九六二年に出版された鳥類学者のV・C・ウィン＝エドワーズの『社会行動から見た動物の分散（*Animal Dispersion in Relation to Social Behavior*）』という著書だ。これに反論するウィリアムズの著書を読んだほとんどの生物学者は、ウィン＝エドワーズの説は間違いだったと確信するようになった。しかしながら、科学者以外の人たちにとっては、「淘汰は集団の利益に役立つ特徴を選び取る」という考えかたは、捨て去るにはあまりにも魅力的すぎたらしい。というわけで、今でもなお、その説は一般の人たちに広く流布しているだけでなく、進化生物学者のなかにさえ、ごく少数ながら、いまだにそれを信奉する人たちがいる（Wilson and Sober 1994; Sober and Wilson

1998)[4]。

適応を〝デザイン〟する自然淘汰の力を正しく把握するためには、自然淘汰はモラル的に正しい特徴を選び取るという考えも、集団の利益に役立つ特徴を選び取るという考えも、捨てなくてはならない。それらを捨て去った時に初めて、生物の複雑な特徴を自然淘汰がどのように作り上げるかを、正しく理解することができるのだ。

人間の目に現在そなわっている多くの生理学的構造は、過去何万世代にもわたってそれが各個体の繁殖成功度を高めてきたからこそ、そこに存在する。進化を引き起こす四つの動因（遺伝子の存在頻度を変化させる要因として、自然界の四つのプロセスが知られている）のうち、たとえば人間の目のような適応を生み出せるのはただ一つ、淘汰という動因だけだ。それ以外の三つの動因（突然変異、遺伝的浮動、遺伝子拡散[5]）は、適応を生み出すことができない。それら三つの動因は、各個体を取り巻く環境の変化（たとえば捕食者など）に呼応しないでランダムに働くため、適応を生み出すのに必要な創造性を欠いているからである。淘汰は、長期間にわたって一つの方向に累積的に働くと、他の三つの進化動因が生み出した単純でランダムな遺伝子的変異から、複雑な表現型のデザインを作り上げる。淘汰はランダムなプロセスではなく、環境に応じて表現型のデザインを変化させつづけることで、前の世代とは異なる個体を生み出していく過程なのだ。したがって適応というのは、過去の環境上の問題点に対する表現型上の解決策だといっていい。きわめて長期間、ある環境上の問題がその種に影響を与えつづけると、累積的な一定方向への淘汰が起こり、適応が生じるのだ。淘汰による進化は、もともと特定の目的を持って起こるわけではない。しかしながら段階的かつ継続的な影響を与えつづけることで、特定の機能を果たす形質を生み出す――それが適応なのである。

現在の環境が過去の環境と大幅に変わってしまっている場合には、適応は必ずしも現時点での繁殖成功度を高める結果にはならない。たとえば現代の都市の舗道に落ちる樹木の種は、淘汰によって過去何世代にもわたり、環境に適応するよう巧妙にデザインされてきた。しかし現代の舗道という環境にあっては、生き残り繁殖するチャンスは皆無に等しいといっていい。また北アメリカのプロングホーン（エダツノカモシカ）は、今ではもう絶滅してしまったネコ科の大形捕食獣やハイエナ類から逃げるための適応として、ある種の社会行動や移動方法（たとえば高速での短距離ダッシュなど）を発達させている（Byers 1997）。

人間の行動における適応を考える際には、とりわけこの、現代の環境と進化の歴史上の環境との違いを心にとめておくことが重要になる。今日《こんにち》、ほとんどの人間は、これまでの進化の歴史上例のない要素を数多く含む環境で暮らしている。（たとえば現代的な避妊法なども、これまで例のない方法で人間の繁殖成功度に影響を与えることが確実な要素の一つといえるだろう。）したがって、人間の行動は時として、現代の状況から見ると（進化学的な語法において）適応的でないものになってしまっている。

機能についてどう説明するかという点でも、進化学的な説明は、社会科学者が日ごろ馴染んでいる非進化学的な説明とは、かなり異なる。そしてじつは進化学的な説明は、非進化学的な説明では解決できない一つの問題を、解決できるのである。というのも、非進化学的な説明では、他にもその機能を果たし得るものがあるのに、なぜ特定のものが特定の機能を果たすようになるのかを説明できない（Hempel 1959）。たとえば社会学の創始者の一人であるエミール・デュルケームは、宗教の果たす機能について、それは社会集団を維持するためのものだと説明している（Durkheim 1912）。だがその説明では、そうした機能を果たし得る集団が（政治的団体、非宗教的な社会組織、イデオロギー集団など）たくさんあるのに、なぜ宗教が特にそれを果たしているのかがわからない。それに対して自然淘汰による進化の観点に立てば、そうした問題の解決は難しくない――ランダムな突然変異によってたまたま生じ、たまたまその個体の繁殖成功度を高める方向に働いた遺伝子はすべて、その後の世代には、より頻繁にあらわれるようになる。その後の世代でも引き続き、ランダムな突然変異がたまたま起こり、自然淘汰によって選ばれていく。そして、そのようにして長い年月がたつと、特定の機能を果たすようデザインされた形質が残るのである。（突然変異という）ランダムな出来事と、自然淘汰というランダムでないプロセスが合わさって働いた結果、もしかしたら同じ機能を果たすようになったかもしれない形質が他にもいくつもあるのに、特にその形質だけが、その特定の機能を果たすように進化するというわけだ。

もう一つ忘れてはならない事実は、淘汰が、進化によってそれまでにすでに登場している形質についてのみ働くという点である。つまり、毎回ゼロからスタートして、新しい形質を作り出すわけではない。もう少しましな解決法があったのではないかと思うような形質が数多く見られるのは、そういうわけなのである。たとえば人間の喉は、空気の通り道と食物の通り道が交差するような構造になっているため、気管に食物が詰まって死に至る危険がある。二つの通り道が完全に分離しているほうが——生存の可能性が上がるという点で——優れたデザインだといえるだろう。それなのに、魚類から哺乳類に至るまで、系統樹（共通の祖先をもつすべての種の関係を、樹木の枝分かれの形で示した図）上のすべての脊椎動物が、二つの通り道が交差した喉をもっている。人間の呼吸器系はもともと、系統樹上の遠い祖先たちの消化器系の一部から進化したため、食物の通り道と空気の通り道は最初からずっと、機能上は不都合のある連結を保ってきた（Williams 1992）。したがって二つの通り道の交差は、祖先の消化器系の一部を呼吸器として使用できるような適応を淘汰が作り出す過程で生まれた、歴史的遺産なのだ。つまり、その交差自体が適応的なわけではなく、もともとあったものを淘汰が呼吸に適したものに作り変えたことで生じた、副産物なのである。

新しくあらわれた突然変異はすべて、それが身体に与える影響を通じて、すでに存在している同種の個体群のなかで、また、それまでの進化の道筋を特徴づけるさまざまな身体的形状のなかで、どのくらいうまく働くかという観点から、淘汰による査定を受ける。進化によってすでに生じているもの（進化によって生み出された適応も含む）が、その後に進化し得るものを規定したり、その後の特定の進化の道筋を他の道筋より生じやすくしたりといったことが起こるのだ。

淘汰は、進化の最大の動因であり、適応を生じさせる唯一の動因であるから、究極要因を見極めるという観点に立つのなら、一見はっきりした目的があってその種にそなわったように思われる生物学的諸形質についても、それを生み出した淘汰の力と関連づけた説明を行なわなければならない。また、適応という観点から見ていく場合にも、ある適応が進化の歴史のなかで、その持ち主の繁殖成功度をどのように高めてきたかに焦点をあてなければならない。究極要因をつきとめる、すなわち進化学的な分析を行なうというのは、ある適応が淘汰によってもたらされたかどうかを明らかにすることではない。その特徴を生み出した淘汰圧はどのようなものだったかを、明確にすることなのだ。そしてその適応の機能上のデザインを見れば、どんな淘汰圧が働いたかはわかる。

淘汰の副産物

生物のあらゆる側面が、適応によってもたらされたというわけではない。実際ウィリアムズ（1966, pp.4-5）も、「適応というのは、そう呼ぶことが本当に必要な場合にのみ使用されるべき、特殊で厄介な概念だ」と強調しており、彼の影響を受けた進化学者たちは、現在存在しているからといって、その特徴が必ずしも直接、自然淘汰によって選び取られたという証拠にはならないということを、十分に理解している。同様に、ある特徴がその個体の繁殖成功度を増すことを証明できたからといって、それが適応によって生み出されたという十分な証明にはならない。

繁殖成功度の増大は、環境のほうが変わったために生じたのかもしれないし、進化の働きによってではなく、何か別のものの副産物として生じたのかもしれない。この点をわかりやすく説明するためにウィリアムズは、鶏を捕えるために深い雪のなかを繰り返し鶏小屋まででかけるキツネの例をあげている。二度目以降そのキツネは、前に自分が通ったことで踏み固められた足跡をたどっていく。そうすればエネルギーの節約になり、キツネの繁殖成功度は潜在的に高まる。だが、自分の足跡をたどる行為自体はキツネの脳内の適応によってもたらされているのかもしれないが、足の構造そのもののほうは、自然淘汰によって、雪を踏み固めるのに適した形に作り上げられたわけではない。キツネの足は明らかに、歩いたり走ったりするのに都合よくデザインされているのであり、雪を踏み固めるためにデザインされているわけではないのだ。つまり、雪はキツネにとって過去の環境の一部ではあったかもしれないが、そのことが、雪を踏み固めるのに都合よくキツネの足をデザインするのに十分なほどの淘汰圧になったという証拠は、どこにもない。雪を踏み固める機能、そしてそれに伴う繁殖成功度の増大は、あくまでもキツネの足の構造の偶然の副産物にすぎないのである。つまり、雪を踏み固めるというのは、キツネの足の中心的な機能ではない。サイモンズ（1979, p.10）は、「ある特徴の利点をその特徴の機能と呼ぶためには、その特徴が自然淘汰によって、その利点を生むために形作られたということを証明しなくてはならない」と述べている。ウィリアムズ（1966, p.209）も、「あるものごとがその特徴の機能だと主張したい時、その利点を示しても、必要条件にも十分条件にもならない。利点を示すことが大きなヒントになることはあるかもしれないが、機能であることを正しく示すためには、そのプロセス（あるいは特徴）がその機能を果たすようにデザインされたことを、きちんと証明する必要がある」と記している(6)。

ウィリアムズが強調しているとおり、適応という概念は、そう呼ぶことが本当に必要な場合にのみ使用されるべきだ。しかしながら、可能性がある場合にはあらゆる場面で、もしかしたらこの表現型は適応によってもたらされたのではないかということを、考慮には入れる必要がある。なぜなら、そうすることで初めて、それが自然淘汰によってデザインされたものかどうかを検討できるからだ。ウィリアムズ（同上p.10）は、自然淘汰によってデザインされたことを証明するためには、その特徴が当該の機能を、「きわめて正確かつ経済的、効果的、等々に」果たしていることを示さねばならないと述べている(7)。このウィリアムズの基準を継承してサイモンズ（1979, p.11）も、「機能というものは、偶然によるとはとうてい考えられないほど正確かつ経済的、効果的なものとして生み出されていることから、偶然に生じた効果とは区別できる」と記す。したがって、この経済性重視の学説にのっとれば、「物理学の法則が働いた結果や、適応の幸運な副産物として説明できる効果は、機能とは呼べない（同上）」ということになる。

逆に、ある特徴が機能面からのデザインとして生み出されたことがはっきりしている場合には、それがどのような進化の道筋で生じたかの説明として、遺伝的浮動や突然変異は除外される。遺伝的浮動によって生み出された特徴のうち後世に残るのは、繁殖成功度に悪影響がないものだけだ。もし悪影響があれば、淘汰によって、そうした特徴は摘み取られてしまうからである。繁殖成功度にいっさい害を及ぼさないという基準にあてはまる特徴はごくわずかであるから、生物学者のリチャード・アレグザンダー（1979）とリチャード・ドーキンス（1986）が説明しているように、遺伝的浮動というのはもともと、適応主義者たちの注意をひかないような、ごく少数の表現型についての出来事なのである。

突然変異もほとんどの場合には繁殖成功度に害を及ぼすので、淘汰とのバランスがくずれることはない（淘汰は出現頻度を下げ、突然変異は出現頻度を上昇させる）。突然変異はごく稀にしか起こらないから、淘汰の力のほうが強い。したがって突然変異によって生み出される特徴をもつのは、全個体数のうち、ごくわずかにすぎない。進化をもたらす動因としては淘汰が最も強力なので、形質進化を突然変異や遺伝的浮動に基づいて説明しようとする場合にも、淘汰の力を抜きに話を進めることはできないのである。

適応の証拠は、異種どうしの比較からも見つけられる。第一の証拠として、「近縁の種（すなわち、ごく最近、共通の祖先から枝分かれした種どうし）が、それぞれ異なる淘汰圧の働く環境におかれると、新しい状況下で繁殖成功度を増すような適応的突然変異がおのおの選び取られて、それぞれ新しい形質が進化する（Alcock 1993, p.222）」。ダーウィンがガラパゴス諸島で発見した、異なる種のフィンチたちに見られるさまざまな嘴《くちばし》の形は、そのような〝分岐進化〟の例である。種ごとに違う食物を主食としているために、それぞれに適応した形に嘴の形が変化しているのだ（Weiner 1994）。第二の証拠として、別の系統の種でも、「似たような淘汰圧のもとにおかれると」、「それぞれ独自に、〝収斂進化〟を通じて、その淘汰圧に適応するための、同じような行動の特徴を進化させる（Alcock 1993, p.222）」。水中で動きやすいようにという自然淘汰圧によって、魚類と海中哺乳類が似たような体形をもつようになったのは、この収斂進化の働きによるものだ。

したがって生物のさまざまな特徴は、主として二つの要因――適応と、適応によってもたらされたもの――によって生じているということになる。後者のほうは、〝副産物〟と呼ばれる。適応は淘汰圧によって直接的に形作られた特徴のことであり、副産物は淘汰圧によって間接的に形成された特徴であるといえる。

キツネの足が雪を踏み固めるのに好都合にできているという事例以外に副産物の例をあげるとすれば、人間の動脈血の赤い色もそうだ（Symons 1987a, b）。この特徴は、個体間の血液の色の差異という観点から淘汰によって選ばれたわけではない。動脈血が赤いほうが子孫を残しやすいといったことは、べつになかったのである。淘汰が別の観点で働いた結果、赤い血液は、適応の付帯現象として生まれた。人間の動脈血が赤いことの至近要因は、二つある――血液中に含まれている酸素およびヘモグロビンの化学的性質と、人間の色覚だ。したがって血液の色に関する究極要因は、人間の血液組成と色覚を現在のように作り上げた淘汰圧にあるということになる。

　人間のあらゆる年齢層において男性の死亡率のほうが女性のそれより高いことも、副産物の一例である（Alexander 1979; Trivers 1985; Wilson and Daly 1985; Geary 1998）。男性の高い死亡率は適応によってもたらされたわけではなく、性に伴う適応の、偶然の産物にすぎない。脳を含む身体各部の適応が男女別々に起こった結果、たとえばさまざまな身体的特徴のせいで、男性は女性より危険な行動に駆り立てられやすい。そして、そうした男性の適応の究極要因は、人類の進化の過程で性淘汰が、女性より男性に対して強力に働いたことにある(8)。

　生物の諸特徴について考える時、それが進化によってもたらされたものかどうかの答えは、考えるまでもなく「イエス」である。問うべきなのは、進化の諸原則がどのように働いたかという点なのだ。人間の行動にもすべて、それはあてはまる――美容整形、映画の内容、法体系、ファッションなども、その例外ではない。

　というわけで、人類のレイプをもたらした進化上の要因に関するきちんとした科学的論争の重大なテーマも、レイプがそれ自体を直接対象にした適応なのか、他の適応の副産物なのかという点にある。つまり、男性には、淘汰によって形作られた、レイプそれ自体を目的とする心理があったり、からだのつくりがそなわっていたりするのか、それともレイプは、それ以外を目的とする適応の偶然の産物なのか、という問題だ。本書の共著者である私たち二人も、この問題については十年以上も論議を重ねてきた（Palmer 1991, 1992a, b; Thornhill and Thornhill 1992a, b）。そして今では、レイプ自体を目的とした行動に男性を駆り立てる心理学的メカニズムによってレイプが起こるのかどうかが判明すれば、いずれはこの問題の答えも出るかもしれない、ということで意見が一致している。そして二人とも、進化的に見ることで人類のレイプの究極要因がわかり、進化的アプローチがレイプ防止に役立てば、たとえその論争に確たる答えが見つからなくても、現時点ではとりあえず十分だろうと考えるようになっているのだ。

しかし、どうして人類のレイプの究極要因を知ることが、今後起こるかもしれないレイプを防止するのに役立つのだろう？　それは、進化的に見た究極要因を明らかにすることには、理論的な面でも実際的な面でも、他のものにはない大きな力があるからだ。理論的な面では、淘汰だけが、適応の発生と維持を適切に説明することができる。ある適応について、至近要因をすべて特定できたとしても、その適応がなぜ発生し、なぜつづいてきたかを説明することはできない。だが、ある生物学的現象の究極要因を特定できれば、その現象自体が適応によって生み出されたものであれ、他の適応の副産物であれ、その現象に影響を与えているすべての至近要因を説明できるのだ。というわけで、究極要因のほうが、説明としては、より包括的で一般性がある。つまり、究極要因が究明されれば、実際的な利点もはかりしれないのだ——淘汰による進化がすべての生物にあてはまる一般的な理論であれば、それは人間の行動の至近的な諸要因を明らかにするのに役立ち、人間の行動の至近的な諸要因が明らかになれば、その行動を変える（すなわち、レイプを根絶する）ためのカギも見つかるからである。

進化上の究極要因を究明することで至近要因の解明につながるという事例は、人間以外の生物についての研究には数多く見られる。実際、そうしたアプローチが、これまで生物の研究に大きな変革をもたらしてきた（Krebs and Davies 1993; Alcock 1997）し、人間の行動についての研究でも、大変革をもたらしつつある（Alexander 1987; Wright 1994; Pinker 1997; Geary 1998; Buss 1999）。

進化理論は二つの点で、至近要因の解明をめざす研究に役立つ。

第一に、まだ至近要因のわかっていない、新しい生物学的現象の発見につながる。たとえば、進化心理学者であるリーダ・コスミデスとジョン・トゥービー（1992）は、人間の脳には社会契約における裏切り者を検知するためにデザインされたメカニズムがあることを発見した。そのような検知メカニズムの発見は、それ以前に生物学者のロバート・トリヴァース（1971）が提唱した、互恵的利他行動という進化学的な概念への理解があったからこそ生まれたものだ。同様に、〝縁者びいき〟の諸パターンの発見にも、進化理論が貢献している。そうした諸パターンは、血縁淘汰——各個体は、子孫を残すことによってだけでなく、子孫を含めた血縁者を手助けすることによっても、自らの遺伝子を後世に伝える（Hamilton 1963, 1964; Alexander 1987; Chagnon and Irons 1979; Betzig et al. 1988; Betzig 1997; Crawford and Krebs 1998）——という進化理論の基本的な概念に導かれた研究の結果として、もたらされたのである。血縁者たちは自分と同じ遺伝子を高い割合でもっており、血縁関係が近いほど、共通の遺伝子も多い。では、各個体が血縁者を識別して特別扱いするようになる至近要因は、いったい何なのだろう？　それは〝社会的学習〟だというのが、一般的に認められている答えだ（Alexander 1979; Palmer and Steadman 1997）。子どもは両親や親戚の人たちから、誰が自分の血縁者なのかを教えられ、成長の過程で彼らと交流を深める。そして血縁のおとなたちから、彼ら（なかでもとりわけ、ごく近い血縁者）に親切にすることを奨励されるのだ。では、そうした縁者びいきの発生（あるいは発達）に含まれている学習スケジュールの具体的な働きとは、いったいどういうものなのか？　そうした問いは、もしあらかじめ進化学者たちが縁者びいきの諸パターンを提示していなければ、生まれることすらなかっただろう。縁者びいきの社会的学習という側面が理解されるようになったことで、さらに一段階進んで、血縁者に親しみを感じてとりわけ親切にするという人間の行動の至近要因となる、脳の生理学的なメカニズムの解明が可能になっていったのである。そしていずれ将来は、人間の遺伝子のどの部分が環境と関連して、血縁者の認知やその厚遇をもたらしているのかという至近的なメカニズム（さらにつぎの段階の、至近要因）もわかるかもしれない。

進化理論が至近要因の解明に役立つ第二の道筋は、いっそう直截的で重要なものだ。進化理論は研究者たちに、どのような至近的メカニズムがいちばん見つかりやすそうか、どこから研究にとりかかればいいのかを、教えてくれるのだから。たとえば進化理論はこれまで、児童虐待、ネグレクト、子殺しなどの研究に、独自の指針を提供してきた（Daly and Wilson 1988）。両親による子どもへの投資についての進化的説明があらかじめ存在していたおかげで、研究者たちは、子どもの虐待につながりやすいたくさんの至近要因——子どもをうまく育てるのに必要な物的・人的資源が欠けていること、父親がはっきりしていなかったり、子どもと親に遺伝的なつながりがなかったりすること、子どもの側の、健康状態や性別などといったさまざまな要素、親の年齢、生まれた順番など——を見つけ出すことができたのである。(9)

この児童虐待の例からもわかるように、進化的なアプローチは、適応とその副産物の両方について、至近要因を特定できる。この例でいえば、児童虐待や子殺しは、それ自体が人類の進化の歴史のなかで淘汰によって選び取られてきたわけではない。適応は、デイリーとウィルソン(1988)の言葉を借りれば、「特定の子どもに対する選択的な両親の配慮」について起こったのであり、そうした特質が進化したのは、そのほうが、すべてのわが子に等しく投資するより、両親が生涯のうちに後世に残せる子どもの数が増えるからだ。すべての子どもをほぼ公平に愛して育てるのと、特定の子どもだけを愛して残りの子どもは無視する(あるいは、虐待したり殺したりさえする)のと、どちらがたくさんの子どもを後世に残せるかに基づいて子育ての態度が決まるというのは、人間以外にも多くの種で見られる心的適応である。至近要因を特定する上で進化的アプローチが大きな力を発揮することは、デイリーとウィルソンのつぎのような観察(1995, p.22)からもよくわかる——「深刻な児童虐待を引き起こす危険因子のなかでも最大のものは、親子のあいだに血のつながりがないことだと判明した。これまで二十年間もの長きにわたって、児童虐待についての集中的な研究が行なわれてきたが、進化的な発想という有効な手助けがなかったために、それを発見することができなかったのである」。本書の共著者である私たちは、レイプという行動の至近要因を解明する上でも、進化的アプローチが同じような手助けとなってくれるだろうと考えている。特に、進化によってもたらされた男性と女性のセクシュアリティの違いを理解することで、レイプの至近要因の解明につながると思う。適応をもたらした究極要因が進化的アプローチによって解明され、その結果、レイプの至近要因が明らかになれば、レイプの発生を減らすこともできるはずだ。

適応の機能は個別的

適応の究極要因がわかれば、レイプを防止する具体的・個別的な方法が見つかる。なぜなら適応というのは元来、個別的なものだからだ。

〈もしわれわれが全員、ダーウィン主義者だったら、どんな騒ぎになるか？〉と題された論文のなかでドナルド・サイモンズ（1987a）は、ウィリアムズの著書『適応と自然淘汰』に影響を受けた、進化的見地に立つ人類学者や生物学者、心理学者たちと、伝統的な社会科学者たちとの意見の相違は、脳が淘汰によって形作られたかどうかという点にあるのではないと指摘している。心理的な面（つまり脳）も適応によって形作られたという考えかたは、人間の身体のそれ以外の部分が淘汰によって進化したということを受け入れている人なら誰でも、おそらくは納得できることだろう。身体の各部分は淘汰によって形作られたかもしれないが、その身体をコントロールしている脳や神経系には淘汰の力が働かなかったなどと考えるのは、理屈に合わないからだ。進化という概念を受け入れている人にとっては、環境情報を処理して感情や行動をこれまで人類がおかれてきた環境に適応させようとする構造が、進化によって人間の脳にも埋め込まれているということは、疑問の余地がない。同様に、人間の親指が他の四本の指と向き合うように進化した経緯にちょっとでも思いをめぐらせば、人間の身体的行動（筋肉によって引き起こされる動き）が進化によってもたらされたか否かについていまだに残っている論争も、すぐにかたがつくはずだ。したがって、進化理論を受け入れている（大多数の）社会科学者たちによる、人間の行動についての説明は、言わず語らずのうちにも進化の考えかたを取り入れたものになっている。サイモンズ（P.126）は、「心理学の中心的問題はむしろ、心のメカニズムが、ごく少数の一般的で単純なものなのか、多数で個別的で複雑なものなのか、というところにある」と述べ、こう続ける――「伝統的な社会科学者たちの主張のなかにもバリエーションはあるものの、人間の〝学習〟や〝社会化〟、〝文化〟といったことがらを説明しようとする彼らの理論には、一つの共通点がある。連想やシンボル操作に関しては、少数の一般的な脳あるいは心のメカニズムが、人間の活動を支えていると考えているのだ（p.139）」。これまで多くの社会科学者が進化理論をきちんと学んでこなかった理由の一つは、適応は一般的なものだから、あらためて取り上げるまでもないと誤解しているからではないかと、私たちは考えている。

個別的な適応と、一般的な適応

もっと厳密に定義するなら、適応というのは、祖先が直面した環境上の諸問題を解決するために淘汰によって〝デザインされた〟メカニズムだということになる（Williams 1966, 1992; Symons 1979; Thornhill 1990, 1997a）。そうした諸問題への解決策を提供することこそが、適応の〝機能〟なのだ（Williams 1966）。

身体的な特徴と心理的（精神的）な特徴は別物だと考えている人は多いが、それは間違っている。精神をつかさどると考えられている脳も、身体の生理学的構成要素の一つだ。脳は、それ自体も生理学的・解剖学的構成要素でありながら、身体各部の生理学的・解剖学的構成要素を、環境情報の処理を通じてコントロールしている。したがって、進化心理学者が進化によって形作られた〝心理的メカニズム〟について語る時、彼らは実際には、神経系の生理的メカニズムについて述べていることになる。そして現時点の科学の知識では、その生理的メカニズムは、行動パターンから推測するしかない（Palmer 1991, 1992a, b）。

心理的メカニズムは、その機能を果たすために処理すべき情報の種類によって、個別的な目的をもつものと一般的な目的をもつものに分けられる。特定の範疇の情報（たとえば、ある個体が、好ましい特定の食物や、繁殖能力の高い特定のパートナーを獲得するのを助ける情報など）

を処理するのが、個別的な目的をもつ心理メカニズムであり、生態学的に一般性をもつ情報を処理するのが、一般的な目的をもつ心理メカニズムだ。一般的な目的をもつ心理メカニズムは、広範囲のことがら（さまざまな食物や、さまざまなパートナー候補など）の、質的な面での評価を行なっている。

したがって適応も、きわめて一般的なものからきわめて個別的なものまで、段階的なものがあると考えられる。たとえば、好ましい特定の食物や、繁殖能力の高い特定のパートナーを獲得するための各情報を処理するメカニズムより、それら全体を処理するメカニズムや、安全な寝場所を見つけるメカニズムのほうが、一般性が高いだろう。いっぽう、繁殖能力の高いパートナーを獲得するためのメカニズムのなかにも、さらに個別的なメカニズムが、たくさん含まれているはずだ。たとえば人間の場合にも、相手の健康状態、年齢、子育て能力などを見極めるために、それぞれ個別に進化した心理メカニズムが、数多くあるように思われる（Symons 1979, 1995; Thornhill and Møller 1997; Townsend 1998）(10)。

よって問題にすべきなのは、心理メカニズムが一般的な目的と個別的な目的のどちらをもっているのかということではなく、その目的がどの程度個別的なのかという点だ。社会科学者の多くは、人間には、かなり一般性の高い、ごく限られた数の心理メカニズムしかないと考えている。それに対して進化心理学者たちは、きわめて個別的な数多くのメカニズムが存在すると考える。そしてその考えかたは、人間の心の働きについて多くの認知学者たちが長年抱いてきた仮定に、きわめて近いものだ（Gazzaniga 1995）。

進化心理学者たちが、人間の脳は特定の働きに個別化した多くの適応によって構成されていると考えているのには、三つの理由がある。

第一に、**私たちの祖先が直面した環境上の諸問題は、きわめて個別的であったこと**。適応が、進化の歴史のなかで私たちの祖先が直面したそのような個別的な環境上の諸問題に対する解決策である以上、適応のほうも、同じように個別的でなければならない。個別的な目的をもつ適応のほうが個別的な諸問題の解決に役立つから、淘汰がそれを選ばなかったわけがないのである。

そうした個別性をわかりやすく説明するためには、生物体によって解決された典型的な環境上の問題のうち、どの例を取り上げてもいい。たとえば視覚について、考えてみよう。視覚はもともと、周囲の環境を見るという、きわめて一般的な問題を解決するために生まれたのかもしれない。しかしながら、〝視覚〟という単語も〝環境〟という単語も本来、複雑に絡み合った多くの現象をさす一般的な言葉だ。〝視覚〟は、色、明度、奥行き、境界線、距離、利用できる光など、たくさんの個別的な諸問題の解決を内包している。そうした諸問題のうち何と何を、どのような方法で解決するかは、その生物体の祖先が暮らしていた環境の、それぞれ個別の変数によって決まってくる。だからそれぞれの種の目や脳、神経系は、それぞれ特定の色や形、動きにしか反応しない。それぞれの種の各個体の繁殖成功度をかつて阻害した環境要因を解決するために発達したので、各種間で大きく違っているわけだ。たとえばヨーロッパヒキガエルの目には、「視野を水平に横切る細長い物体にとりわけ強く反応する」細胞群があるが、「近くを飛ぶ虫にヨーロッパヒキガエルがどう反応するかを考えれば、この個別的なデザインがなぜ生じたのかは、すぐにわかるだろう（Alcock 1993, pp.134, 135）」。しかも環境は、個々の種ごとに個別的なだけでなく、同一の種でも、その個体の年齢や性別によって変わってくる。視覚は、数多くの個別的な心理学的適応から成り立っており、それぞれの適応は、それぞれ個別の環境情報を処理するようにデザインされている[11]。目は、個別的な目的をもつ多くの心理学的適応の集積体なのである。そして、視覚以外の適応についても同じことがいえると、進化心理学者たちは考えている。

　人間の心理学的適応が個別的な目的をもつという主張の第二の理由は、**人間の行動のうち成功をおさめているものの多くは、環境事情の変化に対応できるものだ**ということだ（Symons 1987a）[12]。

　環境に応じて行動を変化させる融通性があるという点は、しばしば社会科学者たちによって、間違った議論の根拠として用いられる。「だから脳には、個別的な構造などはない」という主張の根拠として使われてしまうのだ。「行動に融通性があることを理由にあげて、単純で非特定的な心的構造が存在するのだと主張する著者が、どういうわけかひじょうに多い」とサイモンズ（1987a, p.127）も記し、こう続けている――「この人類学の文献中にも、人類の適応の本質は環境の変化に合わせて素早く行動を調節する柔軟な可塑性であるから、人類には固有の性質などはない、といった内容を長々と説明した箇所がある。しかし、この長たらしい説明には間違いがある。行動に限りない可塑性があること自体が、複雑で安定的な心が存在することを示しているのであり、その複雑で安定的な心こそが、精巧につくられた人間固有の性質なのだ。行動の可塑性だけが存在するのでは、役に立たないどころか有害であり、ランダムに変異を生んで死に絶えてしまう。進化の歴史の道筋のなかで人類の祖先の行動が可塑的になっていけばいくほど、それをコントロールする複雑な神経組織がその可塑性を適応的な行為に導く必要も大きくなったのである」

環境に対する任意反応（すなわち、特定の環境変数に対する条件反応）は、一個体の生存中にその繁殖成功度に大きく影響を与えるような環境変化が起きる場合に進化する。学習能力も、そうした反応の一つだ。人間の社会的環境は、各人の一生のあいだにもつぎつぎに変わっていく。したがって人間の心は、社会的学習によって発達する部分が大きい。これはおそらく、進化の過程で淘汰によってもたらされたものだろう。個人の一生のあいだにも社会的条件は刻々と変化し、行き当たりばったりの実験や試行錯誤では課題が遂行できないために、淘汰によって社会的学習が進化したのだ（Humphrey 1980; Alexander 1989）。しかしながら、適応的な道筋に沿って学習や行動を導く、個別的な目的をもった心のメカニズムがなければ、学習は非適応的な行動（その個体の繁殖成功度を減らすような行動）も生み出してしまう。

私たち人類は優れた社会的戦略の持ち主であり（Wright 1994）、人類の社会行動は、その可塑性において、他に類を見ないものだ。こうした並外れた行動の可塑性を実現するためには、人間の心は、多くの個別的なメカニズムから成っているだけでなく、他の生物よりずっと多様で複雑な構造をもっていなければならない。

人間の心的適応が一般的な目的よりも個別的な目的をもつと考えられる第三の理由は、**心的適応以外の人間の適応の機能上のデザインについて私たちが知っていることがらから考えて、それらは個別的な目的をもったものだと思われる**からだ。たとえば人間のからだは、ただ一つの一般的な適応の産物ではない。過去の環境中に存在した、繁殖を妨げるような個別的な要因を解決するためにデザインされた、個別的な適応の集合体なのである。実際、進化のありのままの姿を受け入れる人なら誰でも、「個々の種に特有な非心的適応について生物学者が検討すれば、その形態、生理、発達の特徴から、各種を区別できる」ということを否定しないだろう。もし適応が一般的な目的をもつものなら、各種間の差異（行動上の差異を含む）など、存在するはずがない。同じように、心的なものであれそれ以外のものであれ、性別に伴う適応を検討すれば研究者は雌雄の差を区別できるし、年齢に伴う適応を検討すれば発生学の研究が可能になる。

社会科学者の多くはどうやら、生物学者がそれぞれの種を行動面で区別できるのは、その種に特有な心的適応のおかげだということに、気づいていないようだ。だが、人間の精神だけが個別的な適応という普遍的パターンからはずれていると考えるのは理にかなわないし、行動学や神経科学の分野でも、個別的な情報を処理するための諸適応によって人間の精神が構成されていることを示す証拠が、つぎつぎに見つかりはじめている。

一九八九年に認知神経科学者のミハエル・ガザニガは、人間の認知のさまざまな側面は、構造面でも機能面でもいくつもの独立したユニット（〝モジュール〟）を形作っており、それらのモジュールが相互的に働いて心的活動を生み出していることを示す数々の証拠を、あらためて紹介した。そしてその結果を、つぎのようにまとめている――「ここに紹介したさまざまな観察結果から判断するかぎり、私たち人間という種の進化の歴史をつねに心にとめておくことが、きわめて重要になってくる。進化の過程を通じて、重大な環境上の問題点を解決するための効果的なシステムが、淘汰によって選び取られてきた。こうした観点から見れば、それぞれ個別的で重要な任務を果たすための個別システム（モジュール）が数多く存在することも、驚くにはあたらない（1989, p.951）」。この記述からも明らかなように、ガザニガは、観察に基づいた証拠をもとに、人間の精神は多くの個別的な適応によって形作られているという結論に達している。

もちろん、ごく少数の一般的な心的適応しか存在しないという仮説が正しいとは考えられないことを示したからといって、きわめて個別的な適応が存在することの証明にはならない。また、カエルの脳に個別的な適応が存在することを示したからといって、それと似た個別的な適応が人間の脳にも存在することの証明にはならない。しかしながら、人間の脳にも個別的な適応が存在することを示す証拠は、いたるところで見つかっている。サイモンズ（1987b, 1992）、コスミデスとトゥービー（1987, 1989）、バーコウら（1992）、バス（1994, 1999）、ガザニガ（1995）、ピンカー（1997）など多くの研究者が、生態学的問題の個別性が他のさまざまな問題に対するのと同じくらい環境情報処理上の問題にも影響を与えた結果、人間の心理学的メカニズムも個別的な機能

をもつようになったことを示す証拠を積み重ねてきているのだ。(13)

進化学者たちのあいだにも、人間の脳の心理メカニズムがどの程度まで個別的なものかについては議論があるが（Symons 1987b, 1992; Alexander 1990; Turke 1990）、本質的な部分では全員が、多くの社会科学者たちが考えているよりはずっと個別的だという点で、意見の一致をみている。進化人類学者であるポール・ターク（1990, p.319）も、「時代遅れな一部の行動主義者たちを除けば、（中略）私たちはみな、人間の精神を構成している多かれ少なかれ個別的なメカニズムの特質を理解することをめざして、これまで研究を進めてきた」と記している。

生物学、学習、そして個体発生

社会科学者たちは通例、文化的学習は生物学的なものではないと主張する。なぜなら彼らは、〝生物学的〟というのは〝遺伝的〟というのと同じ意味だと、誤解しているからだ。だがじつは、あらゆる生物のあらゆる側面は、その定義から考えれば生物学的であり、生物学的なものはすべて、遺伝子と環境要因の相互作用の結果、生まれたものだ。その点をきちんと理解していないかぎり、人間の脳の個別的な適応がどのように進化してきたか、そうした適応がどのように学習に組み込まれてきたかを理解することは、不可能である。

一つの細胞——あらゆる生物を構成している、最も基本的な単位——をとってみても、それは遺伝子と、環境の一側面（たとえば、さまざまな化学物質）が共同で作り出したものである。遺伝子と環境のどちらが変化しても、細胞は変わってしまう（そしてその結果、その細胞自体が死滅してしまうかもしれない）。ある生物の発達の過程で遺伝子は、なんらかの環境的引き金が加わった時にだけ新種の細胞を作り出す。そして、発達環境が違えば、（筋肉細胞や神経細胞などの）細胞にさまざまな変異が生じるわけだ。遺伝子と環境要因のこうした絶え間ない絡み合いは、その生物が生きているかぎり続く。ここで環境要因というのは、その生物の外側にある多くのもの（酸素、水、栄養、他の個体など）だけでなく、発達しつつあるその個体内部の環境（たとえば、他の細胞、組織、器官など）も含んでいる。そして、そのような細胞や組織、器官は、それ自体もまた、遺伝子と環境の相互作用の産物なのだ。

進化における遺伝子と環境の相互作用は、ここまでが〝遺伝子〟でここからが〝環境〟だなどと分けられないほど、密接に絡み合ったものだ。個体のなんらかの特徴が、環境によって、あるいは遺伝子によって〝決定された〟ものだなどと言うのはもちろん意味がないことだし、その特徴が〝主として〟遺伝子と環境のどちらによるものかを考えることさえ、適切とはいえない。しかしながら、〝生物学的〟というのは実際には、「生物の、あるいは、生物に関係した」という意味だから、生物のあらゆる表現型は、生物学的ないしは進化的に決定されている、と言うのはまったく問題ない（Daly and Wilson 1983, chapter 10; Oyama 1985）。遺伝子それ自体は、淘汰による評価を受けることはない。淘汰が評価を行なうのは、遺伝子と環境の相互作用のありかたについてだ。所与の相互作用がもたらす特徴のほうが、他の相互作用のありかたがもたらす特徴より、個体の繁殖力を増大させる時、その特徴をもたらす遺伝的基盤は、個体群のなかでの出現頻度を増す。そのようにして、淘汰が長期間にわたって方向性を定めつづけていくと、遺伝子の出現頻度が変化し、遺伝子と環境の相互作用のありかたも変化して、新しい適応が広まる。つまり、トゥービーとコスミデス（1990a）や、その他の研究者たちが強調してきたように、適応というのは、進化によって生み出された、遺伝子と環境の相互作用のあらわれなのだ。したがって、進化の過程で働く環境要因と遺伝要因は、両者ともに重要で不可分なだけでなく、個別であり特定のものだ。そして、両者がともに等しく、進化の歴史に影響を与えるのである。

生物学的、あるいは進化的に決定されているという考えかたは、生物学的不可避性と同一ではない。実際、遺伝要因についても環境要因についても研究が進み、諸形質がどのように発達してきたかに関する科学的知識が増えていくにつれて、一つあるいはそれ以上の発達要因が変化することで、生まれる形質も違ってくる可能性があるという見かたが強まっている。

個体間の違いがどの程度まで遺伝的な違いに起因しているかを示す指標を〝遺伝率〟と呼ぶが、それは、ある特徴に関する個体群内の変異のうちどのぐらいの割合が、環境的変数よりも遺伝的変数の影響を強く受けているかであらわされる（Falconer 1981）。たとえば、あるグループ内での人間の身長の遺伝率は〇・九だった（Bodmer and Cavalli-Sforza 1976）。これはつまり、そのグループ内の身長の差異のおよそ九十％が遺伝的な差によっており、残りの十パーセントが環境の差（栄養や病気など）によってもたらされていることを意味している。しかしながら、各個人の身長そのものは、遺伝子と環境要因の不可分な相互作用によって生み出されたものだ。したがって、遺伝的要因と環境要因の双方の産物である身長は、（生物のすべての側面の例に漏れず）〝生物学的に決定された〟ものなのである。

遺伝率が遺伝そのものとはまったく異なる概念であることは、遺伝率が関係しない場合についても遺伝が起こるという事実からも明らかだ。たとえば、手が二つあるという特徴は通常、両親からの遺伝によってもたらされるが、手の数については、遺伝率は関係してこない――つまり本来、手の数については、遺伝による分散はないのである。過去の歴史のなかで、人間の手の数は強力な淘汰のもとにおかれたため、その特徴の発達に影響を与える遺伝的変異は、大幅に減少した。言い換えれば、二つの手をもたらす遺伝子は、実際上、人類に固定されたのだ。

というわけで、マイケル・クライトン原作の映画〈ジュラシックパーク〉は、完全なフィクションである。仮に、絶滅した恐竜のＤＮＡを誰かが化石のなかから取り出せたとしても、その遺伝子をイグアナの卵に移植したのでは、恐竜は生まれない。ティラノサウルス・レックスの個体発生が適応的に進むのは、Ｔ・レックス自身の卵、胚、胎児、子ども、そして成体という、Ｔ・レックスの絶滅とともに失われてしまった環境のなかでだけなのだから。

学習

社会科学者たちはしばしば、学習というのはそれ自体独立した――生物学的でない――現象であるかのような取り扱いをする。そして学習そのものが、行動の完璧な（あるいは、本質的には完璧であるはずの）説明となり得るかのように考えている。しかし実際には学習も、遺伝子と環境の相互作用の一つのタイプにすぎず、したがって、至近要因の一つのタイプでしかない――もっと細かく言えば、発達要因の一つのタイプということになる。

学習による行動も、学習によらない〝生得的な〟行動も、ともに遺伝子と環境の相互作用の産物であり、そのどちらもが、遺伝子と、環境中のきわめて多数の要素との相互作用を必要とする。この二つのタイプの行動の相違は、その行動が起こるために必要な環境上の諸要素のなかに、何か特別の、特定できるものがあるかどうかという点だけなのだ。

ある行動が起こるために、特定の経験要因が必要であることがはっきりしている場合、私たちはそれを、〝学習による〟行動と呼ぶ。たとえば、的を弓矢でうまく射るためには何度か事前練習が必要なことがはっきりしているから、私たちはアーチェリーを、学習による行動と呼ぶのである。〝生得的な〟行動もまた、それが起こるためには、その生物の発達過程において、さまざまな環境要素との相互作用が必要となる。〝生得的な〟という言葉は単に、その行動が起こるために経験すべき、はっきりした環境が特定されていないということを意味しているにすぎない。たとえば新生児が乳を吸う行動は、それ以前に乳首に出会ったことがなくても起こるところから、生得的なものだと言われることが多い。だがこれを〝生得的〟と呼ぶのは、乳首以外のさまざまな環境要素があらかじめ存在していなければこの行動は起こらないという事実を見逃していることになる。

つまり〝生得的〟というのは、環境要素が不要だという意味ではなく、その行動が起こるために必要な環境要素がはっきり特定されていない、という意味だ。行動にせよ他の特徴にせよ、それを引き起こす特定の経験が発達上の要因としてつきとめられているものもあるが、そうでないものもあるということなのである。いっぽう〝学習による〟という言葉も、その行動が起こるのに必要な特定の環境要素が見つかっているということを意味しているだけで、現在特定されている要素だけそろえばその行動を引き起こすのに十分だという意味ではない。

発達についての現代的なとらえかたに従えば、人間のセクシュアリティに影響を与えるものも含めたすべての心的適応は、環境中に存在する特定の非恣意的な情報を処理するために、進化の過程のなかで淘汰によって形作られたものである。その心的適応が起こるために、通常〝学習〟と呼ばれるような環境刺激を経験していることが必要であろうと、一般的な学習の定義にはあてはまらない発達上の経験さえあればよかろうと、淘汰によって形作られたものである点に変わりはない（Symons 1979, pp.17-21）。行動や感情や発達や内分泌などを人類の進化の歴史に適応する方向に導く心理メカニズムがそなわっていないような個体は、私たちの進化上の祖先にはなり得ない。人類の進化の過程で出現頻度を増してきた適応的な心理的形質にはみな、その形質をもつ個体だけが淘汰を乗り切り、もたない個体は滅んだという、共通した特質がある。後世に残った形質はみな、祖先が出会った環境のなかにある特定の問題を解決することで、その個体の繁殖力を高めてきたのだ。

心理的特質を用いて非恣意的な環境情報を知覚し処理していくなかで、環境上の問題に効果的に反応できないような心理的変化や行動上の変化が生まれれば、それは淘汰される。だから、心的適応は（そして、非心的適応も）すべて、遺伝子と環境の厳密で個別的で非恣意的な関係によって進化してきたのだ。学習能力や、その下地となる心理メカニズムも、遺伝子や適応、そして私たちの過去の進化と、無縁ではあり得ないのである。

文化

では、文化として知られる社会的学習行動も、やはり生物学的であり、唯一の一般的な生物学的理論である、淘汰による進化に従っているのだろうか？　人間の行動に関する進化学的説明を拒絶しようとする人たちはよく、文化は淘汰理論にあてはまらないと主張し、それを根拠にして、まったく別のアプローチが必要だと述べる。近年のそうした例としては、フェミニストの生物学者であるアン・ファウスト＝スターリング（1997,P.47）がいる――「動物の行動から人間の行動を解き明かそうとする社会生物学的アプローチがあるが、私は、人間の行動と動物の行動は区別して考えたほうがいいと思う。それはべつに、人類だけが特別な、進化以外の方法で創造されたと信じているからではない。これまで、文化も進化によってもたらされたと考えてきたことで、人間の行動や発達を理解するのがひどく難しくなってしまっていたと思うからだ」

たしかに、文化も進化によってもたらされたと考えることで人間の行動や発達を理解するのが容易になりはしないが、そもそも、文化を考慮に入れることでなんらかの人間の行動が生物学や進化の領域からはずれるといったことがこれまでに起こっただろうか？　人間の行動のうち、あるものは生物学的で、他のものは生物学的でないなどということが、証明されただろうか？　同じくフェミニストの生物学者であるヴィクトリア・ソーク（1997,P.89）は、つぎのように述べている――「人間社会における性差には、生物学的基盤に基づくものと、文化的基盤に基づくものがある」。ここにもまた、遺伝率について述べた際に指摘したのと同じ混乱が見られる。たしかに、あるグループ内での、人による行動の違いには、純粋に文化的な影響によってだけもたらされたものもある。しかし、各個人の行動が文化によって影響を受けているからといって、それが純粋に環境上の要因によってだけもたらされたもので、生物学的なものではないということにはならない。文化の影響を受けた各個人の行動もやはり、遺伝子と環境の相互作用の産物なのだ。そして人は、学習についての適応がもともと出来上がっていないかぎり、何を学ぶこともできない。

社会科学者の多くは、社会的に学習された行動のことを〝文化〟と呼ぶ（Flinn 1997）。文化という言葉はしばしば、精神的状態を含むものとして、あるいは精神的状態だけをさすものとして用いられるが、実際には、なんらかの行動やその結果が目に見える形であらわれないかぎり、文化を問題にすることはできない。文化とはすなわち行動であるということに気づけば、それが明らかに生物学の範疇にあり、自然淘汰によって説明できることがわかるだろう。

文化はたしかに社会的に学習された行動であるが、だからその行動をもたらした要因のなかには他の人をも巻き込んでの学習経験が含まれているとはいえても、そうした学習経験だけがその行動をもたらしたということにはならない（Steadman and Palmer 1995）。しかしながら、〝学習された〟という言葉を、その行動を引き起こすのに必要な特定の環境要素がはっきりしている場合にのみ用いる人たちがいるのと同じように、〝文化的な〟という言葉についても、その行動を引き起こすのに必要な特定の環境要素が他の人であることがはっきりしている学習行動についてのみ使う人がいる。

たとえば、ある言語を話すという行動を出現させる環境要因には社会的な学習が含まれているから、それは間違いなく文化的な行動だ。しかしだからといって、「文化上の進化が起こると、同一世代間だけでなく、遺伝的な下地をもたない次世代に対しても、行動の伝達が促進されることもあり得る（Sork 1997.p.109）」と主張するのは問題がある。たしかに言語の獲得のためには同種のメンバーも巻き込んだ学習経験が必要だが、それだけでは十分ではない。言語を話すのに必要な至近的前提条件としては、たとえば、発達の特定の段階になると出来上がる、一連の個別的な脳構造なども含まれている。そしてその脳構造自体もまた、長い自然淘汰の歴史の末に生み出されたものであり、至近的には、発達の過程で遺伝子と環境が複雑な相互作用を行なうことで出来上がったのである（Pinker 1994）。だから、言語は文化的なものではあるが、それと同時に生物学的なものでもあり、人間の目と同様に、進化の影響を受けている。

親と子に類似する要素があって、同じ言語を話し、一〇〇〇年もの長きにわたって、文化のほとんどあらゆる側面を受け継いでいく時、それはしばしば〝伝統〟と呼ばれる。文化的伝統は、その行動に影響を与える環境的要素と遺伝的要素の双方が何世代にもわたって繰り返し働いた時に生じる。発達の過程で特定の遺伝子と特定の環境が相互作用を行なうことで、新しい世代の人間たちにも、周囲と同じ言語を話せるような適応が起こる。遺伝子は両親の配偶子に組み込まれ、父親の配偶子と母親の配偶子が結合して接合子になる。その後も発達を続ける個体の遺伝子は、環境——すなわち、細胞質、栄養、発達をつづけるその個体自体、他の遺伝子など、その遺伝子が発達の過程で出会うすべての外的条件——との相互作用を行なう。そのような遺伝子と環境の相互作用によって、情報を知覚したり処理したりするための神経系の適応が起こる。そしてその相互作用はまた、感情や認知面での脳の適応をもたらす——行動をコピーするための仕組みや、言語をコピーするためにデザインされたきわめて特殊なメカニズムなども、そうした適応の一つだ。[14] もし親の世代でも子の世代でも、その社会的学習（コピー）のなかに英語を話すことが含まれていれば、親子の類似が起こり、英語を話すという行動が遺伝したということもできる。

言語が遺伝するためには遺伝的要素と環境的要素の両方が伝えられなければならないという証拠がほしければ、言語の遺伝を疎外するような要因について考えてみればいい。英語を話す両親のもとに生まれた子どもが幼いうちに養子に出され、フランス語を話す環境で育てられたとする。その場合には、英語を話すという行動は遺伝しない。親の発達の一段階における環境下で話されていた言語が、子どもを取り巻く環境下では話されていなかったからだ。いっぽう今度は、英語しか話されない環境下で実の親に育てられ、英語を学ぶ機会には恵まれていたはずなのに英語を話さない子どもの例を考えてみよう。この場合には、両親の代ではおもてにあらわれていなかった遺伝子（潜性遺伝子）を受け継いだ――そしてその遺伝子のせいで、たとえば耳が聞こえない――のかもしれない。

遺伝とは、遺伝子上の要因と環境要因がともに働くことで表現型にあらわれる現象だということが正しく理解されれば、文化的な行動がどのように遺伝するかは、おのずと明らかだろう。[15] 文化的な行動と非文化的な行動の遺伝メカニズムになんら基本的な違いはないし、文化的行動の遺伝メカニズムと生理学上や形態学上の遺伝メカニズムのあいだにも違いはない。似たものが、また似たものを生み、ある特徴をもつものが、また同じ特徴をもつものを生み出すという遺伝は、遺伝子上の要因と環境上の要因の双方が、何世代にもわたって繰り返し影響を与えた時にのみ起こる。

こうしたアプローチから考えていけば、これまで社会科学の歴史のほとんどを占めてきた、文化と生物学の関係についての問いにも、答えを出すことができる（Freeman 1983; Brown 1991）。文化的な遺伝は生物学的遺伝とは別物だという主張は、進化理論に基づかない社会科学者によってなされたものであれ、進化生物学者によってなされたものであれ（Dawkins 1976; Boyd and Richerson 1978, 1985; Pulliam and Dunford 1980）、間違っている。文化はけっして、一部の社会科学者たちが主張しているような〝超有機的な〟力ではないのだ。文化はまた、哲学者のダニエル・デネット（1995）が指摘したとおり、一部の生物学者たちが主張しているような、心的（生物学的）適応とは別個に心にすみつくアイデア（ミームとも呼ばれる）から成り立っているのでもない。そのような主張は両方とも、遺伝や発達がどのように起こるかについての現代的な知見に矛盾する。

グレゴール・メンデルは遺伝における遺伝子の役割を発見したが、もちろん、遺伝自体を発見したわけではない。似たものが、また似たものを生み出すという現象は、メンデルよりはるか昔から知られていたのである。社会的学習による行動に親子の類似性が生じるためには、心理メカニズム――発達の過程で遺伝子と環境が相互作用することで生み出されるメカニズム――が必要だ。生得的な行動も、学習による行動も、文化的な行動も、すべて脳の産物であり、脳は、遺伝子と環境の相互作用の産物なのだ。そして、遺伝子と環境の相互作用は、自然淘汰のもとで起こる[16]。

しかしながら、あらゆる文化的行動が現代においても繁殖成功度を増すものかどうかは即断できないし、それらすべてが自然淘汰によって直接デザインされたかどうかも、一概にはいえない（文化を受け継ぐ能力自体は、間違いなく自然淘汰によってデザインされたものであるとしても）。文化的行動についても、他のすべての行動と同様に、それが適応であることを示すためには証拠が必要だ。すなわち、淘汰が効力を発揮できるに足るだけの期間、何世代にもわたって、その行動の複製に遺伝子と環境の双方が影響を与えて直接的な淘汰を行なってきたことを示さねばならないのだ。その点、私たちは〝伝統〟という言葉を、かなり長期間つづいてきた文化的行動についてのみ用いているから、そのような文化的行動は淘汰によってデザインされた可能性が高いということを、ある程度までは主張できるだろう。

ある文化的行動が幾世代にもわたって複製されればされるほど、それが淘汰によってデザインされたものだという可能性が高まる。たとえば極端な例として、ある人が新しいヘアスタイルに変えるというような文化的行動は、自然淘汰によってデザインされたものとは考えにくい。ヘアスタイルというもの自体は、その奥にある多数の心理学的適応（自らの地位や立場、パートナーの好み、外見へのこだわりなど）の副産物の一つだが、特定の新しいヘアスタイルは、適応とは考えられないのだ。それと対極にあるのが、何百世代、何千世代も複製されてきた文化的行動である。そうした行動については、それに関わる遺伝子と、他の個体の行動という環境的要因が、各世代にわたって複製されてきたと考えられる。そのような、きわめて伝統的な文化的行動としては、先にあげた言語の他に、子育て法（授乳や世話のしかた）、血縁関係の示しかた（仲間言葉、名前の継承、紋章など）、石器の使用法、狩猟法、婚姻の方法、懲罰法などがあげられる。

伝統にもさまざまな変異があるが、そのいずれにも、仲間言葉や宗教儀式、言語といった共通要素がある（Brown 1991; Steadman and Palmer 1995; Steadman et al. 1996）ことから見て、そうした文化的行動はすべて、人間に特有な適応によって形作られたものであると考えられる。文化自体は（文化的行動に影響を与える環境要因がどんどん変化するため）、適応が起こるよりずっと早いスピードで変化していくことが多いが、文化的伝統やその底にある心理学的メカニズムは、適応によって形作られたものなのだ。

表現型がどれもそうであるように、文化的行動——それが自然淘汰によってデザインされたものであれ、他の適応の副産物にすぎないものであれ——も、現代社会においては適応的でなかったり、むしろ適応の邪魔になったりする場合もある。その行動を進化させた過去の環境と現在の環境が大きく違うと、そういうことが起こるのだ。過去の捕食者たちに対する適応として生まれたプロングホーンの社会的行動が、それらの捕食者が絶滅してしまった今では適応的でなくなっているように、行動上のものであれ心理学的なものであれ人間の適応の多くも、現在は適応的でなくなっている。

このように、文化が変化するスピードと適応が起こるスピードが合わないということはあるものの、人間の行動に進化理論の原則をあてはめて考えることは、やはり有効だ。社会的学習における人間の心理メカニズムはやはり、長い淘汰の歴史の産物であるし、そうした心理メカニズムは間違いなく、各個人の文化的行動に影響を与えるのだから。たとえその個人が結果として、まったく新しい非伝統的な文化的行動をとったとしても、その事実に変わりはない。個人の文化的行動はけっして、各個人の繁殖成功度を増すための淘汰という、人類進化の歴史と無縁ではいられないのである。

意識

意識の正確な機能は何なのか、意識は適応そのものなのか副産物なのかについては、いろいろと議論があるが、意識が進化生物学の範疇外のものであると考える科学的な理由はどこにもない。

進化心理学者のニコラス・ハンフリー（1980）や生物学者のリチャード・アレグザンダー（1989）は、意識は社会的競争の場面で、どうやればうまくいくかを知覚することで適応的な調節を素早く行なうのに役立つ、という仮説を提唱した。意識上の適応によって、周りがその人をどう見ているのかについての情報を蓄積し、社会的競争のなかでのその人の成功度を高めるようないくつもの選択肢を、構築・評価できるというのだ。ハンフリーとアレグザンダーは、意識のデザインのうち最も重要な側面は、祖先たちの環境につねに存在していたものとよく似た、しかし少しだけ違う社会的問題を解決するのに役立つ、という点ではないかと考えた。そのような新しい社会的問題は、人類の進化の歴史のなかに繰り返し存在したおなじみの社会的変数が、これまでになかった組み合わせであらわれてきたものであることが多い。たとえば、ある年齢、ある性別の相手と配偶者の獲得をめぐって争わねばならないという課題には、私たちの祖先も数えきれないほど何度も直面してきたが、具体的にどんな性別の人間がどんな性別の相手と、どんな性別の配偶者をめぐって争うのかという変数は、時代によって変わるかもしれない。意識が人間の進化の歴史の産物であるのならば、それは、これまでになかった変数の組み合わせからなる問題の解決に役立つような情報処理を専門とするメカニズムによって構成されていなければならないだろう（Alexander 1989, 1990; Turke 1990）。

意識がどのように情報を処理するのかをわかりやすく説明するために、二人の学者の意見が食い違う場面を想像してみよう。Aは進化生物学を理解している学者、Bは理解していない学者で、そのどちらもが議論に勝ちたいと思っているとする。Aは、伝統的な社会科学の学部の教職員採用面接を受けている最中で、面接官がBだとしよう。その面接の最中にBは、「人間の行動は文化的なものだから、生物学とは無関係だよ（だから、君を採用すべきじゃない）」と発言する。生物学と遺伝学を混同している人が多いことをよく知っているAは、遺伝子と環境の相互作用、発生学、心理学的な適応などについての長々しい説明を開始し、Bがそれを理解した徴候（うなずき、賛同の声、あるいは、うまくすれば微笑みなど）を示すのを待ち受ける。しかしそのような徴候がまったく見られないので、Aは冷や汗をかきかき、これまで自分がどのような言いかたをすれば相手に理解してもらえたか、どうすれば今度もうまくいきそうか、記憶のなかを意識的に探ってみる。すると、カエルの視覚システムについての詳しい説明や、養父母による児童虐待についての統計、といったことが心に浮かぶ。そしてAはついに、ハンカチまで取り出して、その模様を使って、黒い四角形の境界線についての錯視の説明を始める（註13を参照）。

ここで重要なのは、この場面のような不賛同の体験は、これまでの人類の進化の歴史のなかには含まれていなかったということだ。つまり、進化上初めての体験なのである。しかしながらこのケースでは、A、B双方が、その個別の情報を自分の社会的競争メカニズムで処理している。AとBのそれぞれが、自分の発言に相手がどう反応したかという個別の情報を利用して、つぎにどんな手を使うかを判断しているのだ。それだけでなく、彼らは二人とも、各自の専門分野でこれまで積んできた訓練で身につけた情報をフィードバックとして利用して、これまでとは違う心理的手順を駆使しながら、つぎの発言を組み立てている。このように、意識上の適応は、社会的競争に役立つ、多くの二次的なメカニズムや手順を生み出す。そしてそのようなメカニズムや手順には――たとえば、Bは〝生物学的〟という言葉と〝文化的〟という言葉は互いに対立するものだと考えているが、Aはそう考えていない、といった――個別の情報が含まれている。しかも両者が処理している情報には、共通の部分がある。その意味で両者の意識上の適応は、意識的な競争のルールであるともいえる――ここで〝ルール〟というのは、特定の目的のためのメカニズムを含む個別の手順のことだ。たとえば、両者がともに議論に参加してそれをつづけようという気になっているのは、そうすることが自分に利益をもたらすと、双方が考えているからである。しかしそのためにはどうしても、個人個人でかなり違うことの多い、細かい個別の情報を処理していく必要がある。この例からわかるのは、意識を取り巻く心理的諸現象は個別の情報に基づいており、それゆえに個別のメカニズムによる処理が行なわれていると考えられるということだ。

Ⅱ 男の進化、女の進化

ゴマフアザラシは一夫一婦制の動物で、雌雄の体格差はほとんどない。それに対してゾウアザラシの雄は、雌より体長・体重ともにずっと大きく、百頭もの雌と交尾することも珍しくない。さらには、雌雄のゾウアザラシの脳にはさまざまな違いがあるといわれており、そのせいで、生涯にわたって、雌雄で大きく異なる行動パターンをとる。雌雄で食べ物も移住パターンも違うのだが、おそらくゾウアザラシの性差のうち最も顕著なのは、繁殖期に雄どうしのあいだで繰り広げられる、からだを駆使しての激しい闘いだろう。

ゾウアザラシの脳や身体や行動にこのように大きな性差があるのは、祖先の時代に直面した繁殖上の障害が、雄と雌とで大きく違っていたという単純な事実のためだろう。その結果、何千世代ものあいだに、淘汰の力によって、雌雄に異なる適応が生じたのだ。

なぜ淘汰がゾウアザラシにはこんなに大きな性別による適応の違いをもたらし、ゴマフアザラシにはさほどの違いをもたらさなかったのかを理解するためには、ダーウィンが性淘汰と呼んだものを理解する必要がある。性淘汰とは、その個体自身が生き抜く能力よりもむしろ、その個体がつがう相手の数および（あるいは）質を増すような形質に働く淘汰のことだ。人間の男女の性差による適応の違いを理解し、レイプを完全に解明するには、この性淘汰について理解することが不可欠となる。

人間における性淘汰

もし人間の進化の歴史のなかで祖先の雌たちが直面した繁殖上の障害が、祖先の雄たちが直面した障害とは異なっていたら、自然淘汰や性淘汰は、男女で違う適応を作り上げるはずだ。

人間の身体的適応が男女で異なっていることは、一目瞭然である。たとえば女性に乳の出る乳房がそなわっているのは、祖先の雌が母乳で子どもを育てたからであり、男性のほうが筋肉の発達した上半身をもっているのは、祖先の雄が身体的に競い合う場面を有していたからである。このような身体的特徴についての進化的説明は比較的受け入れやすいのに、多くの社会科学者たちは、同様にして生じた特徴が男女の行動上の違いにも見られることには気づいていないようだ。もし仮に赤ん坊を胸に抱くという行動パターン（そして、赤ん坊が乳を吸うという行動パターン）が同時に進化していなければ、現在のような女性の胸はけっして進化しなかっただろう。同じように、もし仮に上半身の筋肉を使うような動作（たとえば、殴る、押す、つかむなど）が同時に進化していなければ、現在のように発達した男性の上半身も、けっして進化しなかったはずだ。さらには、こうした行動パターンが進化したからには、そのような行動を導くための心的適応が、認知面でも感情面でも生じたはずだと考えられる。身体的（ここではもちろん、脳を除く身体各部のこと）な性差が進化によって生じたことは認めるのに、それに伴う行動や精神の働きの性差については進化によって生じたことを認めないというのでは、科学的な態度とはいえない。

生涯にわたる努力

どうして人間の男女には異なる心理的あるいは行動上の特性が進化したかを理解するためには、〝生涯にわたる努力〟という進化学上の概念について検討してみるといい。

生涯にわたる努力とは、専門的な定義では、「ある個体が一生のうちに費やした、時間とエネルギーとリスクの総計」のことだ。

もちろん、ある生物個体が一生のうちに行なうすべての活動は、その個体の繁殖成功度に影響を与える可能性があるのだが、生物学者たちはよく、概念上、繁殖努力に費やされる活動と生存努力に費やされる活動を分けて考える。(1) 〝繁殖努力〟（あるいは〝繁殖投資〟）というのは、繁殖に直接関わるリスク、構造、活動だけをさす概念だ。いっぽう〝生存努力〟のほうは、その個体の生存、維持、成長に関係する活動、身体構造、リスクのすべてをさす。繁殖成功度に直接影響を与える割合が少ないという点で、生存努力に含まれる内容は概念上、繁殖努力に含まれる内容とは区別される。そしてたいていの場合、繁殖努力と生存努力の両方がそれぞれ、時間や、エネルギーや、リスクをおかすことを必要とする。つまり、ある生物がいっぽうの努力に差し向けたものは、もういっぽうのためには使えないということだ。

生物たちには自然淘汰によって（他の形質より繁殖力を増すという基準で選び取られた形質がそなわるという）適応が起こっているのだから、その生物自身も、すべての努力を直接、繁殖に向けたらよさそうなものだ。その疑問に対する答えは、繁殖成功度は時として、より大きく育つこと、より長く生きること、複雑な技術を身につけること、そして（あるいは）子どもを教育すること、などによって推進されることがある、という点にある。複雑な社会的技術は、模倣したり指導を受けたりするという社会的学習を通じて獲得される。私たちの祖先の場合にも、幼少期の、生存のための努力の過程で自然に身についた技術が、成人後の繁殖成功度を推進したのだろう。成人後の社会的学習もまた、繁殖成功度に貢献する。

繁殖努力の下位分類の一つが子作りに関係した投資であり、そのなかには、配偶者を獲得するために費やされるエネルギーや時間も含まれる。人間の感情面、認知面、動機面での精神的メカニズムの多くも、配偶者獲得や性的関係の維持に役立つという点で、（〝配偶努力〟と呼ばれる）このカテゴリーに入る。そして、子や孫、兄弟姉妹、甥や姪や従兄弟を手助けする努力もまた、繁殖努力の一つである。

性差

ダーウィンは、性淘汰によって選び取られた雄の形質は、雌と配偶するために他の雄と競う場合に有利に働くものか、配偶のパートナーとして雌に選ばれやすい特徴をその雄に与えるもののどちらかであると述べている。そして、そのような性淘汰がどの程度強く働くかが何によって決まるかについての基本的な理論は、先駆的な進化理論家であるロバート・トリヴァース（1972）によって提供されている(2)。性淘汰の働く強さは、子どもを産み育てる際の雌雄両性の〝養育努力〟の程度の差によって左右されるというのが、トリヴァースの説明だ。

トリヴァースの論旨は、つぎのようなものである――一つの集団は、その内部の相手どうしで交わり繁殖する個体の集まりであるから、雌雄どちらかの全個体の養育努力は、もういっぽうの性の全個体にとって、もしかすれば獲得可能なものだということになる。だから雌雄双方の養育努力は、異性の個体がそれをめぐって争う対象となるわけだ。雄は雌の養育努力を獲得しようとして他の雄と争い、雌は雄の養育努力を獲得しようとして他の雌と争う、といった状況になるのである。

だが、そうした同性間の争いの程度は、何によって決まるのだろう？　それは、その争いに勝てばどれだけのものを得られるか、つまり、異性の個体からどれだけの養育努力が提供されるかによって決定される。ということは、特に、雌雄のうち比較的子育てに参加しないほうの同性間の争いは、もういっぽうの養育努力の大きさに比例して激しくなるわけだ。もし雌雄の養育努力の大きさにほとんど差がなければ、雌雄どちらの同性間の競争の程度にもほとんど差がなく、しかも競争は比較的穏やかなものになる。雌の養育努力が雄のそれより大きく勝っていれば（実際、そういう場合が多いが）、雌の養育努力を獲得しようとする雄の競争のほうが、雄の養育努力を獲得しようとする雌の競争よりずっと目立つようになり、その激しさの程度も増す。雄の養育努力のほうが勝れば、まったく逆の事態が起こる。

　進化生物学の用語では養育努力は、ある個体が所有でき、他の個体がその所有を望むような資源として扱われる（そうした感情や行動が繁殖にどんな影響を与えるかを各個体が必ずしも意識していない場合にも、進化生物学者はこうした用語を用いる）。進化学的に見れば養育努力はまさしく、後世に産み出す子どもの数を増し、その子どもが生きのびる可能性を高めるという点で、不可欠な資源なのである。異性の個体からこの資源を手に入れる通常の方法は性交であり、それを通じて、ある個体の養育投資が、ある意味で別の個体によって〝獲得〟され、自らの子作りに利用される。両性の養育投資の量に差がある場合、多くの養育投資をする側の性が、異性にとって、限られた貴重な資源になるのはこのためだ。その結果、望まれる側の性の個体が配偶者を選ぶようになり、反対の側の性の個体は、選ばれるべく競争せねばならなくなる。

大多数の種では、雌の養育努力のほうが雄より勝っている。そして、雄に比べて雌の養育努力が大きい種ほど、雌獲得のための雄どうしの競争が激しくなり、雌が配偶者を選り好みする傾向も強くなる。トリヴァースの理論は、さまざまな動物種の性差の程度を、とてもうまく説明しているわけだ(3)。

養育投資に関する雌雄間の最初の差異——精子と卵子の大きさの違い——は、雌雄間の差異をさらに強調するような諸適応を淘汰に選ばせていく。多くの種では、雄はそのエネルギーのすべてあるいは大部分を雌とつがうことに費やし、子どもの養育はすべて雌が引き受ける。その結果、繁殖における雄の役割（つまり、その雄の繁殖成功度）は雌と交尾することだけに限られ、わが子が生きのびるかどうかは、すべて雌の養育努力にかかってくる。そして、雌が産んだ子どものうちどれだけが生きのびられるかは、限りある養育努力をどれだけ有効に支出できるかによって決まる。雌の側のそうした事情と、多くの雄たちが競い合っていつでも交尾しようと待ち構えているという状況のせいで、養育努力を支出するに足る質の高い雄を雌が選び、適切な時と場所も雌が選んで交尾が行なわれるという進化が起きた。

雄の養育努力のすべてあるいは大部分が雌とつがうことだけに費やされている種では、進化の過程で雄に最も強い性淘汰が働き、雌雄両性の性差も最大になっている。そのような種では、雄はしばしば雌よりずっと大きかったり、色鮮やかだったり、好戦的だったりする。雌どうしの場合には、同性間にそれほどまでに強い競争関係があらわれる種は、まずない。雄はつねに、雌そのものや、雌にとって大切な資源をめぐって、同性間の戦いを繰り広げる。配偶者を求める行動においては雄が主導権をとり、雌をさがしたり雌に好印象を与えたりするために、雄は危険を顧みない行動をとる。一般的に雄はしばしば、同種の雌であればどの個体とでも（場合によっては、他の種の雌や、生物以外の物体とでも）かまわずつがおうとし、できるかぎりたくさんの相手を求めるのに対し、雌のほうは、群れのなかの一部の雄しか、自分にふさわしい配偶者として認めていないように見える。

性差に関するこのトリヴァースの理論のいちばんの裏づけとなるのは、魚やカエルや鳥や昆虫の一部に、〝性的役割の逆転した種〟が存在することだ。それらの種では、雄どうしより雌どうしの競争が激しく、雄のほうが雌より、交尾する相手への選り好みが強い。このような性的役割の逆転が見られるのは、雄のほうが雌より養育努力が勝っている、ごく限られた種だけだ。たとえば、雄が数週間のあいだ受精卵に栄養と酸素を与えるヨウジウオ（*Syngnathus typhle*）の場合には、雄は小さくて地味な色合いの雌より、大きくて派手な体色の雌を好む（Rosenqvist 1990）。雌雄の養育努力にあまり差がない種は性的行動の差も比較的小さいという事実も、トリヴァースの理論に合致している。

雄より雌の養育投資のほうが少ない数少ない種（生物学者はそうした種を、〝一妻多夫種〟と呼んでいる）においては、雄より雌のほうが、繁殖に関われる個体とそうでない個体にはっきり分かれている。これは、雄より雌のほうに強く性淘汰が働いたためだ。雌雄両性の養育努力が等しく、繁殖に関われる個体と関われない個体の比率も雌雄で差がない種は、一夫一婦的行動をとる（Gowaty and Mock 1985）。一夫多妻種（一部の雄だけが多数の雌とつがう種）では、後世に遺伝子を残せる個体は、雌に比べて雄のほうが少ない。養育努力が小さく、雌より強い性淘汰を受けてきた雄のほうが、繁殖に関われる個体と関われない個体の差が大きいのだ。

　鳥類の多くは、養育投資に関する雌雄の差が比較的小さい。そうした種では、雌雄双方が配偶者を選び、（少なくとも、ある程度は）配偶者の獲得をめぐって同性どうし競争し、雌雄が協力して子育てする。しかしながら、雌雄の養育努力にあまり差がないそのような種においてさえ、多くの場合、雄の養育努力のほうがやや小さくて同性間の性的競争が激しく、雌のほうが配偶者を選り好みする傾向が強い。一夫一婦的で協力して養育をする種においても雄の養育努力のほうが小さい理由は、そのような種でも雌より雄のほうが、配偶者を獲得するために大きなエネルギーを傾けるからだ。これは、子孫を残すために最低限必要な行動が、雌より雄のほうがずっと少ないことからきている。たとえば、男性が女性に匹敵するほどの養育努力を見せることも稀ではない人間の場合にも、子孫を残すために最低限必要な行動ということになると、男女で大きく違ってくる。理論上、男性が一生のうちに残し得る子どもの数と、女性が一生のうちに残し得る子どもの数を比較してみれば、その点は明らかだろう（Trivers 1972; Symons 1979）。人間の性差を理解する上で、この格差はきわめて重要になる。

人類の進化の歴史における一夫多妻

人間には、やや一夫多妻的な傾向がある（Alexander 1979; Daly and Wilson 1983; Geary 1998）。一般的に男性も育児に参加する割合が高いせいで、他の哺乳類と比べると、人間の男女両性の養育努力には比較的差がないが、他の多くの種と同じように人間の男性も、ごくわずかな時間とエネルギーを費やしさえすれば、子どもをもつこと自体は可能だ（実際、射精して女性のヴァギナ内にそれを注入しさえすれば、ことは足りるのだから）。それに比べて女性のほうは、はるかに多くの時間とエネルギーを費やし危険をおかさなければ、子どもをもつことができない。なにしろ、九ヶ月もの長きにわたる妊娠期間を経て、出産し、授乳し、たいていの場合には何年間も育児をつづけなければならないのだから。性交の結果として手に入り得る利益（つまり子ども）は男女同じでありながら、それに至るまでの最低限のコストがこれだけ大きく違うことから、女性より男性のほうに大きい性交への努力を淘汰が植えつけたであろうことは、想像にかたくない。女性より男性のほうが、異なる何人もの相手と性交するほうが、たくさんの子孫を残しやすい。したがって男性は女性より、繁殖のためのエネルギーの多くを性交への努力に費やす傾向が強いのだ。このことから、多くの推測が生まれてくる。その一つが、現代の人間に連なる祖先の雄は、その多くが一夫多妻だっただろうというものだ。この推測を裏づける証拠は、数多く存在する。

進化の歴史全体を通じて人間は一夫多妻的であり、祖先の雄は雌に比べて同性間の性的競争が激しかったであろうということは、ほぼ疑う余地がない。民族誌の記録が示すところでは、現代の人間社会の八十〜八十五%が、ハーレム状の一夫多妻制を容認している（Daly and Wilson 1983; Betzig 1986）。だがそれよりもずっと説得力があるのは、異種との比較によって得られる証拠だろう。進化理論は、進化の歴史上、雌より雄に強い性淘汰が働いた哺乳類には、以下のような諸特徴が見られるものと予測する[4]——

1 雄は雌よりからだが大きい（Darwin 1872）[5]。
2 雌より雄のほうが、多く受胎し、多く生まれる（Alexander et al. 1979）。
3 雌より雄のほうが、若いうちに生理学的機能不全のために死亡しやすい（Williams 1957; Hamilton 1966）。
4 雌より雄のほうが、配偶者を獲得するために危険な行動をとりやすい（Darwin 1874; Trivers 1972; Daly and Wilson 1983）。
5 雄は、戦闘、病気、けがなどによる死亡が、雌より多い（Trivers 1972; Daly and Wilson 1983）[6]。
6 雌より雄のほうが、一般的に攻撃性が高い（Darwin 1874）。
7 雌より雄のほうがしばしば、ケガや死に至るほど激しい攻撃性を見せる（Darwin 1874; Clutton-

Brock et al. 1982; Daly and Wilson 1988）。
8　成熟前の雄は成熟前の雌より、競争的で攻撃的な遊びをする（Symons 1978; Alexander 1987）。
9　雌より雄のほうが配偶者を選り好みせず、交尾に熱心である（Darwin 1874; Williams 1966; Trivers 1972）。

本書では、このリストの最後の項目に人間があてはまることを示す証拠、および、その事実と人類のレイプの要因との関係に焦点をあてて見ていくことにする。したがって、残りの項目（そのいずれもが人間にもあてはまる）の分析や証拠については、ここでは取り上げない[7]。

人類の進化の歴史が、雌より雄のほうが繁殖に関わる個体とそうでない個体の差が大きい（つまり、一夫多妻的な）歴史であったことは、どんな科学的事実にも劣らないほど確かなことだ。その点については、あらためて科学的根拠を持ち出して論じるまでもない。それなのに、いまだにその点について疑問をさしはさむ人がいること自体、社会科学者の多くが進化についての理論をきちんと理解していないことを示すものだ。ランディ・ソーンヒルとナンシー・ソーンヒル（1983, p.138）は、「人間は、形態学的にも、発達上も、性比も、死亡率も、老化の様子も、子育てであるいは一般的な行動も、他の一夫多妻的哺乳類たちとの類似性をもっており、彼らと同じように、一夫多妻的な進化の歴史をたどってきたものと思われる」と記している。人類のレイプに関する進化的な仮説には、人類の進化の過程では女性より男性に強い性的競争が起きたという前提が不可欠なところから、ソーンヒルらのその記述に対しては、二人の反対者（Tobach and Sunday 1985, p.132）が、「人類の進化の歴史が一夫多妻的なものだというのは、推測にすぎない。人類の祖先がどのような配偶パターンをもっていたかについては、なんのデータもない」、「他の哺乳類と似ているからといって、根拠にはならない」と批判を行なっている。だが、こうした批判の内容自体、批判者が進化をよく理解しておらず、歴史上の根拠を研究する際に生物学者たちが用いる比較法に通じていないことを物語るものだ。

　じつのところ、ソーンヒルらが言及したデータの前提には、「もし人類の進化の歴史が一夫多妻的なものであるなら、どのような行動上、形態学上、生理学上、発達上の特徴が、現代の人間に見られると考えられるか？」という問いがある。先の1から9までの項目がすべて人間にあてはまり、そのすべてが一夫多妻的な進化の歴史をもつ哺乳類たちの性差と同じものである以上、人間は全体として、一夫多妻的な哺乳類たちのパターンと類似したパターンをもっていると考えていいのではないか？

　トーバックとサンデー（同上）は、「他の哺乳類と似ているからといって、根拠にはならない」とも批判している。たしかに統計学の基礎コースでは、「統計上の類似は必ずしも根拠にはならない」と教わる。類似が根拠になることを示すためには、混在している可能性のある諸変数をコントロールするために、さらなる比較を行なわなければならないのである。その点、トーバックとサンデーが批判している類似においては、哺乳類に関するデータだけでなく、すべての比較データを示すことが可能である。先にあげた性差のリストのうち3から7までと9は、一夫多妻的な種にあまねく見られるものだ(8)。したがって、性差に関する進化的見地から見て、3から7までと9は、一夫多妻的な進化の歴史をもつ分類学上のすべてのグループにあらわれる特徴である——そして、一夫多妻的な傾向が強いほど、そうした性差も大きい——と考えられる。哺乳類では、1と2と8の特徴も共通している(8は、一夫多妻的な鳥類の多くにもあてはまる)。類似性についてこれだけの証拠があれば、それは根拠としても、十分に役立つものだ。分類学上のグループ、種によるからだの大きさの違い、一生の長さ、食物、すみか、その他の要因にかかわらず、これらの性差と一夫多妻は相関がある。同じ分類群(比較的最近、共通の祖先から枝分かれした種のグループ)に属する、さまざまに枝分かれして進化した種に、同じ特徴がこれだけ繰り返しあらわれること、そして、異なる分類群にも収斂による同じような適応が見られることから考えて、1から9までの性差をそなえた生き物は、その進化の過程で雌より雄のほうに大きな性淘汰が働いたということを疑うに足る合理的な理由は存在しない。

一夫多妻的な人類の進化の歴史は、男性と女性にまったく異なる繁殖上の課題をもたらした。したがって、そのような課題に最もうまく対処した個体の子孫である現代の男女も、それぞれまったく異なる心的適応をなしとげている。それらの心的適応を私たちは、男性については〝色好み〟、女性については〝選り好み〟と呼び分けて、これからの議論を進めていきたいと思う。なぜそのように区別して呼ぶかというと、人間の女性の場合には、一人ひとりの子どもに費やさねばならない最低限必要な投資がひじょうに大きいため、進化の理論から考えて男性よりずっと、セックス・パートナーを選り好みすると思われるからだ。男性もたしかにある種の特徴をそなえた女性を好み、男性を特にひきつける女性の特徴というものもあるが、祖先の時代から子どもをもつために最低限必要な投資はきわめて小さかったことから、ほとんどどんな女性とでも性交しようとする傾向が、人間の男性にも、淘汰によって多少なりともそなわっているように思われる。マリノウスキー（1929, p.292）は、トロブリアンド諸島の男たちが特に醜いといって敬遠し、「性的交渉から完全に締め出されている」ように見えた女たちのうちの何人かは複数の子どもを産んだ、と記している。男たちはまた、ダッチワイフを抱いたり、牝牛、雌のラクダ、雌の羊などと交接したりすることが知られている。キンゼーら（1948）によれば、田舎で育った男性の約二十％が、家畜との交接の経験があることを認めている。それとは対照的に、淘汰は女性に関しては、セックス・パートナーに対する選り好みを選び取った。交接可能な男性のうち、お返しに最大の利益を与えてくれる相手を選ぶため、性交の機会のほとんどを退けるように、女性は進化したのだ。だからこそ、「じつに多くの人たちが、セックスというのは女性の所有物で、男性がそれをほしがるものだと考えている」のだと、サイモンズ（1979, p.253）は述べている。

男性の色好み

人類の進化の歴史においては、女性をめぐる男性どうしの競争のほうがその逆より激しかったから、男性のほうが女性よりバラエティに富んだセックス・パートナーに対して強い性欲を抱いたとしても、驚くにはあたらない（Symons 1979; Buss 1994; Townsend 1998）。現代人の祖先の雄たち——人類の進化の歴史のなかで、競争に打ち勝って、他の雄より多くの子孫を残してきた雄たち——は、多くの雌、なかでもとりわけ、妊娠や出産の可能性がいちばん高い若いおとなの雌との交接を望み、それを実行できる個体だった。男性のほうが女性よりセックスに熱心で、誰とでも平気で関係をもちたがり、そのことに喜びを感じるのは、こうした進化の歴史によって、たくさんのセックス・パートナーをもちたがるという特徴が増幅されてきたからだ（Symons 1979; Buss and Schmidt 1993; Townsend 1998）。

人類の進化の歴史から考えれば、男性がしばしば女性を性交の相手としてしか見ようとしないのも、驚くべきことではない。多くの文化に売春婦が存在するのも、セックスそれ自体が値打ちのあるものだと男たちが考えている証拠だ（Burley and Symanski 1982）。自分の交接相手でもない若い女性の裸や性行為の載ったポルノグラフィを見るために男たちがこぞってお金を払うのも、これまた驚くにはあたらない（Symons 1979）。若い女性のからだに興奮できないような男性はおそらく、誰の進化上の祖先にもなり得ないからだ。売春婦とポルノグラフィの存在は、養育投資はせずにできるだけたくさんの相手とセックスしたいという、進化によって男性の身についた動機を、ありありと描き出している。売春婦もポルノグラフィも、深入りの必要なく性的バラエティを増やしてくれるから、男たちに大人気なのである（Symons 1979）。

男女双方の魅力にとって年齢は大きな意味をもつが、女性の年齢のほうが、とりわけ重要だ。そして男性にとっていちばん魅力的な女性の年齢は、女性にとって魅力的な男性の年齢より、はるかに若い（Symons 1979; Quinsey et al. 1993; Quinsey and Lalumiére 1995; Jones 1996）。たとえば、男性は思春期の女性も若い成人の女性と同じくらい魅力的だと感じるが、女性は思春期の男性を魅力的だとは感じず、成人男性を好む（Quinsey et al. 1993）。そうした年齢への好みは、他のあらゆる身体的特徴（皮膚のなめらかさ、髪の毛、行動など）にも反映される。若い成人の女性を好むという男性の心的適応は、人類の進化の道筋のなかで、女性のその年齢と妊娠が、強い相関をもっていたためだ。まだ妊娠できない年齢の女性や、もう妊娠できない年齢の女性を好む男性は間違いなく、妊娠や出産の可能性が高い年齢特有の身体的特徴をもつ女性を美しいと思う男性よりも、後世に子孫を残すという点で遅れをとることになる。進化心理学者のデイヴィッド・バス（1985, 1987, 1989）は、六つの大陸と五つの島にわたる、三十三ヶ国から集めた三十七の事例を分析して、性交の相手として好ましく思う身体的特徴（若さを示す特徴も含む）には大きな男女差があると述べている。性交相手の若さに価値をおく傾向が女性より男性に強く見られることは、伝統的な人類学の比較文化研究でも報告されている（Ford and Beach 1951; Symons 1979）。

ホモセクシャルの男性の性的行動――女性を好むヘテロセクシャルの男性たちよりさらにずっと頻繁に、多数の相手と行きずりのセックスを行なう傾向が強い――も、深入りせずに多くの相手と性交したいという、進化によって人間の男性に植えつけられた動機をよくあらわしている（Symons 1979）。ヘテロセクシャルの男性もホモセクシャルの男性も新しいセックス・パートナーを求める気持ちの強さに変わりはないのだが、ホモセクシャルの場合には相手も男性で、同じように新しいパートナーを強く求めているので、実際に関係をもつ機会がずっと増えるのである（Bailey et al. 1994）。

繁殖努力の多くが男性の場合には性交相手を得ることに向けられるのに対して、女性の場合にはそれが、養育努力に向けられる。しかし、だからといって、人間の男性が子育てに努力をはらえないというわけではない。一般的に人間の男性は、平均的に言えば大多数の哺乳類の雄より、はるかに子育てにエネルギーを費やすし、やろうと思いさえすれば、子どもの世話をする能力は女性とほとんど変わらない（Geary 1998）。子育てに関するこのような男性の心理と行動は、そのほうが子どもが生きのびる確率が増し、成長したその子がさらに繁殖するチャンスが増すから、進化したものだ（Hewlett 1992）。両性の養育努力の不均衡の程度が性交相手の選り好みの程度を決めるということが、人間の男性のこうした柔軟性を見るとよくわかる。特定の女性と結婚したり長期的な関係を結んだりしようと思う時には男性も、相手の知性や協調性などを基準にして、女性と同じくらい選り好みをする。だがそのような長期的投資が必要ない時、あるいは、ごく限られた投資ですむ時には、相手の知性や性格などにはほとんど頓着しない（Kenrick 1989）。

人類の進化の歴史のなかで男性の養育努力に関して働いた淘汰は、主として二つのものをもたらした。男女で一部共通し得る繁殖への関心と、男女でまったく異なる形の性的嫉妬がそれである。

性的嫉妬

現代の社会問題の多くを理解しようとする時、進化の過程でどのような理由から性的嫉妬が生まれたかを知ることは、重要なカギとなる。ネグレクト、児童虐待、子殺しに関する調査から、人間が養育努力をはらおうと決めるいちばん大きな至近要因は、その子と血のつながりがあるかどうかだということがわかっている（Daly and Wilson 1988, 1995）。人間は腹のなかに子どもを身ごもり、妊娠できるのは女性だけだから、男性は女性に比べて、その子がほんとうに自分の遺伝子を受け継いでいるか確信をもちにくい。女性の場合には自分が妊娠するから間違いようがないが、男性のほうには、他の男性の精子で受精した子どもを、そうとは知らずにわが子として扱ってしまう可能性もあるわけだ（私たちは今後、そうした状態を、「妻に不貞をはたらかれた男」という辞書上の意味を拡大解釈して、〝寝取られ男〟と呼ぶことにする。妻の産んだ子が自分の遺伝子を受け継いでいるという夫の確信のことは、〝父性の確実性〟と呼ぶ）。雌雄が協力して子育てを行なう種においては、別の雄のパートナーを〝寝取ること〟は、淘汰上有利だった。寝取る側は、自分が養育努力をはらわなくても他の雄がその役目を果たしてくれて、好都合だからだ。しかし寝取られる側にとっては、これは淘汰上有利ではない。自分自身の子どもをもてないだけでなく、血のつながりのない子どもに労力を注ぐことになってしまうのだから。

したがって雄の心の一部には、他の雄の子どもにではなく、自らの遺伝子を受け継ぐ子どもに養育努力を注ぐ可能性を高めるためのデザインが組み込まれている。というわけで、〝寝取られ男〟になることを防ぐためのメカニズムとして、人間の男性にも、パートナーを見張ったり貞節を強く求めたりする、性的嫉妬に基づく感情や行動が見られるのである。そうした性的嫉妬が穏やかな形であらわれたのが、パートナーが他の男に性的関心を寄せていないかを敏感に見張るといった行動だ。〝寝取られ男〟になれば支払わねばならないコストは大きいから、男性の心は淘汰によって、パートナーが他の男に性的関心を寄せていると感じた時に見せる妄想的ともいえる反応を適応として身につけたといってもいいだろう。性的嫉妬が極端な形であらわれると男性は、パートナーおよび（あるいは）、父性の確実性をゆるがしかねない相手の男に対して、暴力沙汰におよぶこともある。

男性の性的嫉妬が性交という行為そのものの実在や存在可能性に向けられるのに対して、女性のそれは、経済的・物質的資源を相手の女性に奪われる危険性に向けられるように思われる

(Symons 1979; Daly et al. 1982; Buss et al. 1992; Geary et al. 1995)。パートナーに向けられる女性の性的嫉妬は、もっと正確にいえば、資源および関わりに関する嫉妬なのだ。

女性より男性のほうが性的嫉妬をおもてに出しやすく、しかもそれが激しい形をとることが多いという点については、十分な証拠がある (Daly and Wilson 1988)。データがとられているすべての人間社会において、妻への殴打と殺人の最大の理由は、性的嫉妬である。多くの文化で、男たちはしばしば、暴力を振るうと脅したり、実際に暴力を振るったりすることで、パートナーの性的行動をコントロールしようとする (Flinn 1987; Smuts 1992; Wilson and Daly 1992; Jacobson and Gottman 1998)。たとえば米国では、報告されたものもそうでないものも含めると、[9]単独犯の加害者によって女性に加えられた暴力のうち約三十%が、夫や元夫、ボーイフレンドや元ボーイフレンドによるものだった (Bachman and Saltzman 1995)。また、女性に対する殺人のうち二十八%が、こうした男性によるものだ。妻やガールフレンドが夫や相手の男を殺す割合はこれよりずっと少なく、男性に対する全殺人の約三%となっている (Perkins and Klaus 1996)。女性が夫やボーイフレンドを殺すのは、暴力的で嫉妬深い男から自分の身を守るためというケースが多い (Daly and Wilson 1988; Wilson and Daly 1992)。多くの文化において、女性に対する男性の暴力は、父性の確実性を守るために淘汰によって進化した、性的所有という男性の心理学的適応から生じている (Wilson and Daly 1992)。男性が、自分にとって価値がある性的および繁殖上の資源をコントロールするために暴力を振るうということは、そのような暴力の被害者の大半が十六〜十九歳で、二十～二十四歳ではそれより少なく、二十五～三十四歳ではもっと減って、三十四歳以上では稀だという事実からも明らかだ（Greenfield et al. 1998）。

男性はまた、パートナーや子どもに提供する経済的資源や養育資源を通じても、女性の性的行動をコントロールしようとする。男性が経済的資源を握っていると、その一部を利用して、女性が他の男になびかないようにコントロールしようとするのだ。女性に対する暴力という形での性的所有は、その男性の経済的レベルと強い相関をもっている。中流階級の男性は下層階級の男性より暴力を振るうことが少ないし、上流階級の男性は中流階級の男性より、さらに暴力を振るわない（Perkins and Klaus 1996）。女性がどのぐらいの成功率で子を産み育てられるかはパートナーの男性の養育努力や経済力によって大きく左右されるから、女性はそのような資源を高く評価するよう、進化してきた。そこで男性は、経済的資源を女性に提供する見返りとして女性の養育努力を得られるのは当然だと思うようになっているのだ。そんなわけで、米国における離婚の主要な理由の一つが妻の不貞であることも、べつだん驚くにはあたらない（Symons 1979）。そして、進化人類学者であるローラ・ベッィグ（1989）の徹底的な研究によれば、およそデータが存在するすべての人間社会に、同じことがあてはまる。

精子間競争

雄のセックス・パートナー獲得法を見ると、父性の確実性を増すような適応がいかに重要であるかがよくわかる。性淘汰の一形態である〝精子間競争〟は、特定の雌の卵《らん》に自分だけが到達するための、異なる雄の精子どうしの競争である（Parker 1970）。こうした競争によって、多様な行動上、形態学上、生理学上の適応が、さまざまな種に生まれてきた（同上. Thornhill and Alcock 1983: Wilson and Daly 1992; Baker and Bellis 1995; Birkhead and Møller 1992, 1998）。たとえば黒い羽をもつイトトンボの仲間（black-winged damselfly）のペニスは、「デッキブラシのように動いて」他の雄の精子の詰まった精包をかき出してしまう（Alcock 1993, p.421）。

そうした精子間競争が人類の進化の歴史においても淘汰に影響を与えてきたことは、人間の男性に、競争相手である別の男性によって自分のパートナーが妊娠させられてしまう危険度に合わせて、無意識のうちに射精量を調節する能力がそなわっていることからも明らかだ。射精量は、前回そのパートナーとセックスしてからどれだけ時間がたっているかではなく、前回そのパートナーとセックスして以来、どのくらい別々にすごしていたかに大きく左右される。人間の男性はどうやら、どれだけの期間パートナーと物理的に離れていたかを、パートナーが他の男性によって妊娠させられてしまう危険度の目安として用いているようなのだ。他の霊長類に比べて人間が大きなペニスや睾丸をもっていることも、精子間競争がもたらした適応だと考えられる。[10]

女性の選り好み

進化学的見地から考えて、人間の女性は男性にくらべてパートナーへの選り好みが激しいこと、そしてその選り好みはしばしば、資源を基準に行なわれるだろうということが予測できる。特定の雌が産むことのできる子どもの数は、養育努力に転用できる環境資源によって規定される。したがって、雄がそうした資源をうまくコントロールできれば、雌はその資源を選択の基準の一部としてパートナー選びをし、最大の、あるいは最良の資源をもつ雄を好むだろうと推測される（Bradbury and Vehrencamp 1977; Emlen and Oring 1977; Borgia 1979; Thornhill 1979）。そして、現在までに調査された、そのような社会システムをもつあらゆる種が、そのとおりの結果を示している（Thornhill and Alcock 1983; Rubenstein and Wrangham 1986）。

デイヴィッド・バスによって行なわれた一連の研究（1985, 1987, 1989）によれば、世界中の女性が、富や地位、お金儲けの能力をパートナー選びの主要な基準として用いることを好み、その程度は、男性がそれらを基準にする程度より大きかった。[11] ウィーダマンとオルガイヤー（1992）およびタウンゼンド（1998）は、経済的に自立している女性でも、こうした好みが消えるどころか、むしろ強まることを発見した。したがってこの好みは、フェミニストたちが主張するような男性への経済的依存の産物ではないことがわかる。

経済力と並んで人間の女性のパートナー選択に大きな影響を与える変数は、男性の相対的な社会的地位である。つまり、その男性が他の男性に、どれだけの影響力を行使できるかだ。社会的地位の高い男性は、自分のパートナーと他の男性が、レイプを含む性的接触を行なうのを防ぐ能力も高い。首長だからといって他の男性に比べて多くの資源をもつことが稀な狩猟採集社会でも、首長がパートナーとして女性から好まれるのは、彼ならその政治的影響力によって、他の男性が自分のパートナーをレイプしないようにできるからだろう（Mesnick 1997; Wilson and Mesnick 1997）。

進化人類学者のバーバラ・スマッツが報告しているように、多くの人間社会では、パートナーである男性に守られていないと、女性は性的強要をとても受けやすい（Smuts 1992; Smuts and Smuts 1993）。進化心理学者のマーゴ・ウィルソンと行動学者のサラ・メズニックによって行なわれた大規模な研究（1997）によれば、あらゆる年齢層において、既婚女性は同年齢の未婚女性に比べて、レイプその他の性的強要を受けた率が少なかった。

左右対称の男性が好まれるのも、女性をレイプから守る能力と関係しているのかもしれない。ギャングズタッドとソーンヒルの研究（1997a）によれば、左右対称性の強い男性のほうが女性から、自分を守ってくれる存在として信頼され、魅力的なパートナーだとみなされる。

ウィルソンら（1997, p.443）は、「多くの動物の雌にとって、雄との相互作用におけるいちばんの優先事項はおそらく、（パートナーの）選り好みをつねにつづけていくことだろう」と述べている。サイモンズ（1979, p.92）もそれに同意して、その理由は、「進化の歴史を通じて、雌が繁殖を成功させるために最も重要なのはおそらく、交尾や妊娠を取り巻く周囲の環境だったからだ」と言う。そしてサイモンズは、こうつづけている――「人間の女性の場合にも、育てられないような子は妊娠しない、手に入る範囲で子どもにとって最上の父親を選ぶ、自分や子どもたちに手を貸してくれるように男性たちをしむける、与えたセックスの見返りを最大限にし、夫や血縁の男性たちが暴力を振るったり手助けをやめたりする危険を最小限にする、といった彼女の能力を邪魔するようなものがあると、その繁殖成功度が脅かされる」

人間の女性が資源のコントロールと社会的地位という観点からパートナーを選んでいるという事実は、多くの一夫多妻社会を調べた比較文化的データからも明らかだ。そうした社会では、富や地位のある男性ほど多くの妻をもっているのである（Betzig 1986）。

女性どうしの競争のなかで望ましい男性をパートナーとする上では、その女性の容貌と若さが重要なカギになってくる。一夫一婦的社会では、女性の年齢や容貌はどの社会階層においても、夫の職業上の地位と密接な相関がある（Buss 1987; Ellis 1991; Grammer 1993; Barber 1995; Kenrick et al. 1996）。これらの研究はまた、女性の容貌は、彼女自身の出身階層や知能指数より、夫の社会的地位と高い相関があることも明らかにしている。こうした結果から見て、女性が上の階層に上がるためには容貌が大きくものをいい、高い職業的地位にある男性ほど容姿の優れた女性を妻にできるということになる。これとは対照的に、男性の容貌と妻の地位には正の相関はない(Jones 1996)。

要するに、人類の進化の歴史のなかで女性より男性に強い性淘汰が働いたために、男性は女性より、地位や資源をめぐって互いに競争するようになったのである(Alexander 1979; Browne 1995; Geary 1998)。女性は地位や資源をもつ男性を好むため、そのどちらか、あるいは両方を所有する男性は、進化の歴史のなかで、単にたくさんのパートナーとセックスできただけでなく、子どもを産み育てる能力の高いパートナーと大勢セックスすることが可能だったため、比較的たくさんの子どもを残すことができた(女性の場合、容貌の美しさは若さと密接に関係しており、したがって妊娠能力も高いからだ)。

遺伝子の質

たとえば左右対称性のような、男性の健康を示す特徴に女性がひきつけられることから見て、女性はまた、外見や容貌にあらわれた遺伝子の質も基準にして、男性を選んでいるのかもしれない(Benshoof and Thornhill 1979; Gangestad 1993; Thornhill and Gangestad 1993)。

身体的魅力の進化および、魅力的なパートナーを好む傾向の進化について説明しようとする理論は、主として三つある(12)——

・（しばしば〝優良遺伝子に関する性淘汰〟と呼ばれる）一つめの理論は、魅力的な外見をもつ男性は、生存能力の高い健康な子どもをつくるのに役立つ遺伝子をもっていると予測されることから、女性はそのような男性を好むというものだ。

・二つめの理論は、そのようなパートナーを選べば、性的魅力を増す遺伝子が子どもに伝わるからだというものである。女性が魅力的な男性を選ぶのは、〝セクシーな〟あるいは〝性的に成功する〟息子を産むためだというのである。この場合には〝良い〟遺伝子が、その女性の孫の数を増やすのに役立つ。なぜなら彼女の息子は、外見を気にせずにパートナーを選んだ女性の息子たちより、たくさんのセックス・パートナーをもてる確率が高いからだ。この〝セクシーな息子〟理論によれば、息子の生存確率ではなく、その魅力的な外見自体が、魅力的な男性に対する女性の好みという傾向を後世に伝えていくことになる。

・三つめの理論は、身体的魅力をもつ男性のほうがそうでない男性より、パートナーの女性および（あるいは）その子どもたちに、（多くの食物や防御、広いテリトリー、病気の危険性の少なさなど）物質的利益を与えられるから女性に好まれるというものである。

この理論は三つとも、広範囲の動物種についての研究によって裏づけられている。(13)

また、身体的魅力が発達面での健康とホルモン面での健康の双方を反映していることを明らかにした最近の研究（Johnston and Franklin 1993; Singh 1993; Thornhill and Møller 1997; Thornhill and

Grammer 1999）も、人類の進化における〝優良遺伝子に関する性淘汰〟仮説を裏づけるものだろう。

人間の男性における身体的魅力のうち最も重要な三つは、年齢、左右対称性、ホルモン指標（若い成人の顔や身体各部にあらわれる、性ホルモン――男性はアンドロゲン、女性はエストロゲン――の活動を至近要因とする特徴）だろう。他の魅力の程度がすべて同じなら、年配の男性は若い男性ほど女性に好まれない。なぜなら年配の男性のほうが（防御を含む）諸資源を提供する能力が低いことが多く、有害な突然変異がＤＮＡに生じている可能性も高いと思われるからだ（Ellegren and Fridolfsson 1997）。ただし、大金持ちの老人は、女性にとって大いに魅力的な存在である（Kenrick et al. 1996）。

左右対称性

多くの種において、左右対称性はきわめて重要な身体的美しさの指標だ。四十二の種を含む約六十五の研究が、異性をひきつけてパートナーを獲得するのに身体の対称性が重要な役割を果たすことを示している（Møller and Thornhill 1998a）。実際、左右対称性はその個体の遺伝子や表現型の質を示す最良の指標のようにも思われる（Gangestad and Thornhill 1999）。

（指や踝《くるぶし》など）通常は左右対称な身体部位が非対称になる至近要因は、発達の過程で毒素、病気、食物の量や質の不足などといった環境的要因が働いたことにある。有害な突然変異などによる遺伝子異常も、完全な左右対称性の発達を損なう要因となる。非対称性が環境上や遺伝子上の要因によってもたらされることは、生物学的研究によって、はっきりと実証されている[14]。したがって身体が左右対称であることは、その個体が発達の過程でそうした悪影響を受けなかったことの証明であり、荷重（有害遺伝子の存在による生存能力の低下）の度合を示す指標となる[15]。動物の多くの種において、左右対称の個体のほうが非対称の個体より長生きし、成長が早く、病気が少なく、子どもの数も多い（Møller and Swaddle 1997）。人間の場合にも非対称性は、ある種の感染症、発達の遅れ、感情・心理・身体面での健康不良と関連があることが知られている（Thornhill and Møller 1997; Waynforth 1998）。人間の場合、成人後は年齢とともに非対称の個体が増えていくが、同年齢の個体のなかでもとりわけ非対称性の強い個体は、表現型や遺伝子の質に何か問題があると考えられる。

男女ともに顔の対称性は、その顔が異性から好まれる度合を左右する（Grammer and Thornhill 1994; Mealey et al. 1999）。その上、多くの研究[16]によれば、顔以外の身体各部位（耳、踝《くるぶし》、足、指、肘など）の対称性の集積としての男性のからだの対称性も、パートナー獲得に役立つ。比較的、対称的なからだをもつ男性たちのほうが、自己申告によれば、たくさんの相手とのセックスを経験しており、初体験の年齢が低く、女性とつきあいはじめてからセックスするまでの時間も短く[17]、主たる性交相手（他の男性とも長期にわたる関係をもっている女性も含む）以外の相手とのセックスの頻度も高いのだ。これに対して女性では、身体の対称性とセックス相手の数、不貞、初体験の年齢、セックスに至るまでの時間に、特に相関はなかった。

つきあっているカップルたちに匿名での男女別々の調査をした結果、ソーンヒルら（1995）は、非対称の男性より対称な男性のほうが、性交時に女性にオーガズムを与える場合が多いことを発見した。女性のオーガズムは、性交相手によって射精された精子を膣内にたくさん保持し（Baker and Bellis 1995）、オーガズムに伴って分泌されるオキシトシンというホルモンの働きで性交相手との絆を強める（Thornhill et al. 1995）役割を果たしていると思われるところから、女性がパートナーを選り好みするための適応であるとも考えられる。女性が多数の相手とセックスするような状況下では、女性にオーガズムを与えられる対称的な男性の精子のほうが、そうでない非対称的な男性の精子より有利になるし、オーガズムを与えてくれる対称的な男性のほうを女性が好ましく思う確率も高まる（同上）。

女性はパートナーに対する選り好みが激しいため、男性に比べると、性交のチャンスの回数と、実際に関係をもつ相手の数の相関は低い。そんなわけで、チャンスと実数の相関の強い男性の場合には、対称性の程度と性的成功度の指標（決まった相手以外とのセックス、セックス相手の数、オーガズムを与える頻度など）が強く関係しており、女性の場合にはさほどでもないと考えられる。[18]

前進運動する人間以外の動物では、淘汰が絶え間なく強く働く結果（Møller and Swaddle

1997）、対称性それ自体の遺伝率は、ほとんどゼロに近い。淘汰によって、非対称をもたらす遺伝子は消されてしまうからだ。非対称をもたらす遺伝的変異としては、少なくともつぎの二種類が考えられる――すなわち、対称性の発達を疎外する有害な突然変異による遺伝的変異と、宿主と病原体の敵対的共進化レース[19]によって生み出される、宿主である動物の遺伝的変異である。後者は、集団のなかに遺伝的変異を生み出し、それを維持するものとして有名である（Ridley 1993）。健康状態が遺伝によって決まる部分が大きいのは、おそらくこの二種類の遺伝的変異のせいだろう。というわけで、生存能力を高めるための〝優良遺伝子に関する性淘汰〟が現代の人間についても行なわれており、人類の進化の歴史のなかでも絶え間なく行なわれてきた可能性は、きわめて高い。

二つの異なる研究がともに、対称的な男性の匂い[20]は避妊用ピルを服用していない女性にとって――特に、妊娠の可能性がいちばん高く、どの相手を選ぶかがとても重要な排卵期には――きわめて魅力的であることを明らかにしている（Gangestad and Thornhill 1998; Thornhill and Gangestad 1999）。つまり女性は、妊娠の可能性がいちばん高い時期に、対称的な男性の匂いを最高に魅力的だと感じるわけである。対称的な男性の匂いに対する女性のこのような好みは、生まれてくる子どものために生存能力の高い遺伝子を手に入れる目的で生じた適応の一つかもしれない。いっぽう男性のほうは、対称的な女性の匂いを特に好むということはない。対称的な相手の匂いに対する好みについてのこうした性差は、女性のほうが大きな養育投資を行なうところから予測されるとおり、パートナーの遺伝子の質を重要視する適応が女性のほうに強く生じていることを示すものだろう。

〝優良遺伝子〟仮説を裏づけるさらなる証拠として、非対称的な男性より対称的な男性のほうが、継続的なつきあいのために投資する度合が低いという研究結果がある（Gangestad and Thornhill 1997a）。女性をひきつける身体的特徴をもつ対称的な男性はそうでない非対称の男性に比較して、女性とのつきあいにかける時間もお金も少ないし、誠実だったり正直だったりする度合も低い。女性は、生存能力の高い遺伝子をもつ子どもを産むことこそがいちばん重要だというので、たとえ時間やお金や誠実さを手放すことになろうとも、魅力的なパートナーのほうを選ぶらしい。非対称な男性より対称的な男性のほうがたくさん投資する唯一のものは、からだをはって女性を守るという点である（つきあっている男女双方が、それを認めている）。非対称な男性に比べて対称的な男性のほうが他の男性とけんかをする率が高い（Furlow et al. 1998）のは、社会的な支配力やからだの大きさが、対称的な男性のほうが勝っているからかもしれない（Gangestad and Thornhill 1997a）。

その他の優良遺伝子

性ホルモンが促進する諸特徴は、人間の男女双方にとって重要な美的指標になる。思春期および青年期には、テストステロン（アンドロゲンの一種）に対するエストロゲンの割合が、男女それぞれに特有なホルモン指標を、顔にも身体各部にも出現させる。男性の幅の広い顎、長くて幅広の顔、広い肩幅、筋肉の発達したからだは、テストステロンの多さ、すなわち男性特有のホルモンに関する健康さを示している。いっぽう女性の短めの顔、小さめの顎、細いウエストは、エストロゲンの多さ、すなわち女性特有のホルモンに関する健康さや妊娠可能性を示すものだ。

性ホルモンがもたらす特徴が美しさや健康にどのような関係をもっているかについての研究は、近年、たくさん行なわれるようになった[21]。人間のホルモン指標には遺伝性が見られるが、それはおそらく、からだの対称性に遺伝性が見られるのと同じ理由からだろう。したがってホルモン指標に基づいてパートナー選びが行なわれることには、生存能力を高めるための〝優良遺伝子仮説〟も関係しているものと思われる。

人間における、生まれてくる子どもの生存能力を高めるための、遺伝子の質に基づいたパートナー選びのもう一つのあらわれは、ＭＨＣ（主要組織適合性抗原複合体）の遺伝子座――自分自身とそうでないものを区別するために働く遺伝子群の存在する場所――の遺伝子配列が自分と違う相手を選ぶということだ。ＭＨＣの異なる相手を選ぶのは、異系交配（障害児が生まれる確率の高い近親婚を避けること）を確実にするための淘汰ではないかと思われる。あるいはまた、子どものＭＨＣ遺伝子の多様性を増すためかもしれない。ＭＨＣ遺伝子はもともと、（宿主の防衛の第一段階として）病原体を識別するためのものであるから、ＭＨＣに共通点の少ない両親から生まれた子どものほうが、病原体を感知する能力が高い。ＭＨＣが介在するパートナー選びはどうやら、体臭に基づいて行なわれるらしい[22]。

たしかに人間の女性のパートナー選びは、相手の男性の社会的地位、所有する資源、自分を守ってくれるかどうかなどをひじょうに重視して行なわれるが、〝優良遺伝子〟に対する嗜好も、重要な働きをしているものと思われる。現代の女性が一人ひとりの子どもの出産や子育てに大きな投資をすることから見て、人類の歴史において、健康を遺伝させてくれるパートナーを選ぶことが女性の繁殖成功度を高める上で不可欠だった可能性は、きわめて高い。〝良い遺伝子〟にまつわる女性のパートナー選びについて私たちがこのように詳しく述べてきたのは、それが人類の進化の歴史において、女性の繁殖成功度を高める上で重要な役割を果たしてきたと考えられるからだ。その点から考えると、レイプを受けた女性が抱える基本的な問題が、明確になってくる――女性の側のパートナー選びという過程を巧みに回避するレイプという行為は、女性の繁殖戦略の中心部分を妨害するものなのである。

女性のオーガズム

女性のオーガズムは、パートナー選びに関連する適応の一つだと考えることができる。なぜなら女性の性的関心やオーガズムは、相手の男性が女性とのつきあいに投資する能力や意思が高いほど高まり、男性の遺伝子の質が高いほど強まるからだ（Thornhill and Furlow 1998）。たとえばレイプの場合のように、パートナー選びの過程を回避されると、女性はほとんどオーガズムを感じることがない。実際、女性がオーガズムを感じる頻度は、その女性がおかれている資源上の環境、つまり、養育努力が十分に得られるかどうかと、大いに相関がある。少なくとも西洋社会では、幸せな結婚生活、十分な収入、パートナーの高い社会的地位が、女性がオーガズムを感じる頻度と大きく関係しているのである（Fisher 1973）。

先に述べたように、女性のオーガズムはパートナーの身体的対称性と正の相関をもっている——「女性は質の高い遺伝子をもつ男性と選択的に結びつき、その精子を特に保持する」という仮説にあてはまる現象だ。というわけで、まったく興奮しない状態からオーガズムに至るまでの女性の性的興奮の程度は、パートナーに対する女性の選り好みと巧みに連動している。

パートナーを求めての競争の不均衡

淘汰は男性についても女性についても、パートナーを選り好みする適応や、異性に自分の繁殖能力を伝える特徴を選び取ってきたが、男女それぞれに対する性淘汰の程度は同じではなかった。女性にも性的競争はあるが（Buss 1994; Campbell 1995）、セックスそのものをめぐって競争することはない。

　性的競争が女性間より男性間で激しい究極要因は、男性の場合には人類の進化の歴史を通じて、そこで勝利することが繁殖成功度を女性の場合よりはるかに大きく左右してきたからだ。容貌や社会的地位、保持している資源などによって性的競争を勝ち抜いた祖先の雄は、繁殖能力の高い多くの妻をもつことができ、その他の雌との性的接触の機会も多かった。性的競争を勝ち抜いた祖先の雌も繁殖を促進することはできたかもしれないが、その程度はごくわずかだった。なぜなら妊娠は、期間も長く、エネルギーのいる大仕事だったからだ。言い換えれば、もつことのできる子ども数の多寡の幅は、女性より男性のほうがずっと大きいのである。進化の歴史のあいだじゅうずっとこうした状況下におかれてきた人間の男性は、パートナーの数を増やす可能性のある、リスクの大きい性的競争に、女性よりずっと関わりやすい傾向を進化させてきた。

III　なぜ男性はレイプするのか?

進化における淘汰は、雄と雌とでは大きく違う特徴を選び取ってきた。つがうことに直接関係する特徴については、特にそれが顕著である。そうした違いのなかには、ダーウィンが自然淘汰と呼んだものによって生まれたものもあるかもしれないが、現在ではその多くが、性淘汰を通じて進化したと考えられるようになっている。

人間を含む多くの種では通常、雌より雄のほうがつがうことに熱心であり、そのおかげで雌は、自分に近づこうと競う雄のなかから相手を選ぶことができる。だが、雌に選ばれることだけが、雌とつがう唯一の方法ではない。レイプという手段を使えば、雄は雌のパートナー選びを回避できるのだ。

現に存在するあらゆる適応は、繁殖成功度を妨げる障害を乗り越えるのに役立ったからこそ今ここにあるのだということを思い出せば、パートナーに対する女性の選り好みが人類の進化において重要な役割を果たしてきたことが、理解できるだろう。人間を含む多くの種の祖先の集団のなかで、雌雄のうち養育投資に多くを費やさない側にとっては、選り好みの激しい異性から養育努力を獲得する難しさが、繁殖成功度を邪魔する大きな障害だった。つまり、選り好みの激しい雌たちと交わることの難しさが、雄の繁殖成功度の最大の障害だったのである。進化の歴史を通じてこの障害が大きな意味をもちつづけたために、雌とつがうチャンスを増やす特徴を雄にもたらす強力な淘汰圧が生じたということは、十分に考えられる。

選り好みの激しい雌に近づく方法の一つは、雌が好むような特徴を身につけることだ。もし、なんらかの資源を手にすれば雌に選ばれるチャンスが増したのであれば、そうした資源を集めようとする動機と能力をもつ雄を選び取る淘汰が、これまでに働いてきたにちがいない。もし、他の雄に影響力をもつことで雌に選ばれるチャンスが増したのであれば、影響力のある地位につこうとする動機と能力をもつ雄を選び取る淘汰が、これまでに働いてきたにちがいない。もし、他の雄との身体面での競争に勝つことでセックス・パートナーの数が増したのであれば、そのような競争に役立つ特徴を雄に与える淘汰が、これまでに働いてきたにちがいない。そしておそらく何より重要なこととして、性的興奮を求めるよう動機づけ、そうした興奮に導く行動に邁進するように駆り立てる激しい性欲を選び取る淘汰が、これまでに働いてきたにちがいない。そしてその性欲は、雄が繁殖可能メンバーの一員になろうと試み、セックス・パートナーを獲得するための競争が最も激しくなる思春期と青年期に、ピークに達するようにデザインされているはずだ。

人間の男性にそなわっている特徴の多くは明らかに、資源や地位を得るため、あるいはさまざまな形の男性間の競争に勝利するために、性淘汰によってデザインされた適応である（Alexander 1979; Symons 1979; Ellis 1992; Grammer 1993; Buss 1994; Barber 1995; Betzig 1995, 1997; Geary 1998）。また、人類の進化の歴史においては、女性に選ばれるために自分の地位や資源を大袈裟に吹聴する男性が性淘汰で有利になったという証拠もある（Buss 1994; Geary 1998）。男性には強い性欲があり、思春期および青年期にそれがピークに達するという証拠は、さらにずっと強力である（Symons 1979; Alexander 1979）。

性淘汰の一タイプとしてのレイプ

B・スマッツとR・スマッツ（1993）は、性的強要（レイプより広い概念である〝性的強要〟は、「脅迫、つきまとい、および（あるいは）暴力によって性的接触を得ること」と定義される）というもののとらえかたについて、単に男性内のみに働く淘汰の一形態だと考えるのではなく、（セックス・パートナーへの選り好みと、同性間の競争に加えるべき）性淘汰の第三のタイプと考えるほうがいいと示唆した。男性間の競争や女性の選り好みと同様に性的強要も、セックス・パートナーへの排他的接触をもたらす。もちろん性的強要も、他の二つのタイプの性淘汰と相互に関連して働くが、以下の理由から、他の二つの性淘汰とは概念上区別すべきである――性的強要を行なう雄は、たとえ雌をめぐる男性間の競争に負けても、たとえ雌にセックス・パートナーとして選ばれなくても、性的な相手を求めての競争に勝利をおさめることがある。

性的強要の三つの形（暴力によるセックス、つきまとい、脅迫）[1]はいずれも、雌にとっては、生存上および（あるいは）繁殖上の大きなコストを強いられるものであるから、そのようなコストを軽減するための諸特徴が、雌には進化する。実際、多くの種に見られるような、特定の雄と継続的に結びつくことや雌どうし連合することを含めて、雌の社会的行動の多くが、雄による性的強要に対抗するための適応であると説明できる（Smuts and Smuts 1993; Mesnick 1997）。

人類のレイプの究極要因として考えられるもの

生物学者のテオドシアス・ドブジャンスキーが一九七三年に述べているように、「進化という光に照らしてみなければ、生物学のすべては意味をなさない[2]」。論理を組み立てたり証拠を提供したりする際に進化の考えが役立つという点では、人間についての諸分野と同様、レイプについても例外ではない。レイプに関してだけ進化の仮説や究極要因の仮説を適用しないことを正当化するような、科学的理由はないのである。問題になるのは、人間の営みのこの特定の一面に、理論生物学をどのように適用するかということだけだ。たとえ進化の歴史をレイプに適用した結果、「おそらく人類のレイプは、進化史上新しい環境に直面した結果生じたのだろう」という説明しかできなかったとしても、それはそれで意味がある。そうであればなおさら、なぜ男性の心理学上の性的適応が新しい環境のなかでレイプを生み出すようにデザインされたのかを、人々は知りたくなるだろうからだ。

これまで私たちが強調してきたように、生物学における〝究極要因〟という言葉は、生き物にそなわっている特徴が、その至近要因をもすべて含めて、そもそもなぜ存在するようになったのかをさす用語である。そして究極要因は時として、〝系統的遺物〟と〝進化のエージェント〟の二つに分けられることがある。

系統的遺物としてのレイプ

レイプを〝遺物〟として見る考えかたとはすなわち、人間の男性がレイプするのは祖先の霊長類がレイプしていたからであり、祖先の霊長類がレイプしていたのは、さらに古い時代の祖先の哺乳類がレイプしていたからだ……という論法だ。だがこれは、究極要因の完全な説明とはいえない。なぜなら、系統（すなわち、祖先の種からの進化の過程で枝分かれして、現在の種になったということ）そのものは、たとえば霊長類のように、系統的に近縁の種からなるグループが、ある特徴を共有していることの進化上の要因とはいえないからである。系統的アプローチは単に、ある形質の進化的継続性のパターンを記述しているにすぎず、それ自体が継続性の究極要因を規定するものではない。

近縁関係にあるいくつかの種の行動を仔細に観察すると、現存種の共通の祖先の行動がどのようなものであったかについての、重要なヒントが得られることがある。たとえば、人間や大形類人猿（チンパンジー、ゴリラ、オランウータン）に共通して雄の暴力が見られることから、これらの種の共通の祖先が暴力的であったことがうかがえる（Wrangham and Peterson 1996）。だが、暴力やレイプなどの継続性を説明するためには、その種の進化の歴史のなかでなぜその特徴が保持されてきたかを、淘汰という観点から説明する必要がある。

だから（第I章で述べたように）脊椎動物の消化管と気管が交差していることの究極要因については、それが系統的遺物だからというだけでかたづけるわけにはいかない。この交差の究極要因は、脊椎動物の進化の歴史全体を通じて、呼吸と消化の両方の機能に対する、厳しく絶え間ない淘汰が働いたことにある。すべての進化上の保持や系統的遺物には、その究極要因として、淘汰がなんらかの形で関わっているのだ。

「人間以外の霊長類の行動は、人間の心あるいは行動上の適応について、必ず暗黙のヒントをくれる」という、きわめて一般的だが間違っている考えかたの根底には、こうした系統的遺物の見かたが潜んでいる。人は一般的に、もし類人猿がなんらかの行動を見せれば、人間にも同じ性質が（進化によって生み出された心理学的構造の一部として）生まれつきそなわっており、したがってそれは文化によって生じたものではない、と推論しがちだ。しかしながらレイプなどに関わる人間の心的適応については、人間そのものに関する研究で詳しく検討されるべきであり、チンパンジーやオランウータンの心的適応についての研究で詳しく検討されなければならない（Thornhill 1997a）。人間の心的適応について知るにはサルや類人猿を調べるのがいちばんだという、広く信じられている考えかたは、間違った二分法からきている。その二分法では、文化はほぼ人間だけに特有なもので他の霊長類には無関係だと考え、いっぽう人間の本性は、生物学、遺伝子、本能、人間以外の動物も行なう行動（たとえば闘争など）、行動性向、人間以外の霊長類が見せる人間によく似た行動、といったものから成り立っていると考える。そして、人間以外の霊長類を取り巻く環境には文化はほとんど、あるいはまったく存在しないから、それらの霊長類の行動を調べれば人間の本性がわかる、と主張するのである。

進化のエージェントとレイプ

形質が系統的に保たれたり変化したりする進化のエージェントは四つある――淘汰、遺伝的浮動、遺伝子拡散、突然変異がそれだ。理論生物学の分野では、これら四つの進化のエージェントの相互作用や相対的影響力については、よく知られている。(3)

淘汰は、ランダムではなく一貫して働くという特質をもつところから、環境上の問題により良い解決策を提供する形質を、一貫して選び取る。淘汰はひじょうに大きな力をもっているため、たとえ別の進化上の動因を用いて生物についての説明を行なう場合でも、圧倒的な淘汰の力と矛盾しないようにその説明を調整する必要があることを、現代の生物学者たちは承知している。生物学者のグレアム・ベル（1997）が、淘汰だけをさして〝進化のメカニズム〟と呼んだのも、そういうわけだ。その点を心にとめた上で、人類のレイプの究極要因の説明に関するさまざまな仮説を検討していこう。ただしその多くは、明らかな証拠によって否定できる（Palmer 1988b; Thornhill 1999）。

一つめは、〝突然変異と淘汰のバランス仮説〟だ。それは、ひじょうに低い確率で突然変異が起こり、適応的でない形質がつねに生み出されているのだが、淘汰の働きで除去されていくというものである。しかし突然変異と淘汰のバランスで説明できるのは、ごく限られた形質——全個体の一％以下にしか見られない形質——についてのみだ[4]。もしかしたらレイプのなかにも、ごく最近に起きて、まだ淘汰によって消し去られていない突然変異によるものもあるのかもしれないが、そのすべてを突然変異と淘汰のバランス仮説で説明するには、レイプは頻繁に起こりすぎる。実際、レイプはあらゆる人間社会で起こっている。比較文化研究によれば、現代社会においても工業化以前の社会においても、レイプはけっして珍しい出来事ではない[5]（Brownmiller 1975; Morris 1996; Cheng 1997; Littlewood 1997）。それにまた、（第Ⅳ章で論じるように）レイプに対抗する適応が女性に生じているようであることからも、人類の進化の歴史のなかでそうした適応が淘汰上有利になるほど長い期間、レイプが一般的に起こっていたことがうかがえる。したがって、突然変異と淘汰のバランス仮説では、人類のレイプを説明できない。レイプは人類の進化の歴史のあいだじゅうずっと、社会的な環境の一部として継続的に存在していたと考えられるからだ。

二つめは、〝遺伝的浮動（個体の繁殖時に偶然的な理由で生じる変異）仮説〟である。しかしながら第Ⅰ章で述べたように、たとえある形質が遺伝的浮動によって生まれても、それが繁殖成功度にまったく悪影響を与えないようなものでなければ、のちの世代には受け継がれない。繁殖成功度に悪影響を与え、それにもかかわらず一％以上の頻度で出現する形質については、淘汰によってもたらされたと考える以外にないのだ。レイプは明らかに、その実行者の繁殖成功度に悪影響を与える可能性がある――時間やエネルギーが必要だし、（何より）ケガをしたり、社会的追放を受けたりする危険もあるのだから。したがって遺伝的浮動仮説も明らかに、レイプを説明できない。

三つめは、「おそらく人類のレイプは、進化史上新しい環境に直面した結果生じたのだろう」という考えかただ。たとえば、同意の上でセックスをするための男性の適応に、現代の環境のある面（プラスチック、環境汚染、きわめて高い人口密度など）のせいで狂いが生じ、それがレイプを生んでいるのではないかと考える人たちがいる。ロジャー・マスターズとその同僚たちは、重金属の含有量が米国各地の犯罪率と関係していることを示すデータを集めており、重金属――特に鉛――が、衝動をコントロールする心理学的適応に悪影響を与え、その結果、犯罪率が増加していると述べている（Masters et al. 1999）。突然変異と同様に鉛も、レイプのうちのごく一部を説明することはできるかもしれない。しかし、なぜ人間の男性がレイプするかについての一般的な説明としては、鉛仮説は、狩猟採集社会を含むあらゆる文化に明らかにレイプが存在するという証拠を前にして、力を失う。レイプが世界中に存在することから考えて、それが広範な発達環境から生じているのであり、特定の新しい環境からのみ生まれているのではないことは明らかだ。その上、女性の側にレイプに対抗する適応が生まれていることからも、レイプが人類の進化史上新奇な環境から生まれた目新しい出来事ではないことがはっきりしている。人間以外の多くの種にもレイプが存在するという事実も、新しい環境のせいというのが一般的に有効な説明でないことの、さらなる証拠である。

人類のレイプを扱った古い文献（たとえばRada 1978bなど）では、「レイプの要因は、ある種の普通でない病的なものだ」という考えが、繰り返し述べられている。しかしこの考えかたも、突然変異と淘汰のバランス仮説や新しい環境仮説への反論とまったく同じ理由で、妥当だとはいえない。

もう一つの仮説は、「レイプは、今すぐに女性を妊娠させることをめざしているのではなく、将来的に妊娠させるという究極の目的のために相手を支配することをめざして、男性に進化したメカニズムなのではないか」というものだ（Wrangham and Peterson 1996, p.141）。人間以外の霊長類（Rijksen 1978; Smuts and Smuts 1993）および鳥類（Gowaty and Buschhaus 1998）のレイプを説明するものとして、この説は、「その雄が雌を肉体的にコントロールできることを示して支配権を確立しておけば、雌の行動にさまざまな影響を与え、最終的には、一部の、あるいはすべての雄が繁殖成功度を増すことができる」と述べている。たとえば雌は、今後はレイプされないようにするために、それまでだったら相手にしなかったような雄たちに対しても、つがうことを承知するかもしれない（Gowaty and Buschhaus 1998）。あるいは雌は、どうせレイプは防げないのだから抵抗しても得るものはないと悟り、今後は望ましくない雄に交尾を迫られても、黙って従うかもしれない、というのである。

だがこの説明には理論上の重大な弱点があり、そのせいで、いかなる種にもあてはまらないのではないかと思われる。仮に、雌を肉体的にコントロールする能力を雄が示すことで、その後の雌の行動に彼らが主張するような変化を起こすことができるのなら、そもそもなぜ雄は、性的でない攻撃をしかけるのではなく、わざわざレイプをするのか？　特に、鳥に関する研究のほうは、雄の攻撃性について説明しているだけで、レイプの説明にはなっていない。なぜなら、雌の行動に影響を与えて今後の性的アプローチに従わせるためだと主張されている雄の行動が、単なる攻撃性の示威だというのだから。ゴワティとブッシュハウス（1998, p.218）は、つぎのように述べている――「この説から考えて、観察されている数例の攻撃的な〝交尾〟が、じつは交尾自体を目的とするものではなく、雌に対する雄の攻撃だということもあり得る」(6)

もちろん、単に殴られるよりレイプされるほうがもっと不愉快だということを雌が悟るため、性的でない攻撃よりレイプのほうがその後の雌の行動に大きな影響力をもつから雄はレイプするのだ、という議論も成り立つ。実際、私たちも、レイプのほうが単なる暴力事件より精神的外傷を残しやすいと考えている。そしてその理由について、レイプを受けた場合には進化の歴史のなかで何度も、望まぬ雄の子どもを妊娠するという、さらにありがたくない経験をしてきたためだと推測している。だがじつは、ここに述べたような〝支配仮説〟には、その裏返しとして、（以下に説明するような）〝即時妊娠仮説〟が存在する。実際、ゴワティとブッシュハウスが鳥のレイプについて支配仮説を持ち出したそもそもの根拠は、強制された交尾によって妊娠することを防ぐ、複雑にデザインされた〝反撃メカニズム〟が雌にそなわっている、ということにある。だがここでゴワティとブッシュハウスが指摘しそこねたのは、強制された交尾によって妊娠することを防ぐメカニズムが存在すること自体、レイプによって雌が直ちに妊娠する可能性が、その鳥の進化の歴史のなかで重要な淘汰圧として働いたことを示しているという点だ。

レイプに関する支配仮説は、いくつかの種でレイプが与える可能性のある一つの影響（雌の行動の変化）についての証拠に基づいて構築されている。[7] しかし、レイプがそのような機能をもつようにもともとデザインされた証拠はどこにもない。

人類のレイプ――適応か副産物か？

現在、人類のレイプの究極要因について、見込みのありそうな説明は、以下の二つしかない

——

・人類のレイプは、交接の相手を増やすことで雄の繁殖成功度を高めるという理由から、淘汰上有利となった適応である。つまり、過去において繁殖上の純利益を生み出した同じ方法でレイプを行なうよう、男性に影響を与える特定デザインの心理メカニズムが存在する。ランガムとピーターソン（1996, p.138）は、「レイプはどのようにして繁殖成功度を高めることができたのか？」と問いかけ、こうつづけている——「じつに明白で直接的な可能性が一つある。レイプすることでその雄は、雌を妊娠させられるかもしれないのだ」。しかしながら、過去の環境において繁殖成功度を増した可能性のある影響力を特定したからといって、その適応の機能を特定したことにはならないという点を、忘れてはならない。

・人間のレイプは、他の心的適応——とりわけ、深入りしないで多くのパートナーと行きずりの関係をもちたいという性欲を男性に生み出すような機能を果たす心理学的適応——の副産物にすぎない。すなわち、過去において繁殖上の純利益を生み出したような方法でレイプを行なうよう、男性に影響を与える特定デザインの心理メカニズムは存在しない。

この二つの仮説については、真剣に検討すべき理由がある。まずは前者について言えば、レイプは進化の過程でつねに、その代価を支払わねばならない危険を伴うものだった。何よりもまず、罰せられる可能性があったし、相手の女性やその仲間に反撃されてケガをする危険もあったからだ。そのようなコストを支払っても、レイプに関わる形質が生まれたからには、その形質にはコストをしのぐ繁殖上の利益があったはずである。そのようなコストの存在が淘汰圧として働き、潜在的なコストが低い場合にはいっそうレイプしやすくなるよう男性に働きかける心理学的メカニズムが生み出されたことは、十分に考えられる。後者についても、男性の激しい性欲や女性の性的選り好みの副産物として生まれた人間の行動が、レイプ以外にも明らかにたくさんある。たとえば子どもへの性的虐待も、幼いために他者からの性的接触をうまくコントロールできない相手に接触しようとする、男性の働きかけの例であると考えられる。獣姦も、人間の女性とのセックスに似た性的興奮を、相手の選り好みを受けずに味わう一手段だ。エレベーターなどの人混みのなかで衣服ごしに女性にからだをこすりつける痴漢行為や露出狂も、女性の選り好みを回避して、男性の性犯罪者に性的興奮を感じさせる。女性より男性にはるかに多く見られるマスターベーションも、女性からセックス・パートナーとして選ばれなくても性的興奮を手に入れるための一手段として、最も広く行なわれている行動だ。これらの行為はみな、成人女性がセックス・パートナー選びに際して用いる基準を男性が回避して性的満足を得るためのものだが、そのいずれもが、適応であるとは考えにくい。これらは明らかに、男性の性欲をコントロールしている諸適応の副産物にすぎないだろう(8)。

というわけで私たちはこれから、人類のレイプが、男性の繁殖成功度を高めることを目的として直接デザインされた適応なのか、それとも、セックスに同意しているパートナーと関係をもつためにデザインされた適応に付随して生まれた副産物なのかに関するさまざまな証拠を検討してみたい。これら二つの説明のうちどちらが正しいかについては、本書の共著者である私たち二人も今のところ意見の一致を見ておらず、今後、さらなる証拠によって正否が確定することを期待している（Thornhill 1980; Palmer 1988b, 1989a, 1991, 1992b; Thornhill and Thornhill 1983, 1992a,b）。現時点での私たち二人は、つぎの意見に全面的に賛成である――「性的強要（あるいはレイプ）のための特別な心的適応、強要願望を同時に伴う性的興奮の適応が存在するのかについては、今後の検討を待たねばならない（Wilson et al. 1997, p.453）」。したがって当面ここでは、レイプを目的とする適応ではないかと思われる有力候補を紹介し、この問題に決着をつけるために今後見つかるかもしれない証拠について説明するにとどめたい。だが、「複雑な諸形質については、それが副産物だという説明がつかない場合にかぎって、適応だと考えるべきである」というウィリアムズ（1966, 1992）の見解に従って、副産物仮説のほうを先に検討することにする。

「レイプそのものが人間の男性における有効な適応だと結論するだけの十分なデータがそろっているとは、とうてい思われない」と述べて副産物仮説を初めて提唱したのは、サイモンズ（1979, p.284）である。ここで忘れてはならないのは、副産物についてもその説明は進化の理論に基づいて行なわれるべきであり、問題の特徴がどんな適応の副産物であるかを明確に示す必要がある（Thornhill et al. 1986; Palmer 1991; Thornhill and Thornhill 1992a,b）ということだ。そして、それをつきとめるためには、その特徴に含まれる至近的なメカニズムを明らかにしなければならない。だからこそローシュコ（1981, p.336）は、「至近的な関連事項に十分な注意をはらわないと、淘汰プロセスのなかで働く力を読み損ねる結果となる。究極的な機能だけにしか関心を寄せない研究者は、他の適応の副産物や二次的効果にすぎない行動を、誤って〝適応〟だと分類してしまう危険がある」と指摘したのだ。

レイプは副産物だと主張するサイモンズは、それをもたらした適応は、男女で違う形に進化した性的欲求であろうと考えている。そして、その後に提唱された、レイプについてのいくつかの進化モデルでは、レイプを動機づけるのは、性的欲求と〝所有や支配への欲求〟の双方だと考えられている（Ellis 1989, 1991）(9)。たしかに人は一般的に——男であろうと女であろうと、はたまた子どもであろうと——生活のさまざまな面において、所有や支配への欲求を感じるし（Geary 1998）、パートナーを性的に所有したり支配したりしたいという人間男性の欲求も、しばしば見受けられる。後者には、夫やごく近い親族以外の男性には女性を近づけないという風習や、クリトリデクトミー（女性器切除）、性的嫉妬なども含まれる（Wilson and Daly 1992; Buss 1994）が、それらがレイプと関連する例は、ごくわずかなようだ。（あとで述べるような）婚姻関係におけるレイプを除外すれば、レイプ加害者が長期間にわたって被害者をどこかに監禁したり、嫉妬深く守ったりすることは、比較的稀である。したがって、性的な動機について考えることが、理論面でも実際面でも重要だということになってくる。サイモンズは、そのなかでも特にレイプの発生に関連の深い適応は、視覚によって性欲をかきたてられやすく、性に関する意思のコントロールがききにくく、性行動を慎みにくく、性的バラエティ自体を求めたがり、行きずりのセックスを好み、セックス・パートナーの特質に頓着しないといった、人間男性の傾向に含まれるメカニズムだと考えている（Symons 1979, pp. 264-267）。サイモンズ（同上 p. 267）は、獲得できるセックス・パートナーの数を増すことで男性のセックスの機会を増やすためにデザインされた、このような適応を性淘汰が選び取った結果、「典型的な男性はほとんどの女性に、多少なりとも性的にひきつけられる。それに対して典型的な女性はほとんどの男性に、性的にひきつけられることはない」と記している。レイプは、このような状況を作り出す諸適応の副産物ないし副次的効果だと、サイモンズは考える――つまり、レイプに含まれるメカニズムのなかには、レイプだけを目的として淘汰されて進化したものは一つもないから、レイプそれ自体は適応ではないというのだ。それらのメカニズムは、レイプ以外のことを通じて男性の繁殖成功度を高めたから、現在も存在しているというわけである。

これと反対の立場を支持するためには、レイプに含まれるメカニズムのうち、レイプを通じての繁殖だけを目的に、淘汰によって過去にデザインされたものがあることを示す必要がある。ただし、男性がレイプを行なう能力を許容している（あるいは高めている）メカニズムだからといって、それがレイプを目的としてデザインされたとはかぎらないことを忘れてはならない。たとえば体格のいい男性のほうが、その気になればレイプは行ないやすいだろうが、体格のよさはレイプを容易にすることを目的に性淘汰によってデザインされた適応だとは考えられない。なぜなら、このような雌雄二型性は、一夫多妻の種の雄どうしの競争のための適応だと考えたほうが、もっと簡単に説明がつくからだ（Alexander et al. 1979）。同様に、「人間の男性は、交接を嫌がっている女性が相手でも性的興奮を保ち、セックスすることができるという事実自体についても、説明が必要だ。なぜなら、雌の協力や励ましがなくても性的興奮を保ちつづけられるという特質は明らかに、他の動物たちに広く見られるものではないからである（Wilson et al. 1997, pp. 457-458）」という主張についても、だからといって短絡的に、これはそのような形の交接のためにデザインされた心理メカニズムがあるからだと結論していいわけではない。マラムス（1996, p.276）は、人間の男性がそのような特質をもっている理由について、「行きずりのセックスをする能力が高いためではないか」と説明し「人間の男性は、性欲に駆られてもおらず絆を感じてもいないためにセックスを嫌がる女性を前にしても、性的に十分に機能できる」と述べている。つまり、セックスを望んでいない女性とも交われる能力は、レイプとは違う場面で男性の繁殖成功度を高めてきたために現在も存在している適応——たとえば、行きずりのセックスに大きな関心や欲求をもつこと——の副産物かもしれないというわけだ。

人類のレイプが適応だという仮説を支持するためには、その証拠として、ガガンボモドキの雄がもっている背部器官と同じような表現型が、人間の男性にもあることを示す必要がある[10]。その背部器官——翅の後ろのあたりの、腹部の背中側についた鉗子状のもの——は、レイプそのものを目的としてデザインされたように思われる。レイプの道具としての役割を正確、効果的、複雑に果たすだけでなく、それ以外の活動にはまったく使われていないように思われるからだ。人間の男性にもこれに相当するようなメカニズムがあるという証拠が、はたして存在するだろうか？　もしそのような証拠があれば、サイモンズが主張したような男女の性差では簡単に説明できないレイプの要素が見つかるかもしれない。だが、レイプが人間男性の適応であることを示す証拠となりそうないくつかの候補について検討する前に、適応であることがはっきりしている動物界のいくつかのレイプの例について述べ、適応としてのレイプとはどういうものかを明確にしておこう。

ガガンボモドキの雄は、雌に婚礼プレゼント（自分が吐き出して固めた唾液、または昆虫の死骸）を差し出すか、さもなければ力ずくで交尾を行なう（Thornhill 1979, 1980, 1981, 1984, 1987）。雌は、プレゼントをもっている雄をパートナーとしたがり、プレゼントのない雄が近づくと逃げようとするが、プレゼントのある雄には自分から近づいていく。そこでプレゼントのない雄は、雌に近寄るやいなや、生殖器についた留め金（ペニスの両側についている一対の器官）で雌を掴んでしまう。そして、雌の片方の前翅の前端を問題の背部器官にしっかりとはさみこみ、交尾のあいだじゅう放さないのだ。雌に近づいて、生殖器についた留め金で掴むこと自体はべつに、レイプのためだけにデザインされたものとは思われない。他の個体に近づくのはレイプのためだけではないし、雄はその留め金を、雄どうしの戦いに使うこともあるからだ。だが背部器官は、レイプの時にしか使用されない。実験によれば、背部器官をそのままにした雄たちは雌に対する強制交尾が可能だったのに、背部器官に蜜蝋《みつろう》を塗って使えなくした雄たちは、強制交尾ができなくなってしまった。そしてその、背部器官の使えない雄たちも、婚礼プレゼントを雌にわたせば、ちゃんと交尾できたのである（Thornhill 1980, 1984）。これとは別の実験でも、強要的でない交尾では、雄は背部器官を使うことなく雌に受精させられることが確認されている。したがって背部器官は、精子を送り込むための適応ではない。また、交尾中に他の雄が邪魔してきた時に雌を奪われないようにするためのものでもない。つまり、侵入してきた雄をそれでつかまえておいて交尾をつづけるための適応ではないのである。背部器官に関するそれ以外の用途についての仮説も、検討の結果、これまでに全部否定されている。あらゆる証拠が、背部器官はレイプを目的としてデザインされたものであることを示唆しているのだ。つまり背部器官の機能は、交尾を望まない雌との交接を可能にし、受精させるのに必要なあいだ雌をつかまえておくことにあるのである（Thornhill and Sauer 1991）。

強要的な交尾を目的とした雄の適応の例は、他の昆虫たちにも見られる。ガガンボモドキについての実験に似た方法でアメンボの実験を行なったアーンクヴィスト（1989）は、雄の腹部の腹側にある二つの突起が、強制交尾を行なうことを目的としてデザインされたものであることを発見した。コオロギの仲間であるセージブラッシュ・クリケット（*Cyphoderris strepitans*）の雄にも、レイプを目的とした機能をもつ付属肢がある（Sakaluk et al. 1995）。

これまで私たちが強調してきたように、適応というのは、進化の歴史のなかで個体群の繁殖成功度に影響を与えた環境上の問題に対する、表現型による解決のことである。だから、ある適応の機能上のデザインを発見することは、とりもなおさず、その適応をどんな淘汰が作り上げたのかを発見することでもある。ここに述べたような昆虫類がレイプを目的とした適応を身につけていることから、彼らの進化の歴史について二つのことがわかる――過去に繰り返し継続的にレイプが起こったということと、レイプをしなかった雄よりレイプをした雄のほうが、交尾の機会も繁殖成功度も大きかったということだ。つまり、現代のガガンボモドキやアメンボの祖先の雄は、レイプを適応的に行なう能力をもっていたのである。

人間男性におけるレイプ適応の候補

人間の男性にはもちろん、レイプを目的としてデザインされた鉗子状の器官などないし、その他にも、レイプを目的とした適応らしき目立った構造は見られない。したがって、レイプを目的とした適応がもし人間の男性にもあるのなら、それは心理的な面に存在するのだろうと考えざるを得ない。そのような適応がもし見つかれば、昆虫の雄に見られる適応と相似なものだと考えられる。

〝相似な〟という言葉は、進化生物学で用いられる用語である。互いに相似な二つの適応とは、同じ歴史的淘汰圧（この場合には、身体的に強要された交接に関する淘汰）によって生み出されたが、その淘汰が、同一の機能を果たすために、それぞれ異なる表現型を形作ったものである。互いに相似な適応の身近な例としては、飛行という同一の機能を果たす、鳥の羽と昆虫の翅がある。飛行能力に関する淘汰がその両方を生み出したのだが、両者の解剖学的起源はまったく異なる。

そこで私たちは人間の、レイプを目的とした適応ではないかという各候補について、それがほんとうにレイプを目的として形作られたことを示す証拠があるかどうか、見ていくことにしよう。もしそのような心的適応が現代の人間男性に存在すれば、それは、究極的な利益（繁殖）が究極的なコスト（ケガや懲罰などによる全体的な不都合）を上回る場合には、祖先の雄たちはそうした適応によってレイプに駆り立てられたからだということになる。しかしながら、他の適応について考える場合と同様にレイプの場合にも、適応がその究極的な機能を果たすためには、至近的なメカニズムが必要になる。したがってそのような適応が実際に存在することを示すには、レイプの至近的なコスト（ケガや懲罰による苦痛など）や至近的な利益（セックスの快感など）を左右する各環境変数に反応して働くようにデザインされた心理メカニズムがあるという証拠を、検討していかねばならない。

人間の男性における、レイプを目的とした適応の候補としては、とりあえず以下のようなものが考えられる——

・レイプしやすそうな女性を見きわめるのを助ける心理メカニズム
・女性への性的接触の乏しい（あるいは、十分な資源をもたない）男性に、レイプへの動機を植えつける心理メカニズム
・レイプの相手に関しては、合意の上でのセックス・パートナーの場合とは違った（年齢に端的にあらわれるような）性的魅力を高く評価させるような心理メカニズム
・レイプと合意の上でのセックスでは射精される精子の数を変化させるような、心理学的かつ（あるいは）生理的メカニズム
・レイプの描写と合意の上でのセックスの描写に対して、性的興奮の度合を変えるような心理メカニズム
・精子間競争のある状況下で男性をレイプに駆り立てる、心理学的あるいはその他のメカニズム

レイプしやすさの見きわめ

W・シールズとL・シールズ（1983, P.115）によれば、レイプは「その潜在的な利益（より多くの子どもを得ること）が潜在的なコスト（消費エネルギーおよびリスク）に勝る時にのみ起こり得る。なぜなら被害者の抵抗や懲罰によって、レイプ犯（あるいはその血縁者）の繁殖成功度

が低くなってしまうかもしれないからだ」。この仮説からすると、人間の男性には、他の一般の社会的逸脱（盗みや殺人など）に関する利益とコストを算定するメカニズムとは別に、特に女性のレイプしやすさを見きわめる機能をもつ心理メカニズムが存在するはずだということになる。レイプに関わるコストとしては、被害者の抵抗でケガを負わされること、被害者の血縁者および（あるいは）その他の人たちから懲罰を受けることなどが考えられる。コストが低そうな場合にのみ男性はレイプに駆り立てられると主張することはすなわち、レイプのみに関わる動機づけのメカニズムがあるということなのだ。

男性が、ケガや懲罰の危険に比べて至近的な利益が大きい時のほうがレイプに走りやすいということは、さまざまな文化における、レイプに対する法律や不文律、それに関連した罰則のパターンからも明らかだ（Palmer 1989a）。聖書その他の聖典にレイプに関する細かい定めがあることや、いくつかの民族国家でレイプが重大な罪であると定められていること（Hartung 1992 および私信）から、コストが小さいと男性はレイプをおかしやすいという前提が見えてくる。戦時下にはレイプが増加するという事実も、男性がレイプの利益とコストに注意を払っていることを示している。戦争中には、若く、したがって魅力的な女性を犯すチャンスが増し、至近的な利益が増える。いっぽう、その女性を守れる家族や夫もいないことが多く、懲罰を受ける可能性も低いので、至近的なコストのほうは小さくなる。しかしながら、レイプを目的としたこうしたタイプの適応に関して現在までに見つかっている証拠は、レイプそのものを目的とした適応が存在するという仮説を裏づけるには、まだ十分とはいえない。戦時下には盗みも多発するから、それと同じ理由でレイプも増えるのかもしれない——つまり、コストに比べて見返りが大きいという理由だ。同様に、レイプに対しては多くの文化で厳しい処罰を設けていることも、それ自体では、男性にはレイプに関する得失を特に算定するための心理メカニズムがそなわっていることの証拠にはならない。つまり、レイプについてだけではない、もっと一般的な得失評価メカニズムのせいで、そのような事態が生じているのかもしれないからだ。

資源をもたない、そして（あるいは）女性への性的接触が乏しい男性

第二に、繁殖のための選択肢をレイプ以外にもたない男性の場合には、レイプに対する敷居を下げるようなメカニズムが存在するのではないかという可能性が考えられる（Thornhill 1980; Thornhill and Thornhill 1983）。他の選択肢をもたないことと、その男性に資源を得る能力がないこととは、密接に関係している。したがって、この——時に〝配偶者剥奪仮説〟と呼ばれる（Lalumiére et al. 1996）——仮説から導かれるのは、資源および（あるいは）女性への性的接触が乏しいとレイプを犯すような心理メカニズムがあるのではないか、ということだ。

この仮説を実証するためには、レイプ犯の大半が社会経済的階層の低い男性だということを、刑事事件のデータによって示す証拠が必要だ（Thornhill and Thornhill 1983）。また、警察に通報

されたものも通報されなかったものも含めたレイプの被害率が、被害者の家計収入とどう関連しているかも、証拠の一つとなるだろう。未遂のものも含めたレイプについて見ると、十二歳以上の女性千人あたりの被害者数は、女性の家計収入と、完全に反比例している。つまり、収入の低い家庭や地域では高い頻度でレイプが起こり、レイプ発生率は、収入が低いほど高くなっているのだ（Perkins et al. 1996）。カリヒマンら（1998）は、調査対象となったジョージア州の低所得家庭の女性たちのうち、四十二％がレイプされたことがあると報告している。アイゼンハワー（1969）も、大都市のスラム街の女性の七十七人に一人がレイプされるのに対し、〝もう少し裕福な地域〟では二千人に一人、さらに裕福な郊外の場合には一万人に一人だと述べている。また、社会経済的に低い階層の女性ほど、レイプされるのではという恐怖心が強いという結果も出ている（Pawson and Banks 1993）。これらの調査結果と、レイプ犯と被害者は近くに住んでいる割合がひじょうに高い（八十二％）という傾向がある（Amir 1971）ことを考え合わせれば、レイプ犯は社会経済的階層の低い男性に絶対的に多いことは間違いないだろう。

進化心理学者であるA・J・フィゲレードーらが思春期の性犯罪者について行なった調査（Figueredo et al. 1999）でも、社会経済的に低い階層の男性のほうがレイプを行ないやすいという結果が出ている。フィゲレードーが調査した犯罪者のなかにはレイプ犯も含まれており、何度も恋愛関係や性的関係をもとうとしたがうまくいかず、欲求不満をつのらせた例が多かった。学力も低く、心理面でも問題があって、心理社会的機能が劣っている場合が多かったため、そうしたことが原因となって、女性とのつきあいもうまくいかなかったのではないかと思われる。

しかしながら、社会的剥奪状態（社会的資源に恵まれず、周囲から排除された状態）にある男性のほうがレイプをおかしやすいという一般的なパターンに反するさまざまなタイプの証拠もあるため、そのようなメカニズムが存在するとは言いきれない。第一に、レイプはけっして、社会経済的階層の低い男性の専売特許ではない。高い地位にあり、同意の上でのセックスのチャンスもふんだんにある男性がレイプした事例も、少なくないのだ。第二に、社会的地位の低さと犯罪の相関は、レイプにかぎったことではない。社会的地位の低い男性は、レイプ以外の多くの犯罪を行なう率も、これまた高いのである（Alexander 1979; Daly and Wilson 1988; Weisfeld 1994）[11]。第三に、男性の自己申告による研究では、正常な、投獄されていない男性においては、性的強要の傾向と、女性との性的接触の多さとのあいだに、正の相関があることが報告されている（Lalumiére et al. 1996; Malamuth 1998）。

女性との性的接触の多い、地位の高い男性も時としてレイプをおかすということは、あまりにも単純化されすぎた配偶者剥奪仮説への反証となるものだが、資源を手に入れにくい男性をレイプに駆り立てやすいメカニズムが、レイプに影響を与える心理メカニズムの一つかもしれないという可能性を、完全に排除するものではない。地位も高く資源も豊富な男性によるレイプは、罰せられる危険が少ないことと、仮説として提示されているレイプしやすい女性を見きわめることに関連した適応との、結びつきから生まれるのかもしれない。もしそうであれば、そのような男性によるレイプは、現在検討中の二番目の仮説とは別の適応から生まれたものだということになる。しかし、資源をもたない男性のレイプ行動については、二番目の仮説の適応で説明できる可能性がある。

資源にも女性との性的接触にも事欠かない男性のレイプ行動にどのような心理メカニズムが関わっているのかについて、いくらか曖昧ではあるが、一つの証拠がある。レイプについての男性の自己申告は真偽の評価が難しいが、さまざまな研究結果が、かなりの確信をもって、性的束縛がないことが地位の高い男性のレイプしやすさと関係しているのではないかという結論を導き出している。進化心理学者のニール・マラムス（1996, 1998）らは、性的束縛が少ないことと男性の性的強要との関連を調べる、広範な調査を行なった[12]。マラムスの研究の焦点は、人間の男性のさまざまな心的適応の全体がどのようにしてレイプの要因となるかにあり、なかでも特に、行きずりのセックスや性的所有から男性が得る報酬の底にある心理メカニズムが強調されている。彼らはまた、個々の男性の性的衝動やリスクのとりかたは、発達の過程で、養育環境に関連した経験を通じて規定されるのではないかという仮説を提唱した。なかでも最も重要に思われた発達上の経験は、（貧困や父親の不在からくる）養育投資の少なさと、人間関係全般が長続きしなかったり希薄だったりする養育環境だった。子育てにおいてはこの二つがセットになって生じやすく、それがその子のセックス戦略を形成して、男女ともに性的成熟や初体験を早め、特に男の子では社会的剥奪状態や非行につながりやすいことは、よく知られている（MacDonald 1988, 1992;

Surbey 1990; Lykken 1995; Barber 1998; Malamuth and Heilmann 1998）。さらに、マラムスらが強調した発達上の経験の一つは、自分が望む相手から拒絶されたという意識と、それに伴って行きずりのセックスをつづけてきた生活史である。そのような発達上の背景をもって成長した男性は、自分には女性に投資する能力がないと感じ、ごく短期間の性的関係しか期待せず、長続きする人間関係が築けない。そして、女性に対して性的強要を行ないがちで、目的達成のためには攻撃性が有効な手段だと考えやすい。

このモデルは、性的接触の欠如よりも長期的・持続的な性的関係の欠如を重視しているが、やはり配偶者剥奪仮説の一種であると考えられ、男性の性的強要についての、わかりやすい進化学的発達モデルとなっている。マラムスは、このモデルが正しければ起こるはずの諸点について検証を行い、男性の性的強要傾向についての自分の主張が正しいことを実証した。しかしながらこのモデルは、人間男性のレイプがそれ以外の性的適応に伴って生じた偶然の産物であるという仮説や、レイプは女性との長期的な関係を築けないことからくる諸刺激に対する発達上の適応を反映するものだという仮説を否定するものではない。

マラムス（1996）は、レイプに関わる可能性があるとして自分が示した人間男性の諸適応はいずれも、人類の進化の歴史におけるいくつかの状況下では、男性の繁殖成功度を高めたのだろうと述べている。その点は、おそらく間違いないだろう。しかし私たちが問題にしているのは、「レイプ自体が男性の繁殖成功度を高めたかどうか」、「そのような効果が、レイプそれ自体を目的とした適応が存在すると主張できるほど、頻繁で強力なものだったかどうか」という点である。また、なんらかの生態学的問題から淘汰圧が生まれたとしても、それに拮抗するような淘汰が別の背景から生まれたり、後世代にその淘汰圧が引き継がれなかったりすると、実際に適応が形成されるまでに至らない場合もあるということも、忘れてはならない（Thornhill 1990）。

進化心理学者であるマルタン・ラリュミエールら（1996）が行なったような、男性の自己申告に基づいてそのレイプ傾向をさぐる調査の結果は、セックス・パートナーに関する女性の選り好みという点もあわせ考えて、慎重に扱う必要がある。リュミエールらの調査によれば、多数のパートナーとセックスしたことがあると自己申告した男性ほど、レイプに近い行動をとったことがあると答える比率も高かった。だが、そのような男性が多くのパートナーと寝ることができたのはおそらく、彼らの身体的魅力が大きかったからだろう——ある男性とセックスしたいと望む女性がたくさんいる場合、その最大の理由は、その男性の身体的魅力である（Gangestad and Thornhill 1997a, b, 1998）。たくさんの相手と寝る男性のほうが女性と継続的な関係をもつことに熱心ではないが、それでも女性に好まれる、という調査結果もある（Gangestad and Thornhill 1997a）。前に述べたように、男性の身体的魅力は、人類の進化の歴史のなかで生きのびやすい子どもを生み出してきた遺伝的な質のよさを暗示しているとも考えられる。そんなわけで、女性は身体的魅力のある男性にひかれるが、そうした男性から得られる資源は少ない可能性が高い。そこで女性は身体的魅力のある男性に対して、わざと気のない素振りをしてみせるという戦略に出ることがある。つまり、「私はパートナーを選り好みするのよ」というシグナルをその男性に出して、その男性のなかでの自分の価値を高め、よい父親になってもらおうとするわけだ。そうすれば、最初から簡単に言いなりになった場合よりも、たくさんの資源を彼から得られるかもしれないからである。だが、そうした女性の思わせぶりな態度にうまくだまされた男性は、それでもなんとか最終的に彼女と関係をもてた場合、自分が力ずくでセックスしたと感じるだろう。リュミエールらの調査結果にもこうした要素が含まれていないかを確かめるためには、つぎのような点について検討が必要だろう――身体的魅力のある男性が「強要的だった」と自己申告したセックスの一部ないし大半が、女性の性的興奮あるいはオーガズムをもたらしたのではないか？　そのような状態でセックスした女性の多くが、その一見強要的なセックスのあとも、その魅力的な男性とデートをつづけることを望んだのではないか？　そうした〝強要的〟セックスの被害者である女性たちの協力を得て調査を進めれば、そういった点を経験的に明らかにすることができる。

というわけで、この、女性との性的接触が乏しかったり資源をもたなかったりする男性をレイプに駆り立てる心的適応が存在するという仮説についての証拠はどれも、さらなる研究による裏づけが必要である。

被害者を選ぶ

レイプそのものを目的とした適応ではないかと考えられる第三の仮説は、レイプの繁殖上のメリットを最大にするような被害者選びのメカニズムが、人類の進化の歴史のなかで形成されたのではないかというものだ。一度セックスしただけで子どもができる確率は、その女性の（将来まで含めての繁殖可能性ではなく）現時点での受精可能性によって左右されるため、受精可能性の高い女性をレイプの被害者として選びやすい心理メカニズムを、淘汰が男性のうちに作り出した可能性がある。そうした究極的な利益が、レイプの場合にかぎって働くようデザインされた〝魅力発見〟のための至近的なメカニズムによって達成されてきたということは、十分に考えられるのである。つまり男性は、レイプの相手としては、最も受精可能性の高い年齢の女性（現代の米国女性の場合には二十代前半から半ばぐらいであり、狩猟採集社会を含む他の社会でも大差ない）を好むということになる（Thornhill and Thornhill 1983; Symons 1995; Hill and Hurtado 1996）。これとは対照的に、レイプは性差が進化する過程で生まれた副産物だと考える仮説に従えば、レイプの被害者を選ぶ場合もそれ以外のセックス・パートナーを選ぶ場合も、男性の好む対象は変わらないということになる。実際には、同意の上でのセックスの相手に対する男性の好みは、現時点で受精可能性が最も高い年齢よりもむしろ、将来まで含めての繁殖可能性がいちばん高い年齢

（十代半ばから後半）のほうに近いようだ（Symons 1979, 1995; Johnston and Franklin 1993; Quinsey et al 1993; Jones 1996; Perrett et al. 1998）。

N・ソーンヒルとR・ソーンヒル（1983）は、この、レイプの際には被害者を選ぶ独自のメカニズムが働くという仮説について初めての検証を行ない、米国におけるレイプ被害者の年齢は、将来まで含めての繁殖可能性がいちばん高い年齢よりは、現時点で最も受精可能性の高い年齢のほうにやや近いという結論を得た。だが、こうした年齢層が選ばれる理由については、さらなる調査が必要だろう。なぜなら、レイプしやすいかどうかという至近的なコストの問題も、性的魅力があるかどうかという至近的な利益の問題と同様に、被害者選びには大きな影響を与えるからだ。したがって、年齢層によってレイプしやすさ（たとえば、しばしば男性のなかで女性一人だけになるかどうかといった）が違うことも、将来まで含めての繁殖可能性がいちばん高い年齢より、現時点で最も受精可能性の高い年齢のほうに、実際の被害者の年齢がやや近い理由になっているのかもしれない（Palmer 1992a）。さらには、もし仮にその年齢が選ばれる理由が受精可能性の高さにあるのだとしても、それを選び取るメカニズムは、レイプの被害者だけでなく、一度きりのセックスの相手や、短期間のセックス・パートナーを選ぶ際にも全般的に働くようにデザインされたものかもしれない。なぜなら人類の進化の歴史において、短期間のパートナーを選ぶ場合にはどんなケースでも、その時点で受精可能性の高い女性を選ぶほうが、男性の繁殖成功度は高まったはずだからだ。ただし、レイプ犯がいちばん好むターゲットは現時点で受精可能性の高い年齢層の女性だということ自体は、間違いない。レイプ被害者に関するどのようなデータでも、その点は同じなのだ。

N・ソーンヒルとR・ソーンヒル（1983）は、レイプ被害女性の年齢について、当時入手可能な米国の主要データを網羅して検討した。さらには、米国以外の産業社会のデータについても、いくつか取り上げている。そうした分析の結果、レイプ被害者となるのは若い女性が断然多く、年配の女性や少女は比較的少なかった。ただし、これらのデータのほとんどは〝報告された〟レイプについてのものなので、そのための偏りがあるかもしれないという留保が、ソーンヒルら自身によってつけられている。しかしながら、その後に行なわれた数多くの研究によって、報告されたレイプでも報告されていないレイプでも、まったく同じ傾向が見られることが確かめられている。十八歳以上の女性について行なわれた、ある国家的な研究によれば、報告されたものもそうでないものも含め、レイプ被害者のうち六十二％が（レイプ当時）十一歳から二十九歳で、六％が三十歳以上、二十九％が十歳以下だった（Kilpatrick et al. 1992）。しかしながらこれらのデータは（口、肛門、あるいはヴァギナへの、指、物、ペニスによる性的挿入をすべて含むという広義のレイプをひとくくりに扱ったもので）レイプの種類別に細かく分析したものではないし、十歳以下でもすでに第二次性徴（エストロゲンの働きによって生じる、胸、臀部、そして［あるいは］大腿部の発達）の見られる少女たちがどのぐらいいたかも明らかにされていない。進化によって男性に植えつけられた性的心理からいって、そうした第二次性徴があらわれると、男性が性的に強くひきつけられることが予想される。そして、その予想どおり、十五歳以下のレイプ被害者を年齢別に分けて分析した研究では、年齢が上がるほどレイプ被害者も増えるという結果が出ている（Hursch 1977）[13]。西洋女性においては初潮年齢がしだいに下がっている（Barber 1998）ことも、十二歳以下の少女たちの一部の性的魅力を増す結果になっている。また、最も低い年齢層のレイプ被害者たちがレイプ被害者全体に占める割合は、その年齢層全体が女性全体に占める割合と、ほぼ等しい。一九九二年における米国の（十二歳以下の）子どものレイプ被害者は、全米のレイプ被害女性の約十六％を占めるのに対し、その年齢の女の子が全米の女性全体に占める割合は十七％なのである（Langan and Harlow 1994）。

米国の十二歳以上の女性を対象として、報告されたもの、されないものの双方を含むレイプおよびその他の性的暴行について調べた大規模な研究としては、〈全米犯罪被害者調査レポート一九九三（Perkins et al. 1996）〉もある。それによれば、全女性に対してその年齢層が占める割合に比較して被害にあう率がいちばん高いのは十六歳から二十四歳までの層で、二番目は十二歳から十五歳だった。二十五歳以上の層では、年齢を増すにつれて被害が減り、五十歳を超える被害者はほとんどいなかった。一九九四年のデータについてまとめられた調査（Perkins and Klaus 1996）でもまったく同じ傾向が確認され、それ以前の同調査レポートの結果も同様である。一九七三年から一九八二年までのあいだの、十二歳から九十六歳までの被害者に対する、未遂も含めたレイプについてのデータの分析を行なった研究では、被害者の年齢の中央値は二十一歳であり、全被害者の九十二%が四十歳以下だった(Felson and Krohn 1990)。また、強盗およびレイプにあった女性被害者の平均年齢(二十八歳)は、強盗のみの場合(三十五歳)より明らかに低い。つまり、男性が強盗をはたらく際、被害者が若いと、同時にレイプもする場合が多いということだ。司法統計局および連邦調査局のもつ二十種以上のデータを調べたグリーンフィールド(1997)も、警察に通報されたレイプのみについてのデータ、および、投獄中の性犯罪者による被害者の年齢に関するデータで、同様の傾向——思春期や若い女性がとりわけ犠牲になりやすいこと——を発見している。(さまざまな社会における、時代もまちまちな)戦時下のレイプについての各データでも、被害女性の大半が若い女性である。(14)

男性による男性へのレイプや性的暴行は、性的暴行全体の一~三%にすぎないが、データによると、それらの場合にも、若い被害者が好まれている(Perkins et al. 1996)。これはおそらく、男性に進化した、若いセックス・パートナーを好むという特徴の副産物だろう(Symons 1979; Quinsey et al. 1993; Quinsey and Lalumiére 1995)。

ただし私たちは、被害者の年齢についてのデータがレイプ犯の性的欲望を完全に反映していると主張しているわけではない(おそらく犯人は、利益とコストをはかりにかけて、被害者を選んでいるのだろう。それはちょうど私たちみなが、性的な面でもそうでない面でも、生活すべてにおいて、利用可能な選択肢のなかから何かを選び取っているのと同じことだ)。私たちはまた、これらのデータにバイアスがかかっていないと主張するつもりもない。レイプというものの特質から考えて、いくら調査に正確を期そうとしても、報告に上がってこない部分がたくさんあるからだ(15)。更年期以降の女性に比べると若い女性のほうが、レイプされても秘密にしておきたいという気持ちが強いという報告もある（Thornhill and Thornhill 1990a）。若い女性はレイプを隠したがるから、実際には各種のデータ以上に、レイプ被害者が若い層に集中している可能性も否定できない。また。レイプを受けたという嘘の訴え（Kanin 1994）の問題もある。もし、嘘の訴えが特定の年齢層に多ければ、データにはその点でもバイアスがかかってくる。しかし、それらのバイアスを考慮してもなお、レイプ被害者は若い大人の女性が断然多く、子どもや更年期以降の女性はとても少ないと結論することはできるだろう。さまざまな設定や方法で行なわれた調査で繰り返し同じ傾向があらわれることから、その点は間違いないものと思われる。

精子の数

近年、精子間競争についての研究が進歩した結果、レイプを通じて繁殖成功度を高めるようにデザインされた適応が人間男性にあるという証拠を確かめられそうな気配が生まれてきた。レイプ時には、合意の上でのセックスの時とは射精する精液を変えて、受精の可能性を高めているのではないかと考えられるのだ。すでに第Ⅱ章で言及したように、人間の男性には、繰り返しセックスする相手とどれだけの期間、離れていたかによって精子の数を調節し、精子間競争に勝とうとする射精メカニズムがある（Baker and Bellis 1989, 1993, 1995）。だがもちろん、レイプの際の精子数は合意のセックスの際の精子数とは異なるという証拠を、実際のレイプ場面で集めようというのではない。間接的な方法として、精子数についてのそうした証拠を、レイプ場面のビデオと合意のセックスのビデオを被験者に見せてマスターベーションさせる研究によって、明らかにしようというのだ。男性はビデオを見ると容易に性的興奮を覚えるので、それを利用して、レイプに対する反応と合意のセックスに対する反応を比較する実験が、すでに研究室でいろいろと始まっている（Lalumiére and Quinsey 1994; Thornhill and Thornhill 1992a, b; Harris and Rice 1996）。同じ手法で、精子数についての比較も可能である。

もし仮説のような適応が存在するなら、レイプ犯は通常のセックス時よりたくさんの精子を射精しているに違いない。なぜなら人類の進化の歴史のなかでずっと、レイプは厳しい精子間競争下で行なわれてきたからだ。被害者の抵抗をレイプ犯は、「私には、投資してくれる、合意の上でのセックス・パートナーがいるのよ」という意味だと解釈する。また、戦時下のレイプでは、大勢の男が一人の女性を引き続いて犯すことも珍しくない。他の男たちの見ている前で交わり、互いに膣内で精子を直接競争させる場合も多いのだ。もし、レイプのビデオを見た時のほうが、一人の女性がセックス・パートナーとそれ以外の男性と三人で、合意の上でのセックスをしているビデオを見た時より精子数が多ければ、レイプを目的とした適応がありそうに思われる。この実験によって、単にレイプと合意のセックスの比較ができるだけでなく、男性がそれぞれのケースで精子間競争をどう認識するように進化してきたかについても、調べることが可能になるわけだ。

性的興奮のパターン

つぎは、レイプとそれ以外の性的行為では、男性の性的興奮のパターンを変えるような適応が存在するのではないかという仮説である。たとえば、レイプのコストが潜在的に高いことに対応した適応が進化しているのではないかと考えられる。レイプの最大のコストは、発見されるかもしれないということだ。見つかるのを避けるためには、行為の時間を短縮しなければならない。したがってレイプでは、合意のセックスより素早くペニスを勃起させて射精することが、淘汰上有利だったのではなかろうか？　だが、もしそうだとすれば、合意のセックスでも、相手の女性に別の固定したセックス・パートナーがいる場合には、早めに射精することが淘汰上有利だったはずだ。その点について進化精神科医のランディ・ネシーと生物学者のジョージ・ウィリアムズ(1994)は、ごく若い男性に早漏がひじょうに多いのは、その男性の繁殖成功度を高めるための適応ではないかと示唆している。まだ若すぎて女性との固定的な関係を結べないため、他に固定的な相手のいる女性としかセックスできないので、そのような特徴が進化したというのだ。というわけで、既婚女性とのセックスを含めた合意の上でのセックスと、レイプとで、射精までの時間に差があるかどうかを見ていくためには、男性の年齢も考慮に入れて考える必要がある。この可能性についての検討も、先に述べたものと同じく、ビデオを使った研究室での実験で確かめることができる。

レイプが適応か副産物かという両仮説に白黒をつけるのに役立ちそうな、もう一つの実験は、嫌がる相手を無理やりおさえつけることが男性の性的興奮を高めるのではないかという点を確かめるものだ。レイプが適応だという仮説が正しいなら、嫌がる相手を無理やりおさえつけることが男性の興奮を増すはずである。なぜならそのことが、レイプにとって有利に働くからだ。もし女性が抵抗できるままにしておくと、加害者のほうが傷つけられて、暴行を続行できなくなってしまうかもしれない。したがってレイプを目的とした淘汰は、そのようなリスクの度合を見きわめて、それに応じてレイプに対する男性の動機づけや行動をコントロールするメカニズムを生み出しているはずである。性的強要場面での男性の性的興奮には、コストが伴う。きわめて高い性的興奮のなかでセックスに集中し、周囲に比較的注意を払えなくなっていると、危険な同種の仲間や捕食者が近づいていても気づきにくいからだ（Thornhill and Thornhill 1992a）。いっぽう副産物仮説に従えば、嫌がる相手を無理やりおさえつけること自体が特に性的興奮を増すというようなことはないはずである。この点については、嫌がる女性を無理やりおさえつけることで男性の性的興奮は高まるという証拠が、研究室の実験で得られている。身体を拘束されたまま抵抗しない女性を相手にしたセックスのビデオと、身体を拘束されても抵抗をつづけようとする女性を無理やりレイプするビデオをそれぞれ見せて、男性の性的興奮の度合を測定したのである（Thornhill and Thornhill 1992b）。

しかし、だからといって、暴力自体が男性を性的に興奮させると主張しているわけではない。それが真実でないことは、さまざまな研究によって示されている（Thornhill and Thornhill 1992a; Lohr et al. 1997; Quinsey et al. 1984）。また、被害者を支配したり残忍な仕打ちを加えたりすることが、レイプにおける最大の要素だとか絶対に必要な要素だとか言うつもりもない。レイプ犯はめったに、被害者を従わせるのに必要な量を大きく超える暴力を振るうことはないし、被害者が生きのびて子どもを生めなくなったり、激怒した被害者の親族に自分が半殺しの目にあったりするほどの（レイプの究極的コストを大きくするような）、ひどい傷を負わせることもない。N・ソーンヒルとR・ソーンヒル（1992a）は、レイプについての研究室でのビデオ実験における男性の性的興奮に関する諸文献を検討した結果、「服役中のレイプ犯と、他の多くの男性たち（取り上げられた諸研究では、一般の若い男性をきちんと代表するように被験者が選ばれていた）を比較した場合、同意の上でのセックスとレイプとをそれぞれ典型的に示す刺激の双方に対する性的興奮の度合は、両者で差がなかった」と結論している（p. 376）。しかしこの結論には、その後の研究結果による修正を加えなければならない。ソーンヒルらの研究よりあとに、量的、あるいはメタ分析的な検討をさらに加えた研究が発表され、これまでの諸文献全体で、服役中のレイプ犯のほうが性犯罪の経験のない男性よりも、物理的な力で相手をおさえつけてする性的強要への興奮の度合がはっきりと高い、という結論を述べたのである（Lalumiére and Quinsey 1994; Hall et al. 1993）。だが、服役していない男性を対象にしてレイプのビデオに対する反応を調べた諸文献でも——最近のものでも以前のものでも同じように——正常な男性（大学生および地域の実験ボランティア）の多くが、身体的暴力を含む強要的なセックスの映像に対して、有意に高い性的興奮を示している（Thornhill and Thornhill 1992a, b; Lohr et al. 1997; Proulx et al. 1994）。ただし、性的強要を行なったことがあると報告している男性は、そうでない男性より、暴力を含む映像に対する性的興奮を抑えようとする傾向が少なかった（Lohr et al. 1997）。さらには、N・ソーンヒルとR・ソーンヒル（1992a）やもっと最近の研究（Malamuth and Linz 1993; Lohr et al. 1997）で検討された研究室での実験結果のうちのいくつかも示しているように、多くの男性の場合、被害者に対する激しい暴力シーンで被害者の苦痛や屈服の様子が映し出されたり、性的強要刺激に自分が興奮していることを知られそうになったりすると、勃起の程度が弱まった（被験者には、性的興奮の度合を機械的に記録すると同時に、自分の性的興奮の様子を自己申告するよう指示が出されていた）。というわけで、男性が性的強要場面にどの程度の興奮を覚えるかには、多くの要因がからんでいるものと思われる。また、自分の反応を制限したり、消したりしている可能性もある。さらには、匿名の調査に対してさえ、「もし、あとからいっさいの咎めを受けることはないと保証されたら、女性に強要的なセックスを迫る」と答えたのは、男性のわずか三分の一だけだった（Malamuth 1989; Young and Thiessen 1991）。研究室での実験結果とこの結果を考え合わせると、レイプ映像に対する男性の性的興奮は、レイプのコストという要因によってコントロールされているようだ。なかでも特にどんな要因が興奮を左右するのか、その要因がレイプを目的とした適応に関わるものなのかを決定するためには、さらなる調査が必要である。しかし現時点でも、少年時代の性的発達の諸要因と、成人してから影響を与える諸要因の両方が、レイプに対する性的関心を左右するらしいことはわかっている。父親のいない環境で育てられること、貧困にまつわる諸要素、育った環境内の人間関係、身近に襲いやすい魅力的な女性がいること、などが関わっていると思われるのだ。

精子間競争の戦術としての婚姻内レイプ

もう一つの可能性として、結婚相手に対するレイプという点で、レイプを目的とした適応が存在するのではないか、という仮説もある。妻をレイプしたかどで男性が告発されるようになったのは、ごく最近、しかも西洋の産業社会においてだけだ。しかし、被害者と加害者の関係がどうあろうと、レイプは間違いなくレイプである。全米の、報告されたもの、されなかったものを含めた性的暴行についての調査によれば、この種の全犯罪のうち、夫、元夫、ボーイフレンド、元ボーイフレンドからの、レイプをはじめとする性的暴行は、およそ四分の一を占めていた(Bachman and Saltzman 1995)。

固定的なパートナーが望まないのに男性がレイプするのは、精子間競争の戦術なのではないかと考えられる。女性が性的要求を受け入れないのは、同意の上でセックスする男が自分以外にできたからではないかと、パートナーの男性は受け取る。男性は、長期にわたるパートナーがセックスに乗り気でなかったり抵抗したりすると不貞を疑うから、性的嫉妬が生まれ、時にはそれが、精子間競争の戦術としてのレイプにつながることもあるわけだ。この仮説を支持する、いくつかのタイプの証拠がある。第一に、長期のパートナーに対するレイプは、不貞の心配が生じやすい別居中やその直後に、とりわけ起こりやすい(Finkelhor and Yllo 1985; Russell 1982)。最近の調査によれば、夫と別居中の女性は、離婚した女性や結婚している女性よりも、夫や元夫、ボーイフレンドや元ボーイフレンドから暴力を振るわれる確率が高い(Bachman and Saltzman 1995)。第二に、夫による妻への殴打は性的嫉妬と強い関係があり(Daly and Wilson 1988; Jacobson and Gottman 1998)、妻への殴打と妻へのレイプも強い相関関係にあるように思われる。婚姻内レイプに関するフィンケラーとイローの研究(1985)でも、〝性的問題〟が夫婦のもめごとの主要因だとされている。

ラッセル(1982)の研究によれば、夫からのレイプの被害者から報告された殴打事件の五十三%で、夫の性的嫉妬を含めた性的問題がなんらかの役割を果たしていることが判明した。日常的に夫から殴られている百三十七人の妻を対象にして調べたフリーツ(1980, Thornhill and Thornhill 1992a 中の引用)の研究でも、その三十四%が、夫からレイプも受けていると答えている。フリーツによれば、レイプも受けている妻は、殴られているだけの妻より、夫が性的な面で嫉妬深いと感じている度合が強い。しかも、殴るだけでなくレイプもする夫は、殴るだけの夫より、妻に対する暴力の度合も頻度も高いのだそうだ。前者は後者より、妻の妊娠中に暴行を加えることも、妻の行動を著しく制限することも多い（厳しい監禁状態におくこともある）[16]。

保護を求めて配偶関係に入った女性がかかえる潜在的なコストは、その関係がもはや彼女に利益をもたらすものでなくなった時、それを離れたり、離れようと試みたりすると、それまで保護者だった男性からレイプを受けかねないというところにある。現在の、あるいは元の、パートナーから女性がレイプを受ける危険性は、知人から、あるいは他人からレイプを受ける危険性と、同程度かそれ以上に高い（Koss et al. 1987; Bachman and Saltzman 1995）。

レイプの条件依存性

第Ⅰ章で説明したように、生物のすべての特徴がそうであるように、あらゆる種におけるレイプも、発達上の背景をもっている。その発達の詳細についてはまだわからない部分も多いが、レイプをもたらす至近要因が遺伝子と環境の相互作用であることは間違いない。発達がどのように進むかを考えれば、それは自明のことだからだ。その意味でいえば、レイプは条件依存的なものである。つまりレイプは発達の過程で、（レイプ自体を目的とした心理メカニズムが存在するかどうかはともかくとして）レイプをもたらすような心的適応を構成する、遺伝子と環境の相互作用によって生じるのだ。レイプはまた、そのようにして構成された心的適応と、（魅力的で襲いやすい被害者候補がいるかどうかといった）環境刺激との相互作用にも依存している。

条件依存的戦術としての、ガガンボモドキのレイプ

レイプが条件依存的だというのにはもう一つの意味があり、それは、たった今述べた意味をも包含するものだ。第二の意味とはつまり、〝条件つき戦略〟のことである。

進化学の概念である条件つき戦略をわかりやすく説明するために、ガガンボモドキのレイプ――レイプ自体を目的とした適応が、さらに特定の諸戦術を有している例――について考えてみよう（Thornhill 1981, 1984, 1987, 1992a）。それらの諸戦術は、特定の条件のもとでだけ働く形で、各個体に採用されている。実験によれば、ガガンボモドキの雄は婚礼プレゼント（昆虫の死骸か唾液の塊）を雌に提供するほうを好み、レイプを行なうのは、そのようなプレゼントができない場合のみである。何匹かの雄から婚礼プレゼントを取り上げて放置する実験を行なうと、（雄どうしの激しい競争のせいで昆虫の死骸を手に入れることができず）それまでプレゼントをもっていなかった雄たちは、レイプしようとするのを急いでやめて、持ち主のいないプレゼントを確保しようとする。そして、プレゼントとして唾液の塊と昆虫の両方を用いる種の雄であれば、最高

級のプレゼントである唾液を分泌するためには、その昆虫を自分が食べなければならない。というわけで、昆虫の死骸をめぐる競争に勝てるかどうかが、あらかじめもっている交尾手段のいずれを利用するかを決める特定的な条件だということになる――レイプするか、資源を提供するかが、それによって決まるわけだ。さらには、その雄の表現型や遺伝子の質も、手段の選択に影響を与える条件となる。レイプを選ぶ雄は、婚礼プレゼントを提供する雄より、小さくて対称性も低いのである。しかし実験場面で、婚礼プレゼントである昆虫の死骸の量をほとんどゼロにすると、すべての雄がレイプを始める。研究によれば、表現型の質のいい雄ほど、レイプ犯としても有能だという。雌の抵抗を、より効果的に封じることができるからだ。

というわけで、すべてのガガンボモドキの雄の脳には、配偶戦術として、資源提供とレイプの両方を採用でき、状況にふさわしいほうを選ぶための適応がそなわっている。雄どうしの競争が、どちらの行動をとるかを決定するが、雄たちは、資源を提供するほうを好む。なぜなら雌たちは、婚礼プレゼントをもった雄を好み、レイプ犯たちを避けようとするからだ。その理由は、婚礼プレゼントをもった雄のほうが、過去の進化の過程でも繁殖成功度が高かったし、現時点でも高いと考えられるからである。というのも、レイプしても遺伝子の結合にまでは至らない場合が多く、完全な授精が行なわれる確率もわずか五十％程度なので、資源を提供するのに比べてレイプは、雄の繁殖成功度という点ではかなり劣る。それに比較して婚礼プレゼントを提供した場合には、間違いなく授精が行なわれる。実際、資源をかかえている雄に関しては、交尾を望む雌どうしの競争が起きるほどなのだ。

条件つき戦略の特徴は、各戦術の繁殖成功度に大きな差があることである。繁殖成功度の最も低い戦術をとる個体は、直面している制約のなかではベストを尽くそうとしているわけだ――すなわち、効率の悪いやりかたなりに、最善の結果を得ようとしているのである。条件依存的な戦術の切り替えは、生物によく見られる。というのも、他の選択肢に比べて繁殖成功度が高い〝勝利者用の〟戦術が存在するからだ。選択肢の切り替えは、成長過程や成長後のさまざまな条件によって生じ、再切り替えが可能なものもそうでないものもある。

条件つき戦術としての人類のレイプ

人類のレイプにはそれ自体を目的とした適応があるという仮説ではレイプのことを、人間男性が一つだけ持っている条件つき配偶戦略のなかに含まれる、条件依存的配偶戦術だと考えている。人間男性の条件つき配偶戦略には、レイプ以外の二つの戦術があり、正直な求愛と、欺瞞的な求愛である（Shields and Shields 1983）。人間男性にレイプを選ばせる条件としては、保有資源の乏しさ、社会的剥奪、性的接触の欠如、満ち足りた恋愛経験のなさ、表現型あるいは遺伝子の質の低さ、人類の進化史のなかで男性の繁殖成功度に大きな利益を与えコストが低かった類《たぐい》のレイプのチャンスの有無、などがあげられる。そのような環境条件が発達上のスイッチとして働いて、その男性の、生涯にわたるセックスへの態度（性的強要をどの程度まで行なうか）を決めるのではないかと考えられる。言い換えれば、それらの環境条件が、行きずりの相手に対してレイプを行なわせるキュー（きっかけ）となるわけだ。マラムス（1998）による発達モデルでは、資源の欠乏（たとえば父親の不在）や性的試みの不成功が発達上のキューとなって、男性は性的強要を行なうようになる。フィゲレードーら（1999）も類似の発達モデルを支持しており、その研究で見るかぎり、性的暴行を働くのは、心理学的な面でも社会的な面でも自らの有効感の低い男性たちだと結論している。

レイプは適応であるとする仮説の条件依存性の考えに従えば、レイプ場面に対する男性たちの反応の違いにはパターンがあるだろうと予想できる。先に述べたような研究室での実験をもし行なえば、社会的剥奪を受けている男性たち（つまり、フィゲレードーらのモデルに合致する男性たち）や、性に関して衝動的な男性たち（おそらくは、たとえば父親の不在などといった、子ども時代の資源の欠乏などの結果、そうなったものと思われる）は、レイプ映像に対して、一般の男性より大きな性的興奮を示すものと予測されるのだ。私たちはさらに、もう一つの条件として、年齢をつけ加えておきたい。（それ自体が人類の進化の歴史における性淘汰の産物であるが）若い男性にはリスクをとることを好む傾向があることを考えると、年配の男性よりはレイプ映像に大きな興味を抱き、反応も大きいだろうと思われる。（若い男性は年配の男性より大きな性衝動をもっているが、もしかしたらそれは、合意の上でのセックスにのみ発揮されるという可能性もある。そうであれば、研究室での映像に対する反応は、年齢によって差のないものになるだろう。)

環境条件として働く男性の表現型や遺伝子の質については、さらなる精査が必要だろう。第Ⅱ章で述べたような感染症の病原体とその宿主との共進化レースを考えれば、おそらく、病気への抵抗力とそれにまつわる健康がとても遺伝しやすいことは説明がつくだろう。(17) 表現型がこのように遺伝しやすいことから見て、自分自身の表現型を読み取って行動をそれに合わせるような能力が淘汰によって作られたとしても、不思議はない。自分自身の状態を読み取って、それに合った手段を選ぶための心的適応が、あらわれてもいいはずなのだ。フィゲレードーらが男性の性犯罪者についてのデータを説明するためのモデルを提示して主張しているのは、まさにその点である。性犯罪者たちは心理社会的スキルの発達を疎外するような遺伝子をもっており、それを埋め合わせるために、そのような犯罪に走る。自分自身の表現型の状態を読み取るメカニズムが働いた結果、効率の悪いやりかたなりに最善の結果を得ようとして、性的強要や犯罪行為を、手段として選び取っているというわけである。そして、そのような発達過程をすごすことで、(性的な面を含む)社会生活全般における自らの成果の低さが、さらに経験としてつけ加わっていく。

サイコパス――レイプに伴う適応は遺伝的に特別なのか？

進化心理学者のリンダ・ミーリー（1995）は、精神異常の（そしてその結果、反社会的な）男性は遺伝的に特別な形態なのであり、一般の男性にはそのような適応はないと主張している。(18) 純然たるサイコパスは男性の約三パーセントにすぎないが、精神鑑定用質問紙を用いて調べると、サイコパス的な諸傾向は、一般の男性にもさまざまな程度で見られる。こうした程度の差があらわれるのは、認知面でサイコパス的な適応を作り上げる数多くの遺伝子のうち、それぞれ異なる数の遺伝子を各人が受け継いでいるからなのかもしれない。男性のサイコパスは、レイプを含む、他人の搾取や犯罪行為を引き起こしやすい。したがって、一般民衆が愚直な場合には、サイコパス的なカリスマのほうが大きな権力をもつこともあるわけだ――もっとも、そのような状態を淘汰が作り出すのは、ごく稀ではあるが。というわけで、サイコパスの男性にも一般の男性にも、それぞれ異なる適応がレイプに関して生じており、そのどちらの適応も条件依存的で、発達上あるいは生態学上の特定の環境下でだけ効力をあらわすのかもしれない。さらには、サイコパスでない男性も、ごく低い頻度で淘汰をくぐり抜けてきた数多くのサイコパスの遺伝子のうちの一部を受け継いでいるせいで、レイプに対してさまざまな程度の傾倒ぶりを見せるということも考えられる。ただしこう述べたからといって、私たちはけっして、遺伝がすべてを決定するという立場をとっているわけではない。両親からサイコパスの遺伝子を受け継いだからといって、必ずしもサイコパスを発症するとは決まっていないのだ。個人のさまざまな行動上の特徴と同じくサイコパスも、発達の過程における遺伝子と環境の相互作用の結果生まれるものであり、発現のためには外的なキュー（きっかけ）が必要となる（Lykken 1995）。

人類のレイプが単独あるいは多数の適応の結果であろうと、単なる副産物にすぎなかろうと、レイプの条件依存性から考えて、それが発生する条件を完全に解明できれば、レイプを減らしたり根絶したりすることは可能なはずだ。

種によっては、雌はレイプを利用して雄を選ぶのか？

種によっては雌がレイプを利用して相手の雄を選んでいる、という仮説がある。その根拠は薄いと思えるが、進化上のいくつかの概念を明確にするために、その仮説についても論じておくほうがいいだろう。

雌のフンバエ（*Sepsis cynipsea*）は、雄に捕まると激しく身を震わせて抵抗する（Allen and Simmons 1996）。こうした身震いや抵抗は、このような場面以外では起こらない。交尾しようとする雄は、精巧に作られた前脚で雌の翅のつけ根を締めつけて、雌が抵抗しても逃げられないようにする。だがガガンボモドキやアメンボの雌の場合と同様にフンバエの雌の抵抗も、時には交尾を諦めさせるのに役立つこともある。というわけで雌の抵抗は、抵抗されてもずっと放さずにいられる雄を選ぶ働きをするわけだ。アレンとサイモンズは、雌の抵抗と、雄がそれを乗り越えてレイプすることは、表現型や遺伝子の質が優れた雄（その優秀さは、雌の物理的抵抗を乗り越える実力で証明された）と交尾するための雌の適応かもしれないと結論している。

一部の種の雌に見られるレイプに対する性的抵抗が、生まれてくる息子が将来のパートナー選びで優位に立てるように、できるだけ優れた遺伝子を手に入れる目的でレイプする雄の〝遺伝子の質〟を見きわめるために進化したメカニズムによるものだという可能性は、理論的にはたしかに考えられる。つがう前の雌の抵抗は、レイプ雄としての強さ、持続性、活力などをテストすることで、その雄の遺伝的な質を間接的に試しているのかもしれない。もしその雄が雌の抵抗を封じて交尾できるほどの手際をもっているのであれば、そのレイプ雄の血を引く息子も、同じように手際がいいだろう。この考えかたを最初に提唱したのは、生物学者のキャスリーン・コックスとバーニー・ル・バフ（1977）である。アザラシのいくつかの種における交尾への雌の抵抗を説明するために提示されたこの仮説は、人間以外のいくつかの種における雌の性的抵抗の問題とからめて、ソーンヒル（1980）、ソーンヒルとオルコック（1983）、アーンクヴィスト（1992）、エバハード（1996）、アレンとサイモンズ（1996）らによってつぎつぎに検討された。そして、生物学者のロビン・ベイカーとマーク・ベリス（1995）はこの仮説をさらに敷衍《ふえん》させて、人類のレイプにおける女性の物理的抵抗にもあてはめようとした。人間の女性の抵抗も、被害者の抵抗を乗り越えた男性からだけ授精されるという仕組みを通じて、レイプ犯候補たちを選別しているのかもしれないというのだ。フンバエのケースと同様に人間の女性も過去において、抵抗することでレイプ犯候補を選別した個体のほうがレイプ上手な息子を産むことができ、すぐに言いなりになった女性よりたくさんの孫をもてたのかもしれない。

抵抗は手際のいいレイプ犯を選別するためにデザインされたものなのか、すべてのレイプ犯を避けるためのものなのか、相手の数が増えることでコストが増大するのを抑えるための適応なのかといったことを明確にするためには、交尾に対して雌が物理的抵抗を見せる種について、さらに調査を重ねることが必要だ。しかし、優れた表現型や遺伝子の質をもつ雄と交尾することを目的とした雌の物理的抵抗が、広く一般的に進化したようには思われないし、そのような適応が人間の女性にそなわっているという確証もない。男性の表現型や遺伝子についての情報がほしければ、男性の発する非強要的なシグナルや、男性どうしの競争の結果から、もっと簡単に低コストで入手する方法がたくさんある。それに、自分が望まぬ相手にも抵抗しきれない女性がたくさんいることから見て、物理的抵抗という方法には女性にとって、間違った相手が選別されてしまうというコストもある。こうした理由から私たち二人は、人類のレイプは女性の選り好みを回避するためのものだと解釈し、人類の進化史を通じてつねに、レイプ行動は女性の繁殖成功度を減じてきたのだと考えている。

しかし、もし仮に人類のレイプが、パートナー選びにおけるレイプ犯の息子の優位性を通じて女性の繁殖成功度を増すために淘汰上有利な適応だという証拠があったとしても、だからどうだというのだろう？　だとしたらレイプは、〝自然〟で良いものだと考えるべきなのか？　だとしたら女性は、祖先の雌たちの繁殖成功度を高めてきたものとして、レイプを楽しみ奨励すべきなのか？　だとしたらフェミニストたちは、女性のパワーの一形態として、レイプを称えなければならないのだろうか？　私たちはけっして、そうは思わない。そんなふうに考えるのは、レイプ被害者を自然主義の誤謬に投げ入れることにほかならないからだ。

まとめ

レイプが適応なのか副産物なのかという問いにはまだ明確に答えられないものの、なぜ人間の男性はレイプするのかという問題についての多くの側面に、進化学的アプローチは光を当てることができる。人類のレイプの究極要因は明らかに、男女それぞれのセクシュアリティの進化のなかにある。女性には、セックス・パートナー候補のなかから女性が相手を選別することを可能にするようなセクシュアリティが存在しており、そのようなセクシュアリティをコントロールするために進化した女性の心理メカニズムに呼応する形でレイプが進化したことは、証拠から見て間違いない。もし人間の女性に、どんな男性とでも、いつどんな環境においても、進んでセックスに応じるような特徴が淘汰によって生み出されていたならば、レイプは存在しなかっただろう。

あるいは、もし人間の男性に、ごく限られた環境下でごく限られた女性にしか性的魅力を感じないような特徴が淘汰によって生み出されていたら、これまたレイプは大幅に減少しただろう。そして、もし人間の男性に、間違いなくその男性とのセックスを望んでいる女性にしか性欲を感じないような特徴が淘汰によって生み出されていたら、レイプなどあり得なかっただろう。人類のレイプが存在するのは、淘汰がそのようなタイプの適応に与《くみ》しなかったからだ。人類のレイプの至近要因は、進化の歴史のなかで淘汰によって形作られた、男女それぞれのセクシュアリティに含まれる、それとは異なるタイプの適応なのである。したがって、第Ⅱ章で述べたような、人間の男女に存在する性的適応が、レイプを減らす環境を生み出す最良の手掛かりを提供してくれることになるだろう。

Ⅳ　レイプの苦痛

なぜレイプが被害者に多大な苦痛を与えるかについての究極要因を理解する上で、進化論的見地から、人類の祖先たちの繁殖成功度をレイプがどのように阻害したかを見ていくことは、大いに役立つ。そうした阻害は、主として三つの形をとって起きた。第一に、配偶相手に対する女性の選択が回避されることで、被害女性自身の、環境への適合性が低くなったこと。第二に、確実に子どもと血がつながっている保証がなくなることで、被害女性のパートナーである男性の、環境への適合性が低くなったこと。そして、それら二つの要因によって、被害女性自身やパートナーである男性の親族の、環境への適合性が低くなったこと、がその三つである。[1]

心理的苦痛

（脳内の出来事であるという意味では、あらゆる苦痛が心理的なものであるが）ここで私たちが言う〝心理的苦痛〟とはすなわち、激しく感情が乱れた精神状態のことである。N・ソーンヒルとR・ソーンヒル（1989）は、「心理的苦痛を感じる能力が人間にそなわっているのは、人類の進化の歴史において各個人の繁殖成功度を阻害するような問題が発生した時に、それを解決する方向に認知や感情や行動を導くためだ」という仮説を提唱した。つまり、心理的苦痛は、そうした損失をもたらした要因に注意を集中してその損失に対抗できるように、人間に生じた適応だというのである。そのような適応が存在しているおかげで、人間は、損失が生じている現状を処理するさまざまな方法に注意を向け、損失の要因となった事態が再び起きるのを防ぐことができる。心理的苦痛も他のすべての感情と同じく、心的適応によって生み出されているのである。

進化的見地に立つこの仮説からは、心理的苦痛を引き起こす環境情報がどのようなものであるかについての、二つの要素が導き出される――

・心理的苦痛を引き起こすキュー（きっかけ）となるのは、人類の歴史のなかで繁殖成功度を阻害したことのある出来事である。

・その出来事によるマイナス効果が大きければ大きいほど、心理的苦痛の度合も大きくなる。

社会的地位の喪失、親族の死、配偶者に捨てられること、そしてレイプは、大きな心理的苦痛をもたらす出来事であると考えられる。さらに、どの程度の心理的苦痛が生じるかは、同一のカテゴリーのなかでも違ってくる。たとえば、繁殖可能度の高い親族の死は、繁殖可能性の低い親族の死よりも大きな心理的苦痛をもたらすと考えられる。また、若くて受精可能性の高い女性へのレイプは、思春期以前や更年期以降の女性に対するレイプより、大きな心理的苦痛をもたらすものと思われる。このような格差が生じるのは、心理的苦痛にはメリットもあるかわりに繁殖上のコストもあるからだ。たとえば心理的苦痛のせいで、日常生活のさまざまなことがらに集中できなくなってしまう危険も考えられる。そこで、問題を解決して嫌な体験が再び繰り返されないようにする程度には強いが、コストが大きくなりすぎるほど過大にはならないよう、苦痛の程度を心理メカニズムがコントロールしているのである。

レイプ被害者となることが進化のなかでもつ意味

人類の進化の歴史のなかでは、レイプは以下の四つの点で、女性の繁殖成功度を阻害するものだったろう。

・レイプ被害者は、身体的に傷つけられる場合があった。
・レイプは、繁殖のタイミングや環境、わが子の父親となる男性を誰にするかを、女性が選ぶことを難しくする。レイプによって妊娠し、子どもを出産した女性は、自分の意思でパートナーを選んだ場合よりも遺伝子の質が低い子どもに、限りある子育て努力を注がねばならない場合があった。

・レイプは、自分および（あるいは）子どものために相手の男性から物質的な利益を得る手段としてセックスを利用するという、女性の能力を無効にするものだった。

・特定のパートナーがいる女性が他の男性にレイプされた場合、パートナーから彼女が受けられる保護や、彼女の子どもが父親から受けられる養育努力の量や質に、悪影響が出る恐れがあった。

哺乳類のなかでは例外的に、人間の男性は子育てに関わる度合が高い。両親の双方が養育努力をはらうことが、人間の繁殖成功度を高めるためには不可欠なのだ（Alexander and Noonan 1979; Benshoof and Thornhill 1979; Lancaster 1997）。しかしながら人間の男性は、他の男性の子どもには、自分自身の血をひく子どもに対するほどの養育努力をはらわない（Daly and Wilson 1988; Wilson and Daly 1992）。そして、パートナーの女性が他の男からレイプされた場合、あるいはその疑いがあるだけの場合にも、その女性がそれまでに産んだ子や、レイプ前後に妊娠した子が自分の血をひいていないのではないかと疑うことが少なくない。第Ⅱ章で述べたように、人類の進化の歴史においても、男性のこうしたとらえかたのせいで、女性やその子どもへの態度が冷淡になる場合があったことは十分に想像できる。つまり、レイプの被害者となったことで、その女性の繁殖成功度は阻害されたわけだ。未遂に終わったレイプでさえ、男性たちに子どもへの血のつながりを疑わせる可能性があり、そうした疑念にとらわれた男性は、「そのような状況を招いたことのある女性は、今後も同じような状況を防ぎきれないのではないか？」と心配する。

進化的見地から考えて、配偶者がレイプされることで子どもとの血のつながりがおびやかされるという男性の心配は、レイプ犯が自分以外の人間の男性だという想定のもとになされる。一つの逸話にはすぎないが、人間の女性が雄のオランウータンにレイプされた事例を考えれば、その点は明らかだろう。野生の雄のオランウータンは、しばしば雌のオランウータンをレイプする（Wrangham and Peterson 1996）。問題のレイプ事件を起こしたオランウータンは、野生で生まれ、調査のために捕らえられたが、ジャングルに設けられた調査隊のキャンプで、人間に比較的よく馴れて暮らしていた。ところがある日、彼はキャンプの女性料理人に襲いかかり、ベテランのオランウータン研究者であるビルーテ・ガルディカスが制止しようとしたにもかかわらず、その料理人をレイプした。ランガムとピーターースン（同上 pp.137-138）は、このレイプ事件後の顛末についてガルディカスが語った言葉の概要を、つぎのように記している。「幸いなことに、被害者は深刻なケガも負っておらず、周囲から汚名を着せられることもなかった。友人たちは事件後もあたたかく彼女を支えたし、夫も、「犯人は人間ではないのだから、妻がレイプされたからといって、恥ずかしいとも思わないし、腹も立たない」と納得していた」。ガルディカス自身（1995, p.294）も、その夫がつぎのように語ったと記している。「妻も私も、どうして気にする必要があるでしょう？　だって相手は、人間ではないのですよ」。このケースでは夫も被害者も、ひどい苦しみを背負っているようには思われなかった。

本書の共著者である私たちは、レイプに対して女性が感じる嫌悪や苦しみは、レイプが女性の繁殖成功度に与えてきた悪影響を考えれば、いちばんよく理解できると思う。なかでも、先のリストにあげた四つの要因のうち最初のものを除く三つが、人類の進化の歴史のなかで繁殖成功度を最大にするための女性の選択肢を減じてきたという点で、大きく関わっていると考えられる。レイプが人類の進化史のなかで女性の繁殖成功度を頻繁に阻害する出来事であったのなら、レイプ被害者が大きな心理的苦痛を感じるのも当然だろう。なぜなら過去においても、それと同じような心理メカニズムをそなえた女性のほうが、苦痛の要因となった環境に注意深く思いをめぐらし、今後はそのような環境を回避しようとしたはずだからだ。また、レイプ被害者が夫および（あるいは）親族に対して、レイプ犯に対する自分の嫌悪感をうまく伝えられるように、そうした心理的苦痛がはっきりとおもてにあらわれることが、淘汰上有利だった可能性も高いだろう。

心理的苦痛を進化的な見地からとらえれば、レイプの被害女性は多かれ少なかれそうした苦痛を感じると予測されるし、明らかに実際、そのとおりである。[2]また、レイプ被害者自身の状況によって、感じる心理的苦痛の程度が違ってくることも、進化的な見地から明らかだ。だが、それについて述べる前に、分析のもとになったデータについて説明しておこう。

このデータは、フィラデルフィアにあるジョゼフ・ピーターズ研究所が、七百九十名のレイプ被害者を、二百六十五の変数について調べたものである。取り上げられているのは、（レイプを主体とする）性的強要を受けたと警察に訴え出て、一九七三年四月一日から一九七四年六月三十日まであいだにフィラデルフィア総合病院で検査を受けた、あらゆる年齢にわたる女性たちだ（十二歳以下の被害者については、一九七五年六月三十日までのデータが集められている）。これらの被害者たちには、レイプされてから五日以内に、ソーシャルワーカーが面接を行なった。被害者が子どもの場合には、質問に答えるのを養育者が手助けしている場合もあり、きわめて幼い被害者については、養育者自身が自分の判断に基づいて、どのような性的強要が行なわれたかを説明しているケースもある。

そのようにして得られた調査結果のうち、ここでは、心理的苦痛に関係のある十二の変数について見ていくことにしたい。それらの変数は、個々の被害者の口頭での答えに基づいて、その女性の心理学的適応の度合を測るために、ジョゼフ・ピーターズ研究所の研究者たちが設定したものだ。したがってその変数を用いれば、それぞれの被害者が経験した心理的苦痛の大きさを知ることができる。レイプの被害を受けた女性たちには、一人で路上にいる時の恐怖感の度合、一人で自宅にいる時の恐怖感の度合、社会的行動上の変化、食習慣の変化、睡眠習慣の変化、悪夢の頻度、男性との性的でない人間関係の変化、知り合いの男性たちに対する気持ちの変化、見知らぬ男性たちに対する気持ちの変化、夫やボーイフレンドとの関係の変化、パートナーとの性的関係の変化、性的魅力に対する不安感がそれぞれどの程度のものかを問う質問がなされた。それら十二の質問に対する回答によって、十二種類それぞれの状況下で、個々の被害者が事件後どの程度、心理学的に適応できているかがわかるわけだ。思春期前の少女たちに対しては、性的なことがらや、夫やボーイフレンドとの関係についての質問は行なわれなかった。

七百九十名の被害者の年齢は、生後二ヶ月から八十八歳まで。年齢の平均値は十九・六歳で、最頻値は十六歳。十九％が（〇〜十一歳の）子どもだった。大人についてはデータをとらなくなったのちも、十二歳以下の被害者については、データの収集が続けられた。子どものサンプルを増やしたいと、研究者たちが考えたからだ（McCahill et al. 1979）。すでに述べたとおり、レイプの被害者は、受精可能性の高い二十代前半の大人の女性が圧倒的に多いからである。

レイプの被害にあった時、被害者の八十一％が未亡人か離婚者か未婚者であり、約半数がなんらかの形で公的経済援助を受けていて、ほとんど（七百九十八人中、七百二十五人）が年収一万二千ドル以下だった。被害者の八十％はこれが性的強要を受けた初めての体験で、十三％は過去に一度だけ性的強要を受けたことがあり、残り七％は、これまでに二度以上、性的強要を受けた経験があった。

この調査はレイプ被害者の大規模なサンプルを扱っているが、これが米国女性の平均的な姿を示しているわけではない。平均値と比べると、子どもや、社会経済的に恵まれない階層の未婚女性を、あまりに多く含んでいるからだ。しかもこれは、性的強要を受けたことを警察に訴え出た女性だけを扱ったものである。最近の研究によれば、レイプ被害者のうち警察に届け出るのは、十六〜三十三%程度にすぎない（Kilpatrick et al. 1992; Greenfield 1997）。しかしながらこのサンプルが、本書で分析しようとしているレイプの心理学的苦痛を考える上で参考にならないと考える理由はない[3]。

予測と調査結果

被害者の年齢

（繁殖可能年齢前の）幼い少女や、（繁殖可能年齢後の）年配の女性に比べると、（繁殖可能年齢である）若い女性の場合には、レイプされることで受ける心理的苦痛が大きいだろうと予測できる（Thornhill and Thornhill 1983）。なぜなら、前にも述べたように、妊娠の危険性は年齢によって差があるため、レイプが女性の選択権を阻害する度合も違ってくるからだ。レイプによって妊娠する恐れがあるのは、繁殖可能年齢の女性に限られる。仮説的には、問題の体験が人類の進化史上の環境のなかで各個体の繁殖成功度に手痛いダメージを与えた度合が強ければ強いほど、心理的苦痛も大きいはずだ。

先に述べたサンプルのデータをもとに、この仮説について調べた研究（Thornhill and Thornhill 1990a）では、経験的に、被害者を年齢による二つのグループに分けた――〝繁殖不可能群（一〜十一歳、および四十五〜八十八歳）〟と〝繁殖可能群（十二〜四十四歳）〟である[4]。そしてその研究の結果、繁殖可能群のレイプ被害者が体験した精神的外傷の度合は、繁殖不可能群の被害者の場合よりも有意に高かった。

そうした有意差をもたらした主要因が繁殖可能年齢前の少女にあるのか、それとも繁殖可能年齢後の年配女性にあるのかをつきとめることも、これまた重要だった。そこで、被害者のグループ分けの修正が行なわれた――〝繁殖可能年齢より前の群（〇～十一歳）〟〝繁殖可能群（十二～四十四歳）〟〝繁殖可能年齢よりあとの群（四十五歳以上）〟の三グループに分けて、分析をやり直したのだ。その結果、最も大きな心理的苦痛を感じていたのは繁殖可能群で、苦痛の度合がいちばん少ないのは繁殖可能年齢より前の群だった。N・ソーンヒルとR・ソーンヒルの1990aの論文にも述べられているように、繁殖可能年齢前のレイプ被害者の精神的外傷が比較的小さいことは、他の諸研究の結果にも見られる。

夫との関係

この点については、レイプが被害者と夫との関係に悪影響を与えるせいで、被害者は精神的苦痛を感じるだろうと予測できる（Thornhill and Thornhill 1983）。なぜなら、夫にとっては、父性の確実性がレイプによって損なわれ、妻を通じての夫自身の繁殖成功度がおびやかされるからだ。その結果、夫は、妻やその子どもに対する物質的援助を減らしたり、すっかりやめてしまったりする可能性があるため、レイプ被害者は精神的苦痛を感じるだろうと推測される。そして実際の研究結果でも、結婚している女性はそうでない女性に比べて、レイプによる精神的外傷を受けやすい（Thornhill and Thornhill 1990a）。

結婚している女性のほうがそうでない女性より、繁殖可能年齢にあることが多いから、それもおそらく、繁殖可能群のほうがレイプによる心理的苦痛が大きい理由の一つだろう。しかしながら、結婚の有無の影響を取り除いてみても依然として、繁殖可能年齢の女性のほうが有意に大きな苦痛を感じている（同上）。したがって、年齢そのものが、レイプを受けたあとの心理的苦痛の至近要因であることがうかがえる。

レイプを受けたことで自分の将来が影響を受けると思うかどうかと尋ねられた場合にも、繁殖可能年齢の被害者および結婚している被害者のほうが、（どちらのグループ分けの場合でも）繁殖不可能群の被害者や結婚していない被害者よりも、「将来に悪影響がある」と感じている度合が、それぞれ大きかった（同上）。こうしたパターンは、予測どおりの結果といえる。進化的見地から考えればレイプのコストは、結婚しているいないに関わらず、繁殖可能年齢の女性のほうが大きいのだから。

というわけで、この分析の結果をまとめると、繁殖可能年齢にあることと、結婚していることが、レイプされたあとの心理的苦痛を増大させる至近要因だということになる。つまり、レイプ後の被害女性の心理的苦痛の度合を左右するのは、彼女の年齢と、結婚しているかどうかなのだ（Thornhill and Thornhill 1990a）。

同じデータをもとに、さらに分析を進めてみると（Thornhill and Thornhill 1990b）、友だちや親族以外の見知らぬ他人からレイプを受けた事例が最も多く、その傾向は、少女たちより成人女性の被害者たちのほうが顕著だった。また、友人によるレイプ、親族によるレイプ、見知らぬ他人によるレイプのうち、最も大きな心理的苦痛をもたらすのは、他人によるレイプだった。[5] ただし、繁殖可能年齢の被害者および結婚している被害者は、見知らぬ他人によるレイプ、友人によるレイプ、親族によるレイプのいずれの場合でも、他の被害者群より大きな心理的苦痛を経験していた。したがってこの二群は、ただ単に見知らぬ他人からレイプされる率が高いから心理学的苦痛が大きいというわけではなさそうだ。

暴力の度合

年齢および結婚しているかどうかで心理的苦痛の程度が違ってくるという、これまで述べてきたパターンに影響を与えているかもしれないもう一つの要因としては、レイプの際に犯人から受けた暴力の度合の差が考えられる。繁殖可能年齢の被害者は他の二群に比べて犯人に暴力を振るわれる場合が多い（Thornhill and Thornhill 1990c）。こうした傾向は、二つの要因をあわせて考えれば予測できる。すなわち第一に、この年齢の女性は、レイプされることで自らの繁殖成功度を損なわれるという進化史上のコストが他の二群に比べて大きいために、犯人に歯向かう傾向が強く、抵抗の程度も激しくなりやすいということ。そして第二に、この年齢の女性は男性にとって、他の二群より大きな性的魅力があるために、レイプ犯はきわめて強い性的動機づけに駆られ、（自分のほうが被害者からケガを負わされるかもしれないといった）大きなコストもいとわないということだ。

しかしながら、繁殖可能年齢の女性に対するレイプでは用いられる暴力の度合が大きいということが、被害者の年齢と心理的苦痛の相関の主たる理由になっているわけではない。暴力を振るわれなかったケースのみについて見ても、繁殖可能年齢の被害者は他の二群より、レイプによる精神的外傷を経験する度合が有意に高いからだ。いっぽう、結婚している被害者についてのケースとそうでないケースを比較した場合には、受けた暴力の程度に有意な差は見られなかった。したがって、結婚している被害者のほうが精神的外傷を受けやすいという傾向に、受けた暴力の程度は影響を与えていないということになる（Thornhill and Thornhill 1990c）。

これと同じデータについて最初に分析を行なったマッケイルら（1979）は、レイプの際の暴力の程度と、事件後の心理的苦痛の度合とのあいだには、完全な負の相関があったと報告している。つまり、暴力の程度が大きいほど、被害者の心理的苦痛は少なかったというのだ。暴力の程度が大きければ心理的苦痛も大きくなるだろうと予想していたマッケイルの研究チームは、この分析結果に驚いた。こうした傾向にはもちろん、私たちがこれまで論じてきたさまざまな変数も、影響を与えていたのだろう。しかしながら、繁殖可能年齢の被害者、なかでもとりわけ結婚している被害者にとっては、レイプの際に暴力を振るわれた場合のほうがむしろ精神的外傷が小さくなるということは、十分に理解できる（Thornhill and Thornhill 1983）。なぜなら、暴力的に関係を迫られた証拠が身体に残っているほうが、合意の上でのセックスではなく完全なレイプだったことを夫に信じてもらいやすくなるからだ。妻が合意の上で夫以外の男性としばしば関係をもつことに比べれば、ただ一度だけレイプの被害にあった場合のほうが、夫にとっては、父性の確実性が脅かされる危険性は低い。もし仮に、夫からの非難や不信がレイプ後の被害者の精神的外傷の至近要因であるのなら、夫からの非難や不信の度合が低ければ、被害者の心理的苦痛が小さくなるのも納得できる。被害者が心理的苦痛をおもてに出すのは、そうすることで夫に対して、自分がほんとうにレイプされたことをアピールできるからだという考えかたがあるが、そうした考えかたとも、この傾向は矛盾しない。

レイプの際にどれほどの暴力を振るわれたかについての被害者自身の証言と、医師による事件後の検査結果を用いれば、繁殖可能年齢の被害者のうち、暴力を振るわれなかった女性のほうが振るわれた女性より心理的苦痛の度合が大きいかどうかを確かめることが可能になる。そして実際に、そうした傾向は明らかに見てとれる（Thornhill and Thornhill 1990c）。さらには、これまた予測がつくことであるが、N・ソーンヒルとR・ソーンヒルは、結婚している被害者では、同じように暴力を受けた場合でも、その痕跡が身体にはっきり残っていて、合意の上でのセックスではなかったことを夫に証明しやすいケースのほうが、精神的外傷の残る度合が少ないことを発見した。この結果は、結婚しているかどうかが、被害者の心理的苦痛を左右する至近要因となるという、先に述べた傾向を裏づけるものともいえる。さらには、被害者の年齢および結婚しているかどうかということに加えて、第三の至近要因――レイプされたという訴えが夫に信じてもらいやすいかどうか――が、事件後の心理的苦痛の程度を大きく左右することをも示している。

性的強要の内容

このデータについての最後の分析として、レイプの際に受けた性的強要の内容が被害者の心理的苦痛の度合に与える影響が検討された（Thornhill and Thornhill 1991）。どのようなタイプの性行為を強要するかは、そのレイプ犯がどのような性的動機づけをもっているかによって違ってくる。そして、妊娠可能な女性への性的嗜好が犯人にあれば、（他の二群に比べて）繁殖可能年齢の女性が被害者として選ばれやすく、性的強要の内容も、膣へのペニスの挿入、膣内への射精、多数回の交接、といった傾向が見られるはずだ。一般的に、この三つの傾向はともに、データによって裏づけられている（Thornhill and Thornhill 1991）。そうであれば当然、レイプの被害者として選ばれるのは繁殖可能年齢の女性が圧倒的に多いということになり、その傾向は実際に、戦時にも平和時にも、繰り返し確認されている。というわけで、男性は若い成人女性をレイプするのを好み、そのような女性をレイプする際には、子どもや年配女性をレイプする時より、はるかに強い性衝動につき動かされるのだろうと考えられる。

若い女性は抵抗する可能性が高いのに、それでも男性はその年齢層をねらうという点からも、彼らが強い性衝動に駆られていることは明らかだろう。

ただしもちろん、繁殖不可能年齢の女性に対する性的強要では、膣へのペニスの挿入や、膣内への射精、多数回の交接が比較的少ないからといって、そうした年齢層の女性をレイプする男性にはまったく性的動機づけがないということではない。一度だけの交接、肛門への挿入、フェラチオやクンニリングスをはじめ、女性器に強要的に触れる行為はすべて、レイプ犯の性的関心によるものだ。

繁殖可能年齢の被害者の心理的苦痛が他の年齢群と比較して大きい理由は、性的強要を受けた際に強要された性行為の内容が異なることにあるのではない（Thornhill and Thornhill 1991）。ただし、思春期前の幼い被害者のなかで比較してみると、膣へのペニスの挿入を受けた場合にも、そうでない場合と比較して特に大きな精神的外傷が残るということはないし、更年期以降の女性についても同じような傾向が見られるのに、繁殖可能年齢の被害者だけは、膣へのペニスの挿入を受けた場合のほうが、その他の性的強要（フェラチオ、クンニリングス、肛門性交など）だけを受けた場合より、心理的苦痛が大きい。繁殖可能年齢の女性だけが、膣へのペニスの挿入を受けると、事件後の心理的苦痛の程度が増大するのである。

さらには、膣内に射精された場合にも、繁殖可能年齢の被害者だけが、射精されなかった場合より強い心理的苦痛を見せる。ただしその差異は、膣へのペニス挿入についてよりも小さく、多数回の交接については、心理的苦痛の度合との相関は見られなかった（Thornhill and Thornhill 1991）。

というわけで、最初の予測どおり、女性のパートナー選びが回避される度合が大きければ大きいほど、事件後の心理的苦痛の度合は強まる。男性においてはペニスの挿入と射精が強く結びついている（Symons 1979）ことから、挿入されたと感じることのほうが、射精されたことを意識したり多数回の交接を受けたりすることより、被害者に妊娠の恐れを感じさせるのではないかと考えられる。

レイプ後の心理的苦痛の至近要因――まとめ

N・ソーンヒルとR・ソーンヒルの一連の論文（1990a-c, 1991）に述べられている結果から見て、レイプを受けたことに対する心理的苦痛をコントロールしている心理メカニズムは、被害女性の年齢（すなわち、妊娠可能性の大小）、結婚しているかどうか、レイプ犯にどう扱われたか、膣にペニスを挿入されたかどうかによって影響を受けると考えられる。人類の進化史のなかでこれらの要因すべてが、望まぬ妊娠をもたらしたり、夫からの保護、資源、父親としての世話を、被害女性から奪い取ったりしてきた。この研究結果は、「人類におけるレイプは成人女性の繁殖成功度を阻害するものであり、それ以後はレイプを避ける能力を増すための、自然淘汰によってデザインされた心理メカニズムを、女性のなかに生み出すことになった」という仮説に合致するものである。

人間の不幸感を進化的にとらえようとする研究が最近とみに増えた結果、「心理的苦痛は、人類の進化史において各個人の繁殖成功度を阻害してきた状況から身を守るための適応である」ということを示す証拠も、たくさん集まるようになってきた。[6] 生物学者のポール・ワトスンとポール・アンドルーズは、進化的見地から見て心理的苦痛をもたらす可能性のある各種の要因について熟考するために、そうした苦痛はあるのだと考えている（未発表の原稿による）。彼らの研究によれば、心理的苦痛のただなかにある人は、その苦痛の要因となった問題に注意を集中するので、自分自身に関しても、社会的ネットワークのなかで自分が占める位置に関しても、ふだん以上に客観的にとらえることができ、その結果、より進んだ問題解決能力を身につけることになる。

レイプ被害者の心理的苦痛についての今後の研究

私たちの知るかぎりでは、一九九一年よりあとに行なわれた研究には、レイプ被害者の心理的苦痛を進化的見地から論じたものはない。[7]

結婚していないレイプ被害者のうち、ボーイフレンドのいる女性といない女性の事件後の心理的苦痛の違いを明らかにできたら、レイプにまつわる心理的苦痛に関する今後の研究に役立つだろう。おそらく、結婚していない被害者のなかでも、投資してくれるボーイフレンドをもっている女性たちは、結婚している被害者に比較的近い反応を示すのではないかと思われる。なぜなら、ボーイフレンドも夫と同じように、レイプ犯によって自分の彼女が寝取られたと感じる可能性があるからだ。

心理的苦痛は複雑で多面的な心的状態であり、きわめて広範囲な否定的感情を含むこと――そして場合によっては、身体的苦痛を伴う場合さえあること――が、すでにわかっている。今後は、心理的苦痛についての仮説をもとに、繁殖可能年齢の被害者と他の年齢層の被害者では、レイプ後の時間が経過するにつれて表出されるさまざまな否定的感情（不安、恐れ、悲しさ、怒り、罪悪感、恥ずかしさなど）にどのような差があるのか、他の比較群（たとえば、結婚しているかどうかなど）についてはどうか、といった予測も可能かもしれない。

また、心理的苦痛に関する仮説から見て、被害者たちがどのような行動をとると考えられるかという予測を検証するような研究も、行なえるだろう。たとえば、投資してくれる男性のいる被害者は、レイプの状況についてそのパートナーに説明する時、自分がいかに抵抗しようとしたかを強調して話すだろうし、ことに犯人から暴力を受けた痕跡が身体に残っていない場合には、そうした傾向が強まるものと思われる。さらには、レイプ後の被害者の社会的行動の変化も、被害者の年齢や、結婚しているかどうかで変わってくるだろう。たとえば、繁殖可能年齢の被害者はレイプ後、他の二群の被害者より、見知らぬ相手や見慣れぬ社会的場面に対して大きな恐怖感を抱くようになるかもしれないし、その恐怖感は、レイプが起こり得るような状況でのみ生じることも十分に考えられる。さらには、レイプによる心理的苦痛を和らげるために向精神薬を服用している被害者と、服用していない被害者を比較して、服用者のほうがレイプに関連した諸問題に対して、心理的に対処しにくいのかどうかを確かめることもできる。もしほんとうに心理的苦痛が問題解決能力を高めるための適応であるのなら、服薬によってその苦痛を和らげている被害者のほうが、かえって苦痛の回復までに時間がかかり、おそらくは、問題を解決する能力および（または）再び同じ問題が起きるのを避ける能力が低いのではないかと考えられるからだ。

そして最後に、レイプを受けたことによる心理的苦痛に関連する諸要因に関しては、男女間で大きな性差があるものと思われる。男性のレイプ被害者もやはり、心理的苦痛を訴える（Rogers 1995）。レイプされた男性の心理的苦痛についてほとんど知られていないのは、それらに注意が向けられるようになったのがごく最近のことだからだ。今後、研究が進めば、男性被害者の苦痛は主として、自らの社会的地位が失われたという感覚に関連してのものであることがわかってくるのではないかと考えられる。レイプされた男性は、犯人（たち）の行動に影響を与えて行為をやめさせるという点では社会的に無力であったわけで、周囲から、その他一般のことがらについても社会的に無力なのだろうと見なされやすい。人類の進化の歴史においては、男性の社会的地位と繁殖成功度の度合には強い関連があったから、男性が社会的地位を失えば、心理的苦痛が引き起こされると考えられる（Thornhill and Thornhill 1989）。さらには、男性のレイプ被害者の場合には、年齢によって苦痛の度合が違うことはないはずだ。

レイプ被害者についてこれまでわかったことから考えて、人間の女性には、人類の進化史のなかで繁殖成功度を阻害してきたことがらに関する情報を処理することを特に目的とした心的適応がそなわっているのではないかと予測できる。しかしながら、レイプの場合には女性に対するそれ以外の犯罪と異なる、どのような特別な情報処理が行なわれるのかを示すには、さらなる研究が必要だ。たとえば、もし仮に、身体的接触や脅しを伴わないスリの被害にあった場合でも、若い女性のほうが年配の女性より精神的外傷が大きいのであれば、若い女性のレイプ被害者が感じる大きな精神的外傷も、レイプに限ったものではないということになる。ただし進化理論に基づく心理的苦痛についての仮説に従えば、スリなどの被害にあった場合に女性が感じる心理的苦痛の度合は、盗まれたものの価値によって左右されるのであり、被害者の年齢による差はないであろうと予測される。

レイプ被害者の心理的苦痛について、進化的アプローチに基づいてさらに研究を進めれば、何がそのような苦痛を引き起こすのかを詳しく知ることができるから、被害者の苦痛の軽減に役立つにちがいない。

さまざまな種の雌に見られる、レイプに対抗するための適応

レイプ被害者の心理的苦痛についての研究の基礎になっているのは、進化に関する理論のうち、雄と雌の繁殖上の利害が対立する場合に、雌雄双方がどのような共進化レースを繰り広げる

かという部分である。いつ、どのようにしてつがうのが適切かについて雌雄間の利益が両立しない場合には、雄の繁殖成功度は増すが雌のそれは減るような強要的交接をもたらす雄の形質に対抗する適応が、雌の側にも進化していることが考えられる（Parker 1979; Eberhard 1985; Clutton-Brock and Parker 1995）。性的強要を受けることは、人間以外の動物の多くの種の雌にとっても、相当にコストが大きい（Mesnick 1997）。性的強要を行なおうとする雄を避けようとして時間もエネルギーも費やさなければならないし、つがう相手に関する雌の選択権も阻害される。自由に動きまわることも妨げられるし、食事をしたり子どもの世話をしたりすることもままならない。また、それが原因でもともとのパートナーである雄から母子が遺棄されるかもしれないし、雌の繁殖サイクルも狂い、レイプが原因で流産することもある。(8) 実際、人間の場合と同じように、鳥や哺乳類のいくつかの種においては、レイプが原因で雌が死んだり重傷を負ったりすることもある。

種によって、レイプに対抗するために雌に生じている適応の形はさまざまだ。他の雄から性的強要を受けないように、つがいの雄ががっちりガードするもの、（しつこい雄に悩まされたり、ケガをさせられたり、時間を無駄にされたりしないように）手近な雄とさっさとつがうもの、つがいではない〝友達の〟雄たちと同盟を組むもの、雌どうしが連携するもの、逃げまわるもの、抵抗するもの、生理学的対抗策（受精を妨げたり流産したりするメカニズムなど）を発達させているもの、レイプ犯の攻撃をかわすための身体的工夫が見られるものなど、その形態は多岐にわたっている（Mesnick 1997; Smuts and Smuts 1993; Clutton-Brock and Parker 1995; Gowaty and Buschhaus 1998）。

レイプ対抗策として人間以外の種の雌に生じている適応に関して最も詳細に調べたのは、ともに生物学者であるイェラン・アーンクヴィストとロック・ロウの、アメンボについての研究（1995）だろう。すでに述べたように、雄のアメンボは、レイプを目的とした特別な適応をとげている。腹部の腹側に一対の突起があって、交尾に抵抗する雌をそれでつかまえておけるようになっているのだ。交尾の最中は雄も雌も、捕食者である魚に対して無防備になりやすいし、雄につかまえられていると自由に捕食者から逃げたり餌をとったりできないから、アメンボの雌にとって交尾は、コストを要するものである（Rowe et al. 1994）。というわけで、レイプに対抗するための適応として、アメンボの雌の腹部の背側にも一対のトゲがある。アーンクヴィストとロウ（1995）は、比較的長いトゲをもつ雌アメンボのほうが短いトゲの個体より交尾する頻度が低いことをつきとめた。そして、実験的にトゲの長さを変えた雌についても、同じ結果が得られた。トゲの長い雌アメンボのほうが、強要的に交尾しようとする雄を効果的に防ぐことができたのである。さらには、背側にそなわったこのトゲに加えて、雌のアメンボには、レイプを防ぐために特別に発達した行動もそなわっているように思われる。嫌な雄につかまえられると派手な宙返りを見せ、この曲芸のおかげで雄を追い払える場合も多いのだ。このレイプ回避行動が大きなエネルギーを使うものであることからも、雌のアメンボにとって、交尾の相手を選ぶのがどれほど重要かがよくわかる（Watson et al. 1998）。

雌のガガンボモドキにも、強要的な交尾に抵抗するためではないかと思われる一連の行動がある。第Ⅲ章で述べたように、雌のシリアゲムシは、交尾を受け入れるのと引き換えに婚礼プレゼントである食物をくれる雄を好む。婚礼プレゼントとしてわたせるように実験的に食物を与えられた雄は雌に選んでもらえるが、同じ雄から食物を取り上げてしまうと、その雄は強要的に交尾しようとする（そして、その試みが成功する場合もある）。だが、そのレイプの試みのあいだじゅう、雌は必死で逃げ出そうとし、実際に逃げ出せる場合も少なくない（Thornhill 1980, 1984; Thornhill and Sauer 1991）。さらには、雄につかまえられて生殖器どうしが接触しているにもかかわらず、雌のガガンボモドキがレイプ雄による授精を防ぐことができる場合もある。ある実験（Thornhill 1984）によれば、雄のガガンボモドキによる強制的な交尾で授精できるのは半数にしかすぎないが、その雄に婚礼プレゼントを与えると、百％授精が可能だった。

雌のガガンボモドキにそなわっているもう一つのレイプ対抗戦略は、レイプによって授精が行なわれた場合には、再び交尾可能な状態に素早く回復することである。ガガンボモドキの雌の交尾可能な状態も、他種の昆虫類について知られているのと同様に、雄の精液中の化学物質によって抑制されるものと思われる。精子間競争を防ぐための適応として、そうした化学物質がそなわっているのだ。だが雌のガガンボモドキがレイプされ、授精が行なわれた場合には、合意の上での交尾後の二倍の速さで、交尾可能な状態が復活する。その結果、レイプのすぐあとでも、婚礼プレゼントをもった雄との交尾が可能になるのだ（Thornhill 1980, 1984）。

昆虫類、鳥類、哺乳類を含む多くの動物種に見られる精液の排出（Eberhard 1996）も、レイプ雄によって妊娠させられる危険性を減らすために雌がそなえている戦術の一つである。たとえばセキショクヤケイ（*Gallus gallus* 現在のニワトリの祖先）の雌は、群れの支配的な立場にある雄との交尾を好むので、下位の雄はレイプを余儀なくされる。レイプされそうになったメスは長時間逃げまわることも珍しくなく、そのあいだに雌は、支配的な雄に止めに入ってもらおうとする。だがもし下位の雄が嫌がる雌への授精を果たすと、その雌はしばしば、ただちにその精液を体外に排出してしまう(9)。精液の排出は、〝隠された選り好み〟として知られている雌の選択権行使行動の一種（Thornhill 1983; Eberhard 1996）を、さらに発展させたものといえるだろう。なぜなら、つがう前ではなく、交尾の最中やそのあとにそれが行なわれるからだ。

人間の女性の場合にも、もしかしたら、主として性交中のオーガズムの欠如と関連して起こる精液の〝押し戻し〟によって、レイプ犯の精液の大半を拒絶しているのかもしれない（Baker and Bellis 1995）。人間の被害者がレイプの際に性的興奮を感じることはごく少なく、オーガズムに至るのはほとんど皆無である。したがって、オーガズムを感じる能力が女性にそなわっていること自体が、レイプ犯の精子によって妊娠する可能性を減らすという目的もあって進化したのではないかとも考えられる。つまり、レイプされる時にはオーガズムを感じないことそれ自体が、レイプへの対抗策として進化した可能性もあるということだ。

男性に進化した対抗策

レイプによって妊娠する事例があることからも、女性がそなえているレイプによる妊娠への防止策に対抗する戦略が、男性に進化していることは明らかだろう。そのことをいちばんよく示しているのは、戦時下のレイプでは妊娠率が上昇するという事実である。最近起きたルワンダ内戦中には、調査対象となった三百四人のレイプ被害者の三十五%もがそのレイプによって妊娠したと考えられ（McKinley 1996）、大半の被害者が妊娠したくなかったと答えたにもかかわらず、実際に出産した割合がきわめて高かった。

平時でのレイプが妊娠に結びつく確率は、統計によって、一%から三十三%と幅がある。いちばん高い推定値は妊娠したティーンエイジャーについてのもので、自分が望まないセックスを強要されたと自己申告した者のうち三十三%が妊娠していた（Moore 1996）。非戦時下のレイプと妊娠の関係についての最も信頼できる研究（Holmes et al. 1996）は、三年間にわたって、数千人の米国女性をサンプルとして抽出した調査である。その結果、（十二歳から四十五歳までの）繁殖可能年齢のレイプ被害者たちのうち、レイプが妊娠に結びつく確率は、レイプ一件当たりで五%、被害者一人当たりで六%だった。それらの妊娠のうち、出産したのが（母親自身が育てたケースも里子に出したケースも含めて）三十八%、自然流産したのが十二%、人工妊娠中絶したのが五十％だった。しかしながらこの五％というレイプによる妊娠率は、おそらく、過剰推定であると思われる。なぜなら、出生前ＤＮＡ検査によって父親を特定したハモンドらの研究（1995）によれば、レイプされたあとで妊娠した女性の六十％は、実際には、合意の上でセックスしたいつものパートナーによってすでに妊娠していたからだ。したがってホームズらの報告した五％という数値は、実際には、二％程度に修正されるべきであろう。レイプされたという訴え自体が偽りのケースがこの数値に与える影響については、今のところ明確になってはいない。

父親を特定できるハモンドらの研究結果からは、同意の上でセックスするいつものパートナーの精子が、レイプ犯の精子と競争して卵を受精させようとすることがうかがえる。ある種のカモ類や、先に述べたセキショクヤケイでは、雄は自分のいつものパートナーが他の雄にレイプされたことを発見するや否や、すぐにその雌と交尾することが多い。ただし人間については、パートナーの女性がレイプされたことを発見した直後には夫やボーイフレンドの射精の量や性欲が昂進するかどうかは、今のところ私たちにもわからない。

女性によるレイプ回避

これまで述べてきたように、人間の女性には、心理的苦痛をはじめ、レイプ後に役立つ各種の心的適応がそなわっているように思われる。しかし進化的見地から考えれば、レイプが発生する以前に、そうした危険の大きい状況をあらかじめ回避させる心的適応も、女性の内に進化しているのではないかと予測できる。そう考えれば、レイプされたら困るという女性の不安や恐怖感（Thornhill 1997b）も、説明しやすくなるだろう。こうした予測を裏づけるものとしては、ニュージーランドのクライストチャーチで行なわれた研究（Pawson and Banks 1993）がある。[10] その研究結果によれば、（より妊娠しやすい）若い女性のほうが年配の女性より、自宅内においてもそれ以外においても、襲われることへの恐怖感が大きく、しかも、年配の女性の恐怖感が主として強盗に対するものだったのに対して、若い女性の恐怖感は、性的強要を受けることに集中していた。さらには、若い女性が恐怖感を感じる程度は、同じ町の別の地域で実際に警察に報告されていたレイプ発生率とほぼ等しかった。（女性が一般的にレイプに対して恐怖感を感じ、その恐怖感のせいで［たとえば、夜間の外出を控えるなど］自らの行動を制限していることは、よく知られている。その点についてはたとえばRiger and Gordon 1981を参照。）

　レイプに対する女性の恐怖感についてさらに詳しく調べたかったら、女性たちに対して、さまざまな程度でレイプが起こりそうな場面についてのスライドを見せたり口頭の説明をしたりして、それについてどう感じるかを尋ねてみるといい。おそらく、さまざまな場面について、レイプの危険性を最も敏感に感じ取るのは若い女性たちであり、なかでも、月経周期上の排卵期（最も妊娠しやすい時期）にある若い女性は、その度合が最高に高いだろう。そのような女性たちは、自分が一人きりかどうかとか、若い男性や社会的に剥奪された男性が近くにいるかどうかといった、レイプにつながりやすい手かがりを見分けることに、きわめて長《た》けている。

シャヴァーンとガラップ（1998）は、若い女性たちについての研究を行ない、避妊用のピルを服用していないために排卵周期がある女性は、（薄暗いところを歩くなどといった）レイプの危険のある行動を明らかに控える傾向があることを発見した。また、排卵期にはそうでない時期より、そのような傾向が強かった。この研究は、平均年齢二十二歳の、多数の女子学生をサンプルとして行なわれたものだ。被験者には、それまでに経験したことのありそうな十八の状況について、その行動を控えるかどうかの匿名のアンケートが行なわれ、アンケート時に月経周期上どの時期にあったか、どのような避妊法を実施していたかも質問された。さらに、アンケート上の十八の状況については、被験者とは別のグループの女性評価者たちに、性的強要を受ける危険がどの程度あるかを、それぞれ個別に判定してもらった。その結果、四十名の女性評価者が十八の状況の危険性について、お互いにきわめて似通った判断を下した。アンケートの結果、避妊用のピルを服用している女子学生の場合には、月経周期上の時期による行動の差はほとんど見られなかった（その差は、統計的に有意なレベルに、はるかに及ばないものである）。しかしピルを服用していない女子学生の場合には、排卵期（前回の月経開始後十三〜十七日目）にははっきりと、危険な行動を控える傾向が見られた。ロージェル（1976）も、性的強要を受けた八百名の被害者のうち、排卵期にレイプされた被害者は、当然考えられる割合よりはるかに少なく、ことに十代後半から二十代前半の被害者については、その傾向が顕著であることを発見した。モーガン

(1981)も、それよりは数が少ないものの相当数(百二十三名)の、性的強要を受けた女性のサンプルについて調べ、同じような結果を得ている。

最も妊娠しやすい排卵期の女性が危険な行動を控えるのは、おそらくレイプに対抗するために特に進化した適応だろう。最近、有力な証拠の見つかりつつある仮説によれば、排卵期の女性はそれ以外の時期に比べて、より広範囲を動きまわり、セックスの相手探しに熱心になるという。モリスとアドリー(1970)が万歩計を用いて行なった研究では、排卵期の女性はそれ以外の時期よりたくさん歩きまわっていた。[11] また、排卵期には性的活動も活発化するものと思われる(Chavanne and Gallup 1998; Gangestad and Thornhill 1998; Thornhill and Gangestad 1999)。月経周期上のどの時期にあるかによって、男性に対する女性の好みも違ってくる。排卵期の女性は、男らしい顔立ちや、左右対称な男性の匂いを好むという研究結果から考えて、最も妊娠しやすいこの時期の女性は、男性の遺伝子の質の高さを求めているものと考えられる。さらには、この時期には女性の性的活動が活発になるせいで、通常のパートナト以外とのセックスも増えるという研究結果もある(Baker and Bellis 1995)。というわけで、排卵期の女性は最も活動的でセクシャルであるにもかかわらず、レイプされる危険のある行動だけは、明らかにふだんより控えているのである。

排卵期にはいつものパートナーの男性が、自分以外の子どもを産まれてはかなわないという理由から相手の女性の行動を縛るから、そのような傾向が生じるのではないかと推測する人もいるだろう。しかしながら、パートナーである女性の排卵期を男性が感知できるという証拠は、ほとんどない（Benshoof and Thornhill 1979; Burley 1979; Baker and Bellis 1995）。また最近の研究でも、男性にとっての女性の嗅覚上の魅力は、月経周期上の時期や、経口避妊薬の服用の有無とは無関係だという結果が出ている（Thornhill and Gangestad 1999）。というわけで、シャヴァーンとガラップが述べているような傾向は、パートナーである男性の影響ではなく、その女性本人がもつ傾向であると考えられる。

ここまで述べてきたことからもわかるように、進化的見地から見れば、レイプを回避するための女性の行動については、たくさんの予測が可能である。そのなかには、若い女性は年配の女性よりレイプに関係する手がかりに敏感であるというような、ごく一般的な予測もある。また、月経周期上の時期によってレイプの危険性についての判断が異なるというような、やや特定的な予測もある。さらには――同年齢層の女性のなかでは、同じ年齢層の女性から身体的魅力が大きいと評価される女性のほうがレイプの危険性を察知する能力が高いとか、ウエストサイズがレイプの危険察知能力と関係しているといった――きわめて特定的な予測も可能だ。

人間の女性には、レイプを回避する行動が進化によってそなわっていると考えれば、フェミニスト運動についても理解しやすくなるのではなかろうか？　なぜなら、あらゆる形態の性的強要――なかでもとりわけレイプ――に反対することが、フェミニスト運動の主たる関心事なのだから。女性が社会的に自立すればするほど、また、経済活動に参加するチャンスが増えれば増えるほど、よく知らない男性やまったく知らない男性と接する機会も増す。最近では、じつの家族と離れて暮らす女性も多く、身内の男性による保護も受けにくくなっている（Smuts 1992; Geary 1998）。活動範囲が広がり、しかも夫や身内の男性からの保護も受けにくい現代の女性は、性的強要の危険に対して、さらに敏感になっていくだろう。そして、（おそらくは的を射ている）そうした敏感さの結果、フェミニスト運動はさらに勢いを増し、男性の性的強要に対抗するための女性どうしの同盟――そのような同盟は、人間以外の哺乳類にも数多く見られる――のようなものになっていくのではなかろうか[12]。

まとめ

人間の女性も、それ以外の種の雌たちも、レイプに対抗するための適応をそなえていることを示す、さまざまな証拠を見せている。レイプ被害者が見せる心理的苦痛は、比較的よく研究された形質であり、人類の進化史のなかでレイプ被害者の繁殖成功度を阻害してきた出来事から身を守るための適応であると考えられる。レイプによって繁殖成功度が阻害されてきた結果、レイプ被害者は心理的苦痛を感じるようになった。そう考えれば、どのような要素が心理的苦痛の程度を左右するかも想像がつく。レイプ被害者の心理的苦痛の度合は、被害者の年齢（繁殖可能年齢の女性のほうが苦痛が大きい）、結婚しているかどうか（結婚しているほうが苦痛が大きい）、強要された性行為の種類（膣内にペニスを挿入されたほうが苦痛が大きい）、意に反してレイプされたという証拠の有無（抵抗した証拠が身体に残っていないほうが苦痛が大きい）、といったことで違ってくるのだ。交接する相手を選ぶ選択権がレイプされることで最大限に阻害されるのは、妊娠可能な成人女性である。なぜなら彼女たちだけが、レイプによって妊娠する可能性があるからだ。レイプされた女性は、夫からの保護を失うかもしれない。なぜなら男性は、養育努力を投資する対象には、血のつながりを求めるからである。

人間の女性にはまた、レイプの発生を減らすためにデザインされた心理メカニズムもあることを、いくつかの証拠が示している。若い女性のほうがレイプに対する恐怖感が強く、いちばん妊娠しやすい排卵期の若い女性は、レイプされる危険の大きい状況を避ける傾向がある。

また、レイプ犯の精液を排出する能力が仮に人間の女性にそなわっているとしても、それは明らかに不完全なものだ。なぜなら、レイプによって妊娠する例が、現に存在するからである。

V　なぜ社会科学者たちは進化理論を取り入れそこねたか？

私たちは、（中略）この論文を発表することを通じて、人種差別主義者や性差別主義者の理論や行動を正当化するために人工妊娠中絶が行なわれていることを暴露できるのを誇りに思う。

トーバックおよびローソフ（1985, p.v）

生物に関する科学的な説明によってレイプの究極要因を明らかにしようとする試みはなぜ、人種差別主義だとか性差別主義だとかいう非難を受けてきたのだろうか？　大学の女性学研究グループはなぜ、進化理論に基づいてレイプを解説する公開講座の中止を働きかけるのだろうか？　そして、そのような講座はなぜ、ピケや聴衆の抗議によって、キャンセルされたり短縮されたりするのだろうか？　進化的見地からレイプの要因をさぐろうとする研究者はなぜ、大学の教職につけないのか？　学会の委員たちはなぜ、レイプを進化的に分析した研究を発表させたがらないのか？　学術雑誌の編集者たちはなぜ、進化的見地からレイプを考えた論文の掲載を断わるののか？　レイプ被害者センターの責任者たちはなぜ、被害者の心理的苦痛の調査が生物学的理論にのっとったものだとわかった瞬間、協力を拒むのか？

これらの質問すべてに対する答えは、もっと一般的な、「なぜ社会科学の内部にはいまだに、進化に関する誤解がこんなに残っているのか？」という問いに対する答えのなかに見つけることができる。

適応が無視されてきた歴史

ダーウィン以来一九六〇年代までの生物学の進化研究の大部分の焦点は、さまざまな理由から、種形成と小進化のみにそそがれてきた。「〝種形成〟とは、新種の生物への進化をもたらす――淘汰を含めた――プロセスのことであり、〝小進化〟とは、遺伝子拡散（個体が異なる個体群に移ることで生じる遺伝子の移動）、遺伝的浮動（個体群の繁殖における偶然の変異）、突然変異（遺伝子自体の変化。次世代にひきつがれる可能性がある）、さらには淘汰（各個体の問題解決能力に応じた特異的な繁殖）によって生じる、個体群の遺伝子頻度の変化のことである。個体群についての遺伝学は、これら四つの進化上のエージェントの相互作用を明らかにし、現存する個体群にそれらのエージェントが今後もたらすであろう短期的な遺伝子頻度の変化を予測することを主眼として、生物学の下位領域として発達してきた（Provine 1971）。そんなわけで、種形成および個体群遺伝学の研究にばかり力が注がれた結果、ごく最近までは、進化の内包する深い意味――なかでもとりわけ、適応を形成する上で淘汰が果たす役割――についての研究は、ほとんど未開拓のままだったのだ。

第I章で述べたとおり、一九六〇年代まで適応が進化研究の中心的テーマとして再出現することがなかったのは、主として、「適応は、各個体の繁殖成功度を増す方向にではなく、集団全体の利益を増す方向に働く」という誤解が一般にあったからである。ところが一九六〇年代に進化研究の焦点が再び個体レベルの淘汰に向けられたことで大変革が起こり、その結果、社会行動についての研究が最も大きな影響を受けた。社会行動がこの大変革の中心に位置することになったのは、最新の進化理論によれば、個体レベルの淘汰では、その個体の繁殖成功度を増す形質だけが有利になるのであり、そうした形質に伴って生じる集団の利益は、個体レベルの淘汰の偶然の付随物にすぎないと考えられたからだ。

個体レベルの淘汰がもつ影響力を正しく理解した研究者たちは、「動物界に見られる利他的行動も、現にそれが進化したからには、各個体の繁殖成功度になんらかの寄与をしてきたはずだ」と主張した[1]。こうした研究者たちは、行動生態学者、社会生物学者、あるいは（もっと最近では）進化心理学者などと呼ばれている。利他行動（なかでも特に、人間の利他行動）を、個体レベルの淘汰によってもたらされたものとして説明することに力を注ぐ彼らと、個体レベルの淘汰を理論の上位に置くことを受け入れようとしない研究者たちとのあいだには、激しい葛藤が生じた。個体淘汰を支持する者たちは、「集団の利益のために自分自身の繁殖を犠牲にする個体が淘汰によって作られる」という群淘汰の考えを捨て去り、「利他行動は、実際には、その行動を行なう個体の繁殖成功度を高める」と主張した。そしてその結果、彼らは、キリスト教やマルクス主義、さらにはさまざまな新興宗教といった、深く信じられているイデオロギー的信念に刃を向ける存在だと思われがちだった。

多くの社会科学、なかでもとりわけ社会学や文化人類学は、「各個人の行動は、〝文化〟や〝社会〟などといった、有機的組織体の福利のために働く」という主張に大きな基礎を置いていた(Murdock 1972)。そのような主張をはっきり述べたのはV・C・ウィン＝エドワーズの〝群淘汰理論だが(Rappaport 1967; Forman 1967)、同様の主張はしばしば、もっと目立たない大前提として、多くの研究に用いられていた。社会科学者たちは、そのような理論がすでに提唱されたのち、大多数の進化学者たちによって否定されていることに気づいていなかったのだ(McCay 1978; Palmer 1994; Palmer et al. 1997)。社会科学者たちの耳には、利他行動の進化についての新情報の担い手たちの声は、届いていなかったのである。その結果、個体レベルの淘汰が人間の行動に影響を与えているという研究を、いざ研究者たちが続々と発表しはじめると、科学史上例を見ないほどの論争が巻き起こった(Sahlins 1976; Gould and Lewontin 1979; Kitcher 1985; Rose 1998. それらを総括したものとしては、Ridley 1993; Wright 1994; Dennett 1995を参照)。そして、一九八〇年代半ばには論争の激しさこそやや弱まったものの、両陣営の議論は今でもなお、人間の行動に関する研究に、深いところで影響を与えつづけている。「人々は時に、こうつぶやく――「社会生物学は、いったいどこへ消えてしまったのだ？」と。その問いには、「地下にもぐったのさ」と答えよう。社会生物学は依然として、地面の下で、正統派アカデミズムの根っこを、せっせと食い尽くしているのだから」とライト（1994, pp.6-7）は述べているが、その言葉どおり、今や社会生物学は、主として〝進化心理学〟という新しい名のもとに、復活をとげている。つまり、今また研究者たちは社会科学者に対して、進化的アプローチの価値を再考するよう迫ろうとしているわけだ。そこで私たちはこれから、なぜこのように大勢の社会科学者たちが、デイリーとウィルソン（1988）が〝生物学恐怖症〟と名づけた徴候を見せているのかについて、その理由の細部を明らかにしていこうと思う。まずは、社会科学者たちが抱いている誤解を、一つずつ整理してみたい。

自然主義の誤謬

進化についての最も一般的で、正しい認識を最も妨げやすい誤解は、おそらく、いわゆる〝自然主義の誤謬〟だろう。つまり、「〝どうあるべきか〟は、〝実際にどうであるか〟、さらには特に、〝どうあるのが自然か〟によって規定されるべきである（Moore 1903）」という考えかただ。病気や洪水、竜巻といった自然現象を考えてみれば、そのような考えかたが間違っているのは明らかだろう。それにもかかわらず、社会生物学に対する初期の批判の多くは、「望ましくない形質についての社会生物学的な説明は、犯罪者に、「だって自然なことをしているだけだから、しかたがないだろう?」という言い訳を与えるものだ」という点に集中していた(Sahlins 1976; Gould and Lewontin 1979)。

自然主義の誤謬は誤りであり、社会生物学はそのような主張をするものではないことは、これまでの二十五年間、現代進化学の見地から人間の行動を説明した主要な研究のほとんどすべてにおいて、多くのページを割いて説明されてきた(たとえば Alexander 1979, 1987; Symons 1979; Wright 1994 を参照)。それにもかかわらず、今なお、こうした研究に反対する人たちのなかには、自然主義の誤謬が生きている。たとえば、タング=マーティーニズ(1997, p.117)が述べているように、フェミニズムの分派の多くも、人間に関する社会生物学を批判して、男性の支配と女性の服従は人類の進化史の当然の帰結であるという考えかたを広めることによって女性への抑圧を正当化し推進するものだと、強く主張している(2)。

社会生物学に対する批判に自然主義の誤謬がこのようにはびこっている理由の一つは、社会科学者の著書にはもともと、自然主義の誤謬が珍しくないという点にある。社会科学者のなかには、人々がどのように行動すべきかについてのイデオロギー的言辞を自由に述べていいと思っている人たちがいて、自分の主張を〝正当化〟するために、自然主義の誤謬を利用している。つまり、この世界の自然な姿(しかも、往々にしてそれは、不正確な姿であることが多い)に言及することで、人間のどのような行動が正しくて、どのような行動が正しくないかについての自分の主張を、正当化しようとしているのである。その点についてはレズリー（1990, p.896）も、「大きな影響力をもつ社会科学の著作の大多数はイデオロギー的なものであり、私たちが互いに批判しあう言辞の多くもまた、イデオロギーに基づいている」と認め、「自分たちは科学的だと私たちが主張すること自体、アカデミックな世界における最大の知的恥辱である」と述べている。

社会科学者に自然主義の誤謬が蔓延していることは、彼らが、この世界が実際にどうであるかについての理論と、どうあるべきかについての（彼ら自身が科学的だと主張する）理論の双方に対して、（たとえば〝マルクス主義的人類学〟と〝フェミニズム的人類学〟というように）しばしば同じような呼称を用いていることからも明らかだ。

たとえばバスとマラムス（1996, p.3）も、「フェミニズムは、実際にどうであるかを記述したり説明したりする際には進化心理学と同じ考えかたを用いているにもかかわらず、社会的あるいは政治的テーマからも脱却しきれていない」と指摘し、「したがってフェミニズムには、どうあるべきかということも含まれてしまうのである」と結論している。そのような状況下では、世界がどうあるべきかについてのイデオロギー的立場が、実際にどうであるかについての記述の〝正しさ〟を判断する基準として用いられやすい。

というわけで、長いこと自然主義の誤謬を抱いてきた社会科学者のなかに、世界が実際にどうであるかを述べる進化学者たちの言葉を、世界がどうあるべきかを示唆するものだと勘違いする人が多かったとしても、驚くにはあたらない。自らの研究のなかで、科学的な記述とイデオロギー的な立場を長年、同一視してきたことを考えれば、彼らがいまだに、進化理論の影響を受けた科学者たちが世界の実際のありさまを述べる言葉を、自分たちのイデオロギー的立場を脅かすもののように受け取るのも理解できる。

自然主義の誤謬の蔓延は、自称科学的な言辞の数々に、きわめて大きな影響を与えてきた。たとえば、人類の行動に関する科学研究のリーダー的存在である、文化人類学者のマーヴィン・ハリスについて考えてみよう。じつは彼は、人間の本性については、進化心理学の考えかたに本質的に合致する、つぎのような定義をくだしている――「自然淘汰の結果、人間の身体は、数多くの明白な衝動、欲求、本能、耐性の限界、弱点、成長と老化の過程などをもつようになった。そしてそれらが、人間の本性を大まかに規定している(Harris 1989, pp. 126-127)」。そして、食物について論じるなかでも、一般的な単一の欲求としての食欲ではなく、個別に進化した多くの〝生物心理学的要素〟を想定し、そうした要素として、その時々にどれだけの食物が消費されるかについての数多くのメカニズム、食物を脂肪の形で蓄える精密なメカニズム、食物に関するさまざまな嗜好などをあげている(同上, pp.142-168)。さらには、甘いものに対する人間の子どもの渇望についてのハリスの議論の進めかたは、現代進化学の基礎理論をわかりやすく説明する際に多くの進化心理学者たちが用いてきた例と、驚くほど似通っている(Barash 1979; Symons 1979; Wright 1994)。しかし、それでいながらハリスはじつのところ、進化心理学に反対する者たちの、リーダー的な存在なのだ。摂食以外の人間行動については、彼は、個別に進化したメカニズムがあるという考えかたを激しく拒絶する。食欲に関して進化したと考えられるさまざまなメカニズムについての分析とは打って変わって、たとえば人間の性欲については、男女に共通した一般的な単一のメカニズムによるものだと主張するのである。〈精子　対　卵〉と題された章においてハリスは、淘汰の働きによって男性と女性とでは異なる性欲や恋愛欲求が生み出された、という進化的な考えかたを否定している。そして、いくつかの社会では求めるパートナーの数が男女で異なることを認めながらも、それを証拠として理論を構築することはせずに、こう述べている——「もしも完全な選択の自由が与えられたら、女性も、自由な境遇におかれた男性と同じぐらいたくさんのパートナーを選ぶだろうと、私は確信している」(1989,p.254)。というわけでハリスは私たちに、「進化は人間に、食物消費については多数の精密な適応をもたらしておきながら、性に関しては、たった一つの一般的な適応だけしかもたらさなかった。そして人間はこれまで、性に対するその一つだけの適応を武器に、男女で劇的に異なる繁殖上の障壁を克服してきたのだ」ということを信じさせようとしているのである。

ハリスはなぜ、摂食行動に関しては、一般的な欲求ではなく個別のいくつものメカニズムの複合体を自然淘汰が人間にもたらしたことに気づいたのに、性的行動については、同じように個別なメカニズムの複合体が存在することを認めようとはしないのだろうか？　それにはおそらく、同僚の多くが自然主義の誤謬に染まっている、彼を取り巻く世界において、これら二つの説明がどのような扱いを受けるかが関係しているのだろう。イデオロギーと比較的関わりの薄い摂食行動に関しては、多数の個別なメカニズムが進化したと主張しても、仲間の社会科学者たちから義憤が沸き起こることはない。しかし、男女で異なる多数の個別なメカニズムが進化したなどと主張すれば、自然主義の誤謬に凝り固まったイデオロギーを振りかざす同僚たちから、たちまち〝性差別主義者〟のレッテルを貼られてしまうにちがいないのだから。

遺伝決定論の神話

自然主義の誤謬はしばしば、「進化的な説明は、行動は遺伝的に決定されている（すなわち、行動は遺伝子によって厳しく固定されており、その遺伝子を取り替えないかぎり行動も変わらない）という仮定に基づいている」という、これまた間違った考えかたと縒《よ》り合わさった形であらわれる。そうした遺伝決定論もまた、進化学者たちによって数えきれないほどたびたび否定されてきているのに、たとえば心理学者のラッセル・グレイもごく最近、「進化的な説明は（いまだに）、「人間の行動はなんらかの形で遺伝子によってプログラムされているため、あらゆる行動は自然なものであり、変えることはできない」という主張だとみなされやすい」と述べている（1997,p.385）。進化生物学者のジョン・メイナード・スミスは、そのような状況が道理に合わないことを指摘して、遺伝決定論について、「まったく見当違いな、誤った考えかただ。なぜなら、そのようなことを信じている者はいないのだから。少なくとも、有能な進化生物学者のなかには、そんな考えをもっている者は誰ひとりとして存在しない」と書く（1997, p.524）。そして、さらにつづけて、「〝遺伝決定論〟などという言葉にお目にかかるのは、社会生物学や行動生態学に対する批判者たちの著作のなかでだけだ」とも断じている。

私たちはごく最近、ある大学の女性学科の学科長から、「ドナルド・サイモンズの著作である『人間におけるセクシュアリティの進化（*The Evolution of Human Sexuality* 1979）』は、行動は遺伝的に決定されているという前提に基づいているので、学科の教科書としてはふさわしくありません」と言われた。そこで私たちは、「サイモンズは、行動が遺伝的に決定されているなどという考えかたが誤りであることを、理由を詳述して述べていますよ（pp.31-39）。私たちの知るかぎり、彼の著作にしても、そのほか最近になって進化について書かれた他の人の著作にしても、行動が遺伝的に決定されているなどと主張したものは、一冊もありません」と反論した。その言葉に、学科長は心底驚いた様子だった。明らかに彼女は、遺伝決定論が進化的アプローチの主要な教義であるという主張は山ほど読んでいたものの、『人間におけるセクシュアリティの進化』そのものには、目を通していなかったのである。

遺伝決定論と自然主義の誤謬は、互いに強く結びついている。遺伝決定論の神話にのっとれば、「進化した特定の行動が、遺伝的に規定されている」と主張することは、「その行動は今後も絶対に存在しつづけるし、人間はその行動を、避けられないものとして受け入れなければならない」と主張しているのと同列だということになる。つまり、「その行動は存在しつづけるべきだ」と主張しているに等しい、というのだ。もし進化学者たちがほんとうにそのような立場をとっているのであれば、たしかにその研究は、まったくの誤りだといえるだろう。だが実際には、進化学者たちは、遺伝決定論とも自然主義の誤謬ともまったく無関係なところで、主張を繰り広げている。（第I章をお読みいただければわかるように、本書を含めた）人間についての進化的研究の大多数には、「文化的あるいは社会的に学習される行動も含めた各個人のすべての特徴の発達（個体発生）や遺伝には、遺伝と環境が互いに関連し合いながら、等しい重要性をもって影響を与えている」という詳しい説明が含まれているのである。

至近要因と究極要因の混同

多くの社会科学者は、至近要因についての説明と、究極要因についての説明の区別を理解していない。それはおそらく、彼らが受けてきたトレーニングが至近要因（しかも、ごく限られた範囲の至近要因）についてのものにかぎられており、究極要因を問うことは、たとえあったとしても、ごく漠然とだけだったからだろう。これはべつだん、驚くべきことではない。究極要因を説明しようとするものとしては、系統だった進化的アプローチを除けば、超自然的な説明や、曖昧な群淘汰理論ぐらいしか見当たらないのだから（Palmer 1994）。

というわけで、究極要因という考えかたに不慣れな多くの社会科学者たちは、進化的な説明を、至近要因についてのものだと勘違いしている。そのせいでしばしば、「淘汰によって選び取られたからこそ、その行動は存在する」という究極的な理由についての仮説を、「行動が出現するためには学習が必要だ」という至近的な理由についての仮説を否定して、それに取って代わろうとするものだと受け取ってしまうのだ。

究極的な理由を無視しているせいで、社会科学者たちはまた、進化的見地から見れば明らかに間違いだとわかるような至近要因の数々を、いまだに信じる結果にもなっている。つまり、社会科学者たちによって提唱されている至近要因の多くは、進化の働きについて私たちが知っていることと照らし合わせれば、簡単に否定されてしまうのである。ハリスの主張する、パートナーの数についての男女共通の欲求なども、その一例だ。また、フロイトの提唱したエディプス・コンプレックスも、そのような近親相姦的な欲求を生み出す形質が進化の過程でどのような運命をたどるかに思いをいたせば、信じるに足りないものであることは明らかだろう（Thornhill and Thornhill 1987）。血縁の濃い相手とつがえば子孫の生存力は弱まるから、近親相姦が淘汰上有利になることはない。というわけでフロイトは、人間の心的適応から考えれば進化したはずのない特徴を、人間の本性の基礎に据えているのである。

至近要因と究極要因を混同しているせいで、「進化的説明では、繁殖についての意識的な意図が働くと考えている」という勘違いが起こることも多い。そのような勘違いをしている人たちは、進化理論では各個人を、それぞれの繁殖成功度を最高に導く主体というよりも、適応が生じた結果だと考えていることを理解していないのだろう（Tooby and Cosmides 1992, p.54）。私たちの祖先の日常生活には、彼らを繁殖の成功に駆り立てる上で飴と鞭として働く出来事がたくさんあったが、だからといって、過去においても現在においても、各個人が自分の行動の結果を意識している必要はなかったのである。アレグザンダー（1979）、やドーキンス（1986）をはじめとする進化学者たちが強調しているとおり、私たちは、現在の自分の奮闘が過去の各個人の繁殖行動の違いを反映していることを理解するようには進化していない。それがわかるのは、進化生物学の知見によってのみなのだ。

　究極要因という考えかたに不慣れな多くの社会科学者たちはまた、「適応というのは、現在も繁殖成功度を増すような特徴でなければならない」と考えがちである。というわけで、彼らはしばしば、「現代において繁殖上の有利さが認められない以上、適応とはいえない」と主張する。そしてさらに、それを根拠として、「だから進化的な考えは正しくない」とまで言いつのるのである。そのような論法で、「この特徴が現代の環境下で繁殖成功度を増すことはないから、これは適応ではない」と断じた例は、枚挙にいとまがない。たとえばタング＝マーティーニズ（1997, p.140）も、「アリストトゥル・オナシスとジャクリーヌ・ケネディの結婚は、金持ちで地位の高い男性が年下の女性をひきつけた好例である」というライト（1994）の主張を、「二人のあいだに子どもはいない。オナシスの富がジャッキーの繁殖成功度に寄与したとは考えられない」と述べて、厳しく批判している[3]。

それと同じように、「現代の米国をはじめとする社会で、レイプが繁殖成功度を大幅に増すとは考えられないから、レイプについての進化的分析は誤りだ」という批判を、私たちはこれまでいやというほど浴びてきた。だがそんな私たちも、人類のレイプを進化的見地から説明した論文を初めて発表しようとした時、ある有名な生物学雑誌（〈アニマル・ビヘイヴィア〉誌）の編集者まで同じ言葉を口にしたのには、心底驚いた。おそらくその編集者は、レイプが現代社会でどのような繁殖成功度の増大をもたらすかのデータが私たちの論文に含まれていないのが、気に入らなかったのだろう。彼はたぶん、「人間の進化の歴史のなかでレイプが人間の繁殖成功度を増してきたという仮説には、今もなおそのとおりだというデータが不可欠だ」という、間違った考えを抱いていたのである。

レイプによる妊娠についての、前章での私たちの説明（すなわち、防衛策として女性が進化させた、受精を防ぐための適応があり、レイプはそれらの防衛策をかいくぐって妊娠に至ろうとするものだという説明）からもわかるように、男女の共進化レースは今もつづいており、今後男女どちらが優位に立つかは、一概にはいえない（Parker 1979; Clutton-Brock and Parker 1995）。だが、レイプに対抗して女性がひそかに進化させている〝種馬淘汰《たねうま》〟のための諸適応も、レイプによる妊娠や出産を完全に防ぐまでには至っていないという研究結果を見るかぎり、人間のレイプ犯たちはまだまだ、簡単には共進化ゲームから撤退する気配はなさそうだ。

究極的な要因についてよく理解していないことから生まれる誤解には、「進化学者たちは、生物のすべての特徴を適応だと考えている」というものもある。たとえばソーク（1997,p.110）も、「社会生物学や進化心理学の最大の弱点は、すべての行動が適応だと考えることである」と述べている。[4] だが実際には、すでに述べたように、一九六六年というごく早い時期にジョージ・ウィリアムズが、「適応とその偶然の副産物とを区別することこそが、適応研究の主目的である」と述べている。

これに関連した誤解として、「進化的な説明は同語反復である」という批判もある。仮に進化的な説明が、「その特徴が現に存在していること自体が、自然淘汰や性淘汰がその特徴を直接デザインしたことの十分な証拠である」と主張しているのであれば、そうした批判もうなずける。だが実際には、そのような主張をしているわけではない。同じように誤解に満ちた批判として、「進化的な説明は、都合のよいつじつま合わせだ」（Gould and Lewontin 1979; Avise 1998）というものもある。つまり進化学者は、それぞれの特徴についての進化上の機能を、疑うことなく受け入れてしまっているというのだ。だが、進化理論の最大の強みは、検証可能ないくつもの選択肢（適応の機能の究極要因についての諸仮説）を提供し、さらには、生物体の所与の側面がはたして（他の適応の副産物や、遺伝的浮動の産物ではなく）ほんとうに適応なのかどうか、突然変異と淘汰のバランスによって説明できるのかどうかを決定する手がかりも与える、という点にある。

人間の行動には究極的な要因があるということを多くの社会科学者が理解しようとしない理由としては、進化によって人間にもたらされた、ある思い込みも関係しているのかもしれない（Pinker 1997）。他の人々がどう行動するかを読み取る能力が、人間にはこれまでの自然淘汰によって進化している。そしてその結果、現代人は、相手の表情やからだの動きをもとに、その人の至近的な動機や感情的反応を推測する達人になっている（Humphrey 1980; Pinker 1997）。そのような推測に長《た》けていることから、一部の人たちが、自分は人間のあらゆる行動や心理状態について正しく説明できると思い込んでしまう可能性がある。そのような状態の人に、レイプや児童虐待や人間の道徳的な行動についての進化的説明をしても、聞き入れようとはしないだろう。それとは対照的に、自分には詳しい知識がないと思っていることがら（たとえば物理学の〝対称性の破れの理論〟〔素粒子物理学の標準理論を補う新理論〕など）には、人々は大きな敬意をはらう。この差は、現象や理論の複雑さや広範さの違いによるものではない。なぜなら進化理論は、あらゆる科学のなかでも最も複雑で最も広範な現象を取り扱うものなのだから（たとえばDawkins 1986を参照）。おそらくは、人間の行動の理由については熟知しているという、進化によってもたらされた思い込みが、「自分は人間の至近的な動機について、専門家にも負けない知識をもっている」という誤解を生んでしまうのだろう。

また、人間の行動や心理に関する科学的な考察に関しては、よく吟味しないで否定してしまう人が多いことには、「自分の信念やイデオロギーこそが、モラルに合ったものだと思いたい」という気持ちも働いているのかもしれない。さらには、なにかというと特定のイデオロギー集団への所属を表明して、それ以外の集団を否定したがるのは、多くの人に共通した特質である。

イデオロギーへの脅威と思われるもの

進化学的立場に反対する主張の多くは、イデオロギーに立脚している。マルクス主義者のなかには、人間の行動に関する進化的説明をわざと曲解して、現体制を擁護し改革に反対する原理だと批判する人たちがいる。また、女性への抑圧に終止符を打つことを政治的信条にしている人たちのなかには、男女の違いを説明しようとする進化学者に対して、「それでは、男女同権は自然でないから良くないというのか？ 男女差は遺伝的に決定されているから、男女同権は不可能だというのか？」と詰め寄る人もいる。「進化的な説明は、ものごとを過度に単純化する還元主義であり、悪しき科学だ」と断じる人たちのなかにも、イデオロギーが潜んでいるものと考えられる。

〝還元主義〟という言葉は、アカデミズムのいくつかの領域では卑俗なものとみなされがちだが、じつのところ、あらゆる科学に不可欠な要素だといえる。すべての科学的仮説は、複雑で広範なものを、経験的、実証的に操作可能な各部分に単純化することで、自然を解明することをめざしている（Williams 1985; Wilson 1998）。そのような手続きによって発見が生み出されることは、さまざまな学問分野の知見によって実証されている。還元主義を否定的にとらえる傾向は、ある考えによって自分のイデオロギー的立場が脅かされたと感じた時に、顕著にあらわれてくるようだ（Lewontin et al. 1984; Rose 1998）。

最近になって進化理論に戦いを挑みはじめたもう一つのイデオロギーには、〝ポストモダニズム〟という曖昧な名前がついている。その運動は、さまざまな考えかたについて、なんの検閲も行なわず、その価値を見極めたり批判したりもしないというリベラルな姿勢を根底に据えており、自らを、典型的な各種のイデオロギー——なかでもとりわけ、西洋社会のイデオロギー——に含まれがちな全体主義に対抗するものだと位置づけている（Murphey 1992; Wilson 1998）。そのようなポストモダニストたちにとっては、（進化理論に基づいて生み出されたものをはじめとする）この世界に関する科学的発見も、文学や神学、あるいは天地創造神話以上の精密さや正しさをもつものではない。こうした立場は、ある種の偏《かたよ》った考えを人々に信じこませるのには役立つかもしれないが、知識を蓄積していくという点では妨げになる。

地位や、利他主義者としての世評への脅威

進化的アプローチは、人間の行動についての伝統的な研究で用いられてきた手法を脅かすものであるため、非進化的なアプローチで社会的成功をおさめ、地位を得た人たちにとっては、大き

な脅威となる。そしてその点が、多くの社会科学者たちの進化理論に対する抵抗を激しくしている。彼らにとっては、進化的アプローチを受け入れてしまえば、これまでの自分のアプローチが正しくなかったと認めることになるからだ。さらに、それを認めれば彼らは、専門家としての地位から転げ落ち、ただの初心者になってしまう。

だが、進化理論への抵抗が強いもう一つの理由は、「人間は利他主義者らしく振る舞うように進化してきている（Alexander 1987; Nowak and Sigmund 1998）」という事実にもあるように思われる。そうした振る舞いには、アレグザンダー（1987）が〝間接互恵性〟と呼ぶ要素が含まれている。つまり、そのように振る舞うことで人間は、協力的な人だという評判やイメージを得ることができるのである。ここでいう〝間接〟とは、利他的な各個人に対する見返りが、助けられる相手本人からよりもむしろ、周囲でそれを見ている人たちから与えられるという意味である。直接的な互恵性の場合には、見返りは、助けられる相手本人から直接に与えられる。各個人が社会の良き一員であると認められるためには、不特定多数の人々、そしてしばしば人類一般に対して、心を配っていることを示すような利他的な振る舞いをしてみせることが不可欠となる。そんななかで、「利他的な行動は、過去においてそれがその個体の繁殖成功度に寄与した場合にのみ、自然淘汰によって選び取られてきた」などという現代進化理論の前提を受け入れていることを表明すれば、自らの社会戦略が損なわれてしまいかねない。というわけで、本書の共著者である私たちは、人々が自分を、道徳的で博愛的な人間であり、互恵的協力関係のなかで有益な人物だと思わせるように振る舞いたがることが、「利他主義が進化したのは、そう振る舞う本人に繁殖上のメリットがあったからだ」という生物学的発見についてこんなにも激しい論争が巻き起こる、いちばんの理由ではないかと考えている。さらには、「人間は集団の利益となる行動をとるように進化した」というウィン＝エドワーズの群淘汰理論が多くの社会科学者や初期の生物学者たちによって支持され、そのような適応の進化を否定するデータやそのデータを説明する理論が山のようにたくさん生まれている今でもなお[5]、そうした考えを抱きつづける生物学者がいる（Wilson and Sober 1994; Sober and Wilson 1998）至近的な理由も、そのあたりにあるのかもしれない。

地位や世評に対するこのような脅威は、「おそらく現代社会で最もよく知られている進化学者は、人間の行動を説明する際に進化理論の原理を適用することへの、最大の批判者でもある」というパラドクスを説明する上でも、役立つかもしれない。その人、スティーヴン・ジェイ・グールドは、生物学者であるエドワード・O・ウィルソンの著書『社会生物学1−5（Sociobiology 1975 伊藤嘉昭監訳、新思索社）』が出版されて以来、進化的説明を人間の行動に適用することに対する批判を開始した[6]。そして、「今なお変わることなく、大勢の一般聴衆を相手に、彼の同僚の進化生物学者たちがとっくの昔に（中略）検証し、批判し、捨て去った主張を繰り返している（Alcock 1998, p.3）」。これを私たちがパラドクスと呼ぶのは、グールドが明らかに、至近要因の説明と究極要因の説明の違いをちゃんと理解し、進化的説明が遺伝決定論を意味するものではないことも、自然主義の誤謬はあくまでも誤謬であることも、よく理解している人物だからだ。その証拠に彼は、「あらゆる科学者、あらゆる知的な人々は、人間の社会的行動が複雑なものであり、生物学的（すなわち〝遺伝的〟）および社会的な諸影響力の、不可分な混合体であることを知っている（Gould 1987, p.113）」あるいは、「人間の道徳性の基礎として働く知恵を自然が自動的に与えられるわけではない（同上 p.225）」といったことを述べている。というわけで彼は、男女差に関する社会生物学的説明を遺伝決定論に基づくものだと揶揄したり、「通俗的な（社会生物学の）著作には、「男性は、攻撃的かつ断定的で、乱交を好み、支配的である。それに対して女性は、遠慮がちで、セックスの相手を選び、忠誠心が強く、世話好きな傾向がある。こうした性差は、適応的であり、進化理論に合致し、遺伝によるもので、正しく、避けがたく、不変である（Gould 1987, p.36）」というような、社会政治的言辞が目につく」といった自然主義の誤謬を人々に吹き込んだりする際には、「自分が何をしているのかを、十分に承知している（Alcock 1998, p.6）」にちがいないのである。

グールドがこのように、進化生物学を誤った形で伝えていることに対しては、多くの進化生物学者が批判してきた(7)。なかでも特にデネット（1995）は、政治的イデオロギーが脅かされていると感じた際にグールドが進化的説明の信憑性をおとしめようとして用いてきた、無節操ともいえる戦術を細かく論じている。また、自分が確立した革新的な理論だとグールドが主張している内容のうちめぼしいものは、実際には、彼が攻撃対象としている種々の進化学的著作の定評ある部分と同じであることも、ドーキンス（1986）、デネット（1995）、ピンカー（1997）、ヴォーグとゴワティ（1997）ら全員によって指摘されている。[8] そしてなかには、もっと辛らつな批判をする者もいる。たとえばライト（1990）は、グールドの代表的な著作である『ワンダフル・ライフ――バージェス頁岩と生物進化の物語（*Wonderful Life* 渡辺政隆訳、ハヤカワ文庫ＮＦ）』を取り上げた論文に、〈知性テスト〉という題名をつけている。ライトによれば、グールドは、そのテストに失格だというのだ。またメイナード・スミス（1995, p.46）もグールドの著作全般について、「グールドの著作について私が論じ合った進化生物学者たちは、彼の論旨は滅茶苦茶だからわざわざ反論するにもあたらない、と考えている者が多かった」と書いている。

（リチャード・ルウォンティンと共同執筆した）グールドの一九七九年の論文〈サン・マルコ寺院のスパンドレルとパングロシアン・パラダイム〉については、典型的な修辞学的論争が起きた。[9] グールドはその論文のなかで、自らの文学的才能を駆使して、彼のイメージする〝進化生物学〟を戯画化した。そしてそれは、事実や進化学の内容をよく知らなかったり、グールドの批判が自らのイデオロギーにぴったり合致したりした多くの人にとっては、きわめてもっともらしいものに見えた。多くの進化学者たちが、グールドとルウォンティンのこの悪名高い論文を科学的見地から批判したが、なかでも生物学者であるデイヴィッド・クウェラー（1995）の批評は、この論文がイデオロギーに基づいていることや、科学的知識というものを誤って伝えていることを、最も完璧かつ明確に述べている。

ところで、私たちがこのような〝グールド現象〟について細かく述べる目的は、グールドの提唱する科学を批判することでも、彼の想像力にあふれた創作の力をほめたたえることでもない。人間の行動に進化理論を適用することに対して今後あらわれてくるかもしれない批判者たちにはぜひ、進化理論が提唱する内容を拒絶する前に、自分自身がイデオロギーにとらわれていたり、地位や世評を脅かされると感じたりしているせいで考えかたが影響を受けていないか振り返ってほしいからこそ、やっているのだ。進化的アプローチに対する将来の批判者には、自分の感じている敵意のうちどのぐらいが、グールドのきわめて胡散臭い見解を直接的な根拠としているかも、よく考えてほしい。オルコック（1998, P.17）が書いているように、グールドが「好戦的な反適応主義的言辞を繰り返し述べているせいで、社会科学者たちが、進化生物学など無視してもかまわないと考えるようになっているだけでなく、進化科学に対する一般大衆の受け取りかたも、間違いなく影響を受けている」のだから。

イデオロギーに基づいて、「進化は、人間の行動や心理以外の、すべての生き物に関わる出来事だ」という立場をとっている一部の生物学者たちにとっては、グールドのアプローチは、とても魅力的だ。そのような奇妙な立場をとる人たちは、昔もいたし、今もいる。（チャールズ・ダーウィンと同時代の人で、ダーウィンとは別個に進化における自然淘汰の役割を発見した）A・R・ウォレスも、その一人だ。また、教皇ヨハネス・パウロ二世もその仲間に入るだろう。というのも、「進化理論が事実によって裏打ちされた理論であることを認める、教皇の最近の慎重な是認は、あくまでも身体的な領域についてのみのものである。なぜなら彼は、「心も生物界の影響力のもとに出来上がったと考える（中略）進化の理論は（中略）現実にそぐわないと述べているのだから」とフィールド（1998, p.296）も記しているからだ。

人間の行動だけは進化的分析から除外されるという〝前ダーウィン的〟主張――それを信じている生物学者は多い――は、人間の活動を説明したりそれについての新たな発見をしたりする上での進化理論の有効性を、多くの社会科学者たちが理解しようとしないことの理由の一つになっている。本書の共著者である私たちのうちのいっぽう（パーマー）は人類学科に勤務しており、もういっぽう（ソーンヒル）は生物学科に所属している。人間の行動や心理を扱う人類学の諸分野が進化生物学とはつねに袂《たもと》を分かってきたことから考えれば（Brown 1991）、人間の行動の進化に興味をもつパーマーが、同僚たちからいささか変わり者だと思われているのは驚くにあたらない。しかしソーンヒルのほうも、同じ生物学科の仲間から、そしてさらには、まぎれもない進化的見地に立って人間以外の動物の行動や心理を研究している生物学者たちからも、批判を浴びせられるのだ。そうした批判者のなかには、「人間についての研究は、生物学科で行なわれるべきではない」とか、「人間の行動についての論文は、人間以外の動物の行動についての学会では取り上げないほうがいい」などと言う人たちもいる。

レイプに関する進化的説明への反対

これまで述べてきたような進化理論に対する誤解の全部が、レイプに関する初期の進化論的分析――W・シールズとL・シールズ（1983）、ソーンヒル（1980）、R・ソーンヒルとN・ソーンヒル（1983）、ティーセン（1983/1986）など――には降り注いだ（なかでもとりわけ、Baron 1985; Dusek 1984; Fausto-Sterling 1985; Kitcher 1985; Sunday and Tobach 1985を参照されたい）。これらの論文に反対する主張のすべての根底には、自然主義の誤謬があった。反対者たちは、「進化的アプローチは、レイプを正当化するものだ」と断じたのである。

ごく初期の論文（Thornhill 1980）を批判するなかでゴワティ（1982）やハーディング（1985）は、「この論文中では進化的機能を含めて〝レイプ〟を定義しているが、そうした定義は、この用語が人間についての出来事に関して一般的に用いられるのとは、異なるものである」といったことを述べている。しかしながら、定義に進化的要素を含めているからといって、その著者が、レイプは進化によってもたらされた自然なものであることを根拠にそれを正当化しようとする隠れた意図をもっていると考えるべき合理的な理由は、どこにもない。実際、進化生物学者たちは、ある行動（たとえば、縁者びいきや互恵性、利己性、配偶者選び、乱交など）を最初に定義する際には、進化的見地からの説明を用いることが多い。さらには、イデオロギー的理由からレイプについての研究すべてに反対するわけではない人のなかにも、進化的機能と思われる内容も含めた〝定義〟をする者は少なくない。たとえばごく最近、Ｂ・スマッツとＲ・スマッツ（1993, p.2）も性的強要を、「男性による、実際の暴力や、暴力を振るうぞという脅しが、コストがあるにもかかわらず相手の女性が妊娠の可能性のある時期にセックスを承知する機会を増し、彼女が他の男性と交わる機会を減らす機能を果たすこと」と〝定義〟している。[10] 女性の妊娠の可能性には言及せずに性的強要を定義してもいいのに、スマッツらが敢えてこのように記述したのは明らかに、〝性的強要〟の定義に進化的仮説をつけ加える意図があったからだ。しかしもちろん彼らも、レイプを道徳的に正当化しているわけではない。

「人間以外の動物にもレイプはある」という主張に対する、明らかに正しくない反論には、自然主義の誤謬が、さらに明確な形であらわれている。多くの社会科学者たちは、人類のレイプに関する進化的アプローチを批判する際に、「獣や昆虫の行動からの無謀な類推（Polaschek et al. 1997）」だという主張を持ち出す。[11] しかしながら生物学者たちは通常、人間以外の動物、なかでも昆虫についての発見が、ホモ・サピエンスを理解する上でもそのままあてはまると考えるほど単純ではない。それなのにこうした批判者たちは、まるで私たちが、「他の動物にもレイプがあるから、人間のレイプも自然で正当なものだ」と主張しているかのように言う。たとえばバロン（1985, p.273）も、「植物や動物にも広くレイプが見られるという主張は、レイプの重大性を矮小化し、それに化粧張りをほどこして、正当化するもののように思える」と述べているが、[12] これなど、純然たる自然主義の誤謬といえるだろう。

自然主義の誤謬があくまでも誤謬であることを理解している人にとっては不合理きわまりなく思えることだが、レイプを〝正当化〟することへの恐れから、進化的説明に反対する多くの批判者が、レイプは人間だけのものだと考えようとする。(Burns et al. 1980; Estep and Bruce 1981; Gowaty 1982; Hilton 1982; McKinney and Stolen 1982; Dusek 1984; Baron 1985; Blackman 1985; Harding 1985; Kitcher 1985; Sunday 1985; Tang-Martinez 1996など)これまで数多くの批判者たちが、レイプは人間だけにしかないという意味をこめて、「どのような状況下においても、人間以外の生き物については〝レイプ〟という言葉を使うべきではない」と強硬に主張してきた。しかし現実には、この言葉を聞いて多くの人が最初に思い浮かべるのが人間についての例ではあるにせよ、それを人間以外にあてはめてはいけない理由はない。たとえば〝セックス〟という言葉にしても、それを聞いて多くの人が最初に思い浮かべるのは人間のことだろうが、それとともに他の生き物についても、この言葉はごく日常的に誤解なく用いられている。(一部の人が、人間以外の生き物のレイプについてはこう表現すべきだと主張している)〝暴力的に強要された交尾〟という言葉は、レイプの定義としてはふさわしくない。なぜなら、多くのレイプは暴力の脅しを伴うだけで実際の暴力を含んではいないし、同じ行動なのに人間の場合とそれ以外の場合で違う名前をつけるのは、無用の混乱を招くだけだからだ。そのうえ、レイプは人間独自のものだと定義してしまうと、人間のレイプの要因について参考になるかもしれない、それ以外の生き物たちの行動を、最初から除外して考えることになってしまう。実際、要因を理解する上で生物学の基本的な手段となっている比較分析の重要性を、そうした限定的な定義は否定することになってしまうのだ（Crawford and Galdikas 1986; Palmer 1989b）[13]。

先にあげた多くの批判者たちは、「いくつかの種におけるレイプは、進化によって生じた適応かもしれない」という仮説に対しても、激しい攻撃を加えている。明らかに彼らは、「もしレイプが〝自然〟淘汰によって選び取られたのなら、それは〝自然〟なものであり、したがって良いものであるか、少なくとも存在を許されるものになってしまう」と思い込んでいるのだ。彼らの論調からは、進化生物学における〝適応〟がどういう意味なのかを、まったく理解していないことがうかがえる。たとえばそうした批判者のなかには、「レイプが原因で妊娠する率は比較的低いことから、レイプは人間に生じた適応とは考えられない」といった主張をする人たちがいる（Dusek 1984; Harding 1985; Sunday 1985）。こうした主張は、現代において繁殖成功度を増さなければ適応ではないと考えている点で、間違っている。そしてさらに、レイプによる妊娠や出産が比較的少ないという理由でレイプは適応ではないと結論づけるなら、同じ理由で男性の射精も適応ではないと結論しなければならないことを、すっかり忘れている（Palmer 1991）。しかも、繁殖成功度を増す度合が、それに代替する形質と比べてかなり小さい（たとえば一％程度）と思われる形質でも、淘汰による進化の働きでごく短期間のうちに遺伝子頻度を増すことがある（Bell 1997）のを忘れてはならない。

批判者たちの攻撃は、レイプの発生に関して性的動機づけが果たす役割についても集中する。ここでもまた、(「もしレイプが性的に動機づけられているのなら、それは自然であり良いものである」という)自然主義の誤謬と、(「もしレイプが〃生物学的な〃性的行為であるのなら、それは避けることができない」という)遺伝決定論が結びついて、至近要因と究極要因の混同が起こっている。たとえばデューゼック(1984, p.10)も、「レイプはもともと繁殖のための〃戦略〃であり、暴力行為というよりは性的行為であるという社会生物学の主張は、レイプ撲滅運動の教育的試みの価値を無にするものだ」と述べている。レイプの動機(至近要因)として性欲がなんらかの役割を果たしているか否かということは、実際、現実のさまざまな場面に影響を及ぼす重大な問いである。しかしながらそれは、レイプそれ自体が適応なのか、はたまた他の適応の副産物なのかという問いとは別物だ。

レイプについての典型的な社会科学の著述から引用したつぎの文章は、自然主義の誤謬、遺伝決定論の神話、究極要因についての説明と至近要因についての説明の混同、学習による行動と遺伝による行動という誤った二分法、究極要因についての説明には現代における繁殖成功度への効果が含まれていなければならないという誤解、のすべてを兼ね備えている——

そのような理論の一つが、レイプに関する社会生物学の考えかただ。この理論にはきわめて厭《いと》わしい社会的な意味合いが含まれているにもかかわらず、十年ほど前から、西洋社会において、特に昔ながらの家父長的な考えをもつ人たちを中心に、多くの信奉者を集めてきた。（中略）社会生物学者たちは、進化的観点から、実質上レイプを正当化する考えかたを広めている。彼らの主張によれば、レイプは単に、社会的剥奪状態の男性がセックス・パートナーとしての女性と接触し、自らの遺伝子を後世に残すための方法の一つだというのだ。しかしながら、レイプ犯は自分ではコントロールできない遺伝的な力によって突き動かされているのだと示唆することは、とうてい容認できない。（中略）（訴えられたり逮捕されたりした以外にも事件は起きていることを考え合わせても）レイプをおかす男性は少数派であること、しかもそうした男性も逃亡の見込みが大きそうな時にしかレイプに走らないことから考えて、レイプは明らかに学習されたものであり、遺伝子によるものではない（Marshall and Barrett 1990, pp.105-106）。

まとめ

ウィルソンら（1997, p.433）が述べているように、「生物の複雑な機能を作り上げるものとして現在までに知られているのはダーウィンの提唱した進化のみであり、生物学者がそれ以外の要因の存在を考える理由はない」。もはや社会科学者たちも、そのことを認めないですますわけにはいかないのだ。そしてまた、進化に関する私たちの知識――なかでも特に、人間の社会生活（セックス、縁者びいき、互恵主義など）と関連した適応の進化についての知識――が、「個体レベルの淘汰が最大の影響力をもつ」という生物学における知的な大変革の結果、過去三十五年間のあいだに劇的に増大したことを、彼らが認めないですますことも許されない。

自然主義の誤謬に基づいてイデオロギー的見地から進化理論を否定することは、もはやとうてい容認されるものではない。進化的説明に対していまだに自然主義の誤謬に根ざした批判を展開するような研究者は、あまりに学識がないという理由で免職にすべきだということは、これまでいやというほど繰り返し指摘されてきた。

人間の行動について進化的分析を行なうことを拒絶する生物学恐怖症は、知識の蓄積を妨げるだけでなく、知識に欠落を生じさせるという点でも、大きな知的災厄だといえる。社会科学やアカデミックな女性学がこれまでレイプについて行なってきた研究が、往々にして科学的に正しくなかったり逆効果だったりしたのはまさしく、レイプについての現代理論生物学の知見を嫌悪してきたためなのである。

Ⅵ　レイプに関する社会科学の説明

ジェレイマ・タング＝マーティーニズがいみじくも述べた〝フェミニスト的心理社会学分析（1997, P.122）〟という言葉は、この二十五年間、社会科学がレイプについてどのような説明を行なってきたかを端的にあらわしている。その説明は、過去百年近く社会科学の基盤となってきた〝学習理論〟に、フェミニズムの主張がつけ加わってできたものだ。しかしこの呼称は少々呼びにくいので、私たちはそれを、〝社会科学的説明〟と呼ぶことにする。

本書で私たちが社会科学者たちと呼ぶのは、その〝研究〟が、科学よりもむしろ、イデオロギーの影響を受けた社会的主張に基づいている人たちのことだ。フェミニズムについては、ゴワティ（1992, P.218）による、「性差別主義者による抑圧を終わらせようとする運動」という定義を採用したい。

私たちがこれから批判しようとしている考えかたについて、「その一部は、レイプを研究する社会科学者たち自身、もうすでに捨て去っているよ」と忠告してくれる人もいる。しかし私たちは、そのような言葉を信じない。なぜなら、レイプについての最近の文献にもそのような考えかたが繰り返し登場しているし、そう忠告する本人たちでさえ、そうした考えかたを反映した主張をいまだに繰り広げているのだから（Palmer et al. 1999）。したがって私たちは今なお、〝社会科学的説明〟という呼び名は、きわめて妥当なものだと確信している。

学習理論

レイプに対する社会科学のアプローチは、学習理論に基づいている。学習理論とは、「文化は、生物学的に規定されていない存在であり、〝学習〟という強力なプロセスを介して、人間の男性および女性の行動や欲求を生み出す」という主張である。[1] つまり、男性がレイプを学習しないかぎり、レイプは起こらないということだ。多くの社会科学者が科学的規範にほとんど注意をはらわない理由の一つは、この〝学習理論〟自体がきわめて形而上学的で難解、微妙なものであり、レイプに関する学習理論のなかにじつは含まれている進化的仮定に表立って言及すると、学習理論本体が危うくなりかねないからである。

学習理論が極端な形をとると、文化人類学者クリフォード・ギアーツの、つぎのような主張になる——「われわれの思考も、価値観も、行為も、そして感情でさえも、神経系自体と同様に、文化の産物である（Ehrenreich and McIntosh 1997からの引用）」。というわけで、学習理論の提唱者たちが自らのことを科学者と呼び、その大多数が、「自分は進化の概念を受け入れている」と主張しているにもかかわらず、じつのところ学習理論は、宗教ととてもよく似た面をたくさんもっている。実際、学習理論は人類の行動全般について、超自然的な（あるいは、少なくとも〝超有機的な〟）〝創造者〟、すなわち文化を想定していることから、〝現世的天地創造説（Ehrenreich and McIntosh 1997）〟とさえ呼ばれているほどだ。学習理論と宗教のもう一つの類似は、その〝創造者〟がしばしば、恣意的な環境体験を通じて、（〝学習〟という）とても神秘的な方法で働き、人間の脳や行動を形成すると主張される点である。(2)

「レイプはセックスではない」

このような学習理論の一般的な枠組みに、多くのフェミニスト社会科学者たちが、「性的強要の動機は支配欲であり、性欲ではない」という主張をつけ加えた（Stock 1991, p.61）。そしてその結果、男性による支配が以前にも増して、フェミニストたちの攻撃目標になったのである。こうした考えかたをごく初期に提唱したのは、ミレット（1971）、グリフィン（1971）、グリアー（1970）である。そして、ブラウンミラーの著書『レイプ・踏みにじられた意思』（*Against Our Will: Men, Women, and Rape* 1975 幾島幸子訳、勁草書房）によってそれが広められるとたちまち、レイプに関する社会科学的説明の中心教義になった。つまり、ワーナー（1980, p.94）が記しているように、「「レイプは本来、性犯罪ではなく暴力犯罪だ」という考えかたは今や、犯罪学者、心理学者、そのほか、レイプ犯やレイプ被害者を相手に働く専門家たちのあいだで広く受け入れられている」という事態になったのである。さらには、「レイプは男性のセクシュアリティとは無関係な、政治的行為である（Symons 1979, p.104）」という主張が、「フェミニズム理論の中心（Sanders 1980, p.22）」にもなった。実際、一九八〇年代半ばまでには、レイプは「女性抑圧の最大のシンボル（Schwendinger and Schwendinger 1985, p.93）」になっていた。このようにして、レイプに関する説明と政治的イデオロギーが縒り合わされた結果、自然主義の誤謬が生まれ、それが、レイプに関する社会科学的研究に大きな影響を与えたのである。

レイプの動機は支配欲だというフェミニズムの主張と学習理論が合体したことで、「レイプの要因は、男性が支配的であれという教育を受ける（すなわち、女性をレイプしろと教えられる）家父長的な諸文化にある」という考えかたが生まれた。たとえばストック（1991, p.61）は、「フェミニスト的学習理論のアプローチ(3)によれば、性的強要は支配欲によって動機づけられたもので、男性支配のシステムを擁護するものだと定義される」と述べている。ソレンソンとホワイト（1992, p.3）も、「家父長制が、態度や信念、女性の役割、男性の役割、男女の関係を形成し、最終的には、女性に対する暴力の諸形態を決定する」と記す。というわけでレイプは、以下のような理由から、たとえば米国のような文化で生じやすいということになる――

男性の性的役割が社会化されるためには、男性は自らの性的感受性を、愛や尊敬や親しみへの欲求から切り離さねばならない。（中略）男性は子どものころから、誰かの面倒を見たり、敬意をはらったり、愛情を注いだりすることと、性欲を切り離すよう訓練される。そして、そのような訓練の結果の一つとして、男性の多くは、女性を一人の人間としてではなく、単なる性的対象として見るようになる。（中略）（そのような男性の性的役割の社会化は）男性をレイプに向かわせがちだ。仮に女性のほうが男性より身体的に強かったとしても、女性が男性をレイプする事例がたくさん生まれていたかどうかは、きわめて疑問である。なぜなら女性の性的役割の社会化は、セックスと愛を一体化し、パートナーが何を望んでいるかを敏感に察知するよう仕向けるものだからだ（Russell 1984, pp.119-120）。

このような、〝レイプはセックスではない〟式の理論は現在もなお、侮れない影響力をもちつづけている。その典型的な例をマーフィー（1992, p.18）は、マスコミのなかに見出す。〈シカゴ・トリビューン〉紙を中心に全国的に活躍するコラムニストのジョアン・ベックが、一九九一年四月に平然と、「今でもまだ、レイプは性的熱情が引き起こす犯罪だなどという間違った考えが残っているのなら、一刻も早く、そんな考えのど真ん中に杭を打ち込んで、とどめをさしてしまうことだ」と書いているのだ。ジョーンズ（1990, pp.64-65）も、ブラウンミラーの『レイプ・踏みにじられた意思』を、女性に対する性的あるいは身体的な暴力はけっして〝性的〟なものではなく、単なる暴力であるということをフェミニストたちに教えた本として、大いに賞賛している(4)。サンデー（1990, p.10）も、レイプの際の「性的行為は、性的満足を得るためのものではなく、ペニスを男性の社会的支配力の具体的なシンボルとして行使するためのものである」と書いているし、ドーナットとデミリオ（1992, p.15）も一九六〇年代のフェミニストたちについて、「レイプは性的行為ではなく、暴力行為だと考えられていた」と記している。ホワイトとファーマー（1992, p.47）は、「フェミニストたちは（中略）一般的に、性的暴行に生物学的な性的動機が関与している可能性はひじょうに低いと考えている」と記し、モリス（1987, p.128）も、「フェミニストの著者たちの大半は、（中略）レイプは暴力行為だとみなして、その中心的要素は力の行使と身体的強要だと主張する」と書く。

社会科学のこうした考えかたが根強く人々を惑わせていることを、つぎの引用も指摘している(5)

ブラウンミラーをはじめとするフェミニズムの理論家たちが現代の研究者たちの思考に与えた影響は、はかりしれない。多くの研究者たちが、必ずしもきちんと検証しないままに、レイプは女性への支配力を行使するものだというフェミニズムの仮定を取り入れてしまっている

(Sorenson and White 1992, pp.3-4)。

「レイプが性犯罪ではなく暴力犯罪だということは、ブラウンミラーの『レイプ・踏みにじられた意思』によって明確に確立された（Buchwald et al. 1993, p.1）」というのが、フェミニストによるレイプ研究の大半の、出発点になっている。なぜならその著書は、「レイプに関するフェミニスト学者たちの要石《かなめいし》だと考えられている（Ward 1995, p.19）」からだ。一九九二年にはスーザン・ブラウンミラー自身が、一九七〇年代に自分が広めた〝フェミニスト的〟考えかたについて説明している――「レイプに関するフェミニスト理論の中心は、男性の優位性や支配力を示すために女性に対して行なわれる暴力犯罪として、レイプを位置づけたことにある（Brownmiller and Mehrhof 1992, p.382）」。デイヴィス（1997, p.133）も、「レイプは性的行為ではなく支配行為だ」ということがフェミニストの論点だと述べている。ポラーシェックら（1997, p.128）もまた、フェミニスト理論はレイプの主たる動機を男性の支配欲だと考えていると述べ、「レイプの動機を性的なものだと考え、それに伴う攻撃や支配行動は目的ではなく手段であるとする進化理論は、フェミニスト理論とも、（中略）さらに広範囲の学習理論とも、大きく異なる」と書いている。

こうした〝レイプはセックスではない〟式の説明が今でもフェミニストたちのあいだでは一般的であり、レイプについての彼らの著作を席巻していることは、すべてのフェミニストがそれを支持しているわけではないと指摘する何人かの人々が認めている。たとえばミューレンハードら（1996, p.129）は、「一般的にいって（中略）フェミニスト理論は、レイプ被害者や女性全般に対する支配こそが目的だということを、ひどく強調してきた」と書く。

しかも、〝レイプはセックスではない〟式の説明に賛同していないように思われる少数派のフェミニストたちについても、ほんとうに彼らがその説明に不賛成かどうかは、明確ではない。たとえば、一般に〝ラジカルフェミニスト〟として知られる一派は一見、レイプ犯の動機は性的なものではないという仮定に賛同していないように見える（たとえばMacKinnon 1983, 1987, 1990, 1993; Dworkin 1989, 1990を参照）。しかし、それらの社会構築主義者はそれと同時に、「男性支配が世界のリアリティを生み出している（MacKinnon 1989, p.125）」とか、「セックスは、性差別主義者が生み出した社会的構築物である（同上 p.140）」などと主張する。つまり、「セックスは（中略）とりわけ男性の支配力をもたらすものとして生み出されたものだ（Dworkin 1990, p.138）」というわけだ。このような社会構築主義者の観点からすれば、「セクシュアリティは（中略）一種の権力であり（MacKinnon 1989, p.113）」、「暴力とセックスは同一である（同上 p.134）」ということになる。(6) つまり彼らは、レイプは性的行為だと認めてはいるものの、それは、「セクシュアリティそのものが支配力の一形態である文化（Caputi 1993, p.7）」に私たちが暮らしているからだと主張しているのだ。実際、これらのフェミニストたちがセックスと暴力と支配力をすべて同一視している度合は、きわめて高い。たとえばマッキノン（1989, p.178）は、「フェミニスト的分析によれば、男性のこぶしによる暴行は、ペニスによる暴行と大きな差はない。それは、両方とも暴力だからではなく、両方とも性的なものだからだ」と述べている。つまり、これらの著者は実際には、レイプ犯の目的は暴力と支配だという見かたに反対の立場をとるどころか、支配と暴力はまさしく、レイプを行なう男性の目的であるだけでなく、レイプ以外のセックスを行なう男性の目的でもある、と主張しているわけだ。というわけで、これらのラジカルフェミニストたちは、レイプに対するブラウンミラーの考えかたが間違いだと論じるのではなく、「実際には、ブラウンミラーによるレイプの定義を性的行為全体にまで拡大したにすぎない（Podhoretz 1991, p.31）」。彼らの表現はたしかに、社会構築主義の文脈の外に取り出してみれば、〝レイプはセックスではない〟式の説明とは違うもののように見える。しかしもとの文脈に戻すと、レイプ犯は暴力と支配への欲求によって動機づけられているという、一般のフェミニストたちと同じ基本的な仮定を含むものになる。これらの著者の場合には、暴力も支配もセックスと同じものだと考えている点が異なるだけなのだ。

つまり、フェミニストのなかに、一般的なフェミニストの立場に反して「レイプはセックスだ」と主張する人たちがいたとしても、それは「社会的な意味合いでのセックスであり、生物学的な意味合いでのセックスではない。レイプ犯の目的は社会的なセックスであると、彼らは述べているにすぎないのだ（Bell 1991, p.88）」。しかも、そのような〝社会的なセックス〟がレイプ犯の目的となるのは、セックスが社会的に、支配や暴力と同じものとして構築されている場合のみだとされている。たとえばスカリーとマローラ（1995, p.66）は「レイプ犯から見れば、レイプには一部、性的な動機が含まれている」と述べているが、それは「彼らが、自分たちの文化においては、性的暴力には見返りがあると学習している」からだ、と強調もしている（同上 p.71）。ジャクソン（1995）も、レイプは性的なものだが、それは私たちの文化が、たまたまセックスを権力や攻撃性と同列に置くような〝性的台本〟を私たちに与えているからだと記す。つまり、ジャクソンの理論に従えば、もし人々に、セクシュアリティが「権力や攻撃性と結びついていない」ような〝性的台本〟が与えられていたとしたら、レイプはあり得ないということになる。こうした主張を裏づけようとしてジャクソンは、〝ニューギニア山岳地帯のアラペシュ族〟についてのマーガレット・ミード（1935）の描写を、「レイプの存在が知られていない社会の、最も有名な実例」として引用している。アラペシュ族の社会の「性的台本のなかには、レイプを生み出すような要素が含まれていない（同上 p.27）」というのだ。だが実際には、アラペシュ族にもレイプは頻繁に起こる——それについては後述しよう。

というわけで、ここまでさまざまな文献を振り返ってみた結果、「（たとえばMacKinnon 1989のように）いくらか違う面を強調する著者もいるものの、フェミニストの著者たちの大多数は、レイプやそれ以外の性的強要を、セクシュアリティによってではなく、女性に対する支配力を示したいという欲求によって動機づけられたものとして定義している」という、マラムス（1996, p.270）の結論が裏づけられたことになる。

レイプに関する社会科学的説明の欠陥

レイプに関する社会科学的説明には、つぎの五つの大きな欠陥がある――

・人間の本性に関する仮定が、進化についての現代的知見にそぐわない。
・レイプは性的に動機づけられているのではないという主張が、それを疑う立場での分析には耐えられない議論に基づいている。
・立てられた予測が、人類のレイプについての比較文化的データに合わない。
・人間以外の種にもレイプが起こる理由を説明できない。
・科学的でない、形而上学的な主張に終始している。

そこで、これらの欠陥の一つひとつについて説明した上で、そのせいでレイプに関する社会科学理論に基づくデータがどれも、客観的な検証を欠く経験的なものにとどまっていることを示したいと思う。そしてさらには、科学的説明としてはそのように欠陥の多い社会科学的説明がいまだに受け入れられているのは、イデオロギーに支えられた懸念が人々にあるからだということも指摘したい。

進化理論との不整合性

人間の行動についての説明はすべて、人間の本性に関するなんらかの考えかたを含んでいる。なぜなら、心理学者のマーティン・デイリーとマーゴ・ウィルソン（1996, p.23）が指摘しているように、「社会学、経済学、政治学におけるあらゆる仮説は必然的に、その前提として、行為者たる個々の人間がどう考え、社会的、経済的、政治的な諸変数にどう影響されるかについての仮説を内包し、その仮説に基づいて構築されている」からだ。というわけで、ほとんどの社会科学者たちが、「自分は進化の概念を受け入れている」と言明している以上、人間の行動についての彼らの説明もすべて、その前提となる仮説として、進化の概念が内包されていなければならない。しかし、彼らの説明に含まれる仮説を明確化した時、それは、進化についての現代的知見に照らして正しいといえるのだろうか？　ひとつここで、レイプに関する社会科学的理論に含まれる、進化についての仮説を検証してみよう。

レイプに関する社会科学的理論に含まれている、最も基本となる前提は、「各個人の心は、その全部あるいは大部分が、社会化の結果として〝決定される〟」というものだ。これは、人間の本性はもともと、〝何も書かれていない石板《タブラ・ラサ》〟のような白紙状態であるという、古典的な考えかたに近いものがある。つまり、社会科学的理論では、生物体の諸側面は生物学的範疇に入るものとそうでないものに二分できるという誤った仮定に基づいて、人間の〝生物学的〟本性は、(性、愛、敬意、愛着など)ごく少数の基本的ニーズだけによって構成されていると考える。そしてそのような基本的なニーズが、文化に含まれている非生物学的実体が規定するままに結びついたり離れたりして、さまざまなものを生み出すと、とらえているのだ。実際、「人間のさまざまな欲望や感情も、文化がその存在を命じた時にのみあらわれる」という主張さえある。つまり、暴力行為はそれを教わらなければ生まれないし、性的魅力も、それが魅力的だと教わる環境にいなければ感じないというわけだ。さらには、「人間の男女の〝生物学的〟本質に違いはなく、同じ文化的教育を受ければ、同じように反応する」という主張もある。

しかし、このような考えかたは、人類の進化に関する現代の知見に照らしてみれば、明らかに間違っている。なぜなら、人間の学習や意思決定の心理メカニズムも淘汰によって形作られてきたものであることを見落としているからだ。〝文化〟が指示する対象は、感覚によって固定されるものにかぎられる。そうなると文化は、社会科学者たちが主張するような絶対的な影響力をもつものではなく、あるやりかたで相互作用しあう多数の個体の集まりにすぎないということになる。もしも各個人の心理や学習能力が個体レベルの淘汰の産物であるのなら、文化とは、お互いどうしの社会的競争に勝つようデザインされた個人の集積体だということになるのである(Alexander 1979; Cronk 1995; Flinn 1997)。人々は同盟を結んだり協力しあったりするかもしれないが、それは、そうした協力がこの競争において、各個人に有利な戦術となる場合にかぎられる。

人間の心理や文化も個体レベルの淘汰の産物であるという前提さえ理解できれば、人間の本性は白紙に近いものであり、文化によってどんなふうにでも変えられるという社会科学的な見かたが正しくないことは、以下のようないくつかの問いを投げかけることで、すぐに露呈する――社会科学的な説明のような本性をもった祖先の個体は、進化上、どのような運命をたどると考えられるか？　そうした個体は、もっと個別化された心理的諸適応をとげた個体たちとの繁殖上の競争のなかで、どんなふうにすごしていただろうか？　特に、（繁殖上の競争者を含む）他の個体たちから命じられたとおりに暴力行為を行なったりやめたりしていた個体は、進化の過程でどんな運命をたどっただろうか？　一般的に暴力行為のコストはとても高いので、そのような事態は競争者たちにとってこそ、きわめて大きな利益をもたらしたはずだ。なにしろ、言いなりになるライバルたちに、暴力行為の利益が低そうな時にはそれをしろと命じ、高そうな時にはそれをするなと命じさえすればよかったのだから。利益が小さいのに、ただ他の個体から言われたからというだけで暴力行為に及んだ雄は、現代の人間の祖先ではあり得ない。なぜなら、そんなことをしたら彼はたちまち、もっと個別化されたさまざまな心理メカニズムをもっていて、そのおかげでメリットがコストを上回る時だけ攻撃性を発揮する雄たちに、繁殖成功度の点で遅れをとってしまっただろうからだ。実際、他から攻撃を受けた際に、その対抗策として攻撃し返すのが得策かどうか、その損失と利益をはかる精密なデザインが、暴力行為に関して生物にそなわっていることを示す証拠はたくさんある。進化生物学者たちは、特にこの四半世紀にわたっては、広範囲の動物種における攻撃性の比較研究を集中的に行なってきた。そして、「攻撃性は淘汰によって進化した。そしてその結果、攻撃性は、その利益や損失に影響を与える推測可能な生態学的諸要因との関連で、条件に応じてパターン化されている」という進化的な考えかたに合致する、多くの証拠が見つかっている（たとえばElwood et al. 1998を参照）[7]。

同様に、信頼や愛情を食い物にするような他者との協力関係を、周囲の指示どおりに結んでしまうような個体も、繁殖成功度の点では劣ることになっただろう。利他主義や協力が繁殖成功度を増すのは、そうした態度が、遺伝子を共有する血縁者や、きちんと同じ態度で応えてくれる相手に向けられた時にかぎられるからだ（Trivers 1971）。〝文化〟が命じるままに、誰にでも親切に振る舞うような心理学的システムをもった個体は、たちまち競争者たちに置いていかれてしまう。というわけで、社会科学理論が提唱するような、きわめて可塑的な心をもった個体は、とうてい後世に子孫を残すことはできないのである。

また、教えられた対象に対してだけしか性欲のわかない個体にも、同じような運命が待ち受けている。性的魅力や性欲の引き金には、種、性別、年齢、健康状態など、多くの特定の要素がからんでいる（本書の第II章を参照）。男にせよ女にせよ、人類の進化の歴史のなかで、相手のそうした特徴に関係なく誰とでもセックスしたような個体は、後世に多くの子孫を残すことができなかった。また、男にせよ女にせよ、進化上の競争者たちに指図された相手とだけセックスするような個体の遺伝子もすぐに消え去ってしまっただろうから、そうした学習〝能力〟が進化するとは、とうてい考えられない。競争者たちは、繁殖力のない異性とのセックスだけを命じることによって、そうした個体の繁殖成功度を、たちまちゼロにできるのだから。

「人間の男女は、きわめて広範囲の異性を相手にできる性的適応をとげており、しかもその適応は、男女に共通したものだ」などという考えかたは、さらに信じがたい。人類の進化の歴史において、男性と女性は、パートナーをめぐる競争という点で、それぞれ大きく異なる淘汰上の課題に直面してきた。そしてその結果、女性と男性の性的心理は、それぞれ別個にデザインされたのである。社会科学的理論の提唱するような男性や女性は、男女で異なる性的課題をもっと効果的に解決できるような心理メカニズムをもつ競争者に、繁殖の点でたちまち遅れをとってしまうだろう。

レイプと性的動機

先に引用した諸文献からもわかるように、レイプに関する社会科学的理論は、「（力や支配や優越、および〔あるいは〕暴力への欲求といった）性的でない動機だけで、レイプ発生に関する必要にして十分な条件となる」という仮定に基づいている。だが、進化を無視し、究極要因についての説明を無視していることを除いて考えてみても、〝性〟に関するきわめて奇妙な定義を受け入れ、論理的思考を停止して彼らの主張を鵜呑みにし、あらゆる懐疑主義を捨てて彼らの持ち出す証拠をまるごと信じないかぎり、そのような仮定はとうてい承服できない。パーマー（1988a）およびパーマーら（1999）も指摘しているが、先に引用した文献が示すとおり、社会科学者の多くが現在でも、「性欲はレイプの動機の十分条件でないだけでなく、必要条件ですらない」という意味のことを述べている。レイプに関する社会科学的説明の中心に居座っているこのような考えかたは、レイプを防ぐために各個人がどうすればいいかという方策を考える際にも、その根拠とされることがほとんどだ。

たしかに、人間のどのような行動に関しても、さまざまな動機が絡まり合って関係している。個々のレイプ犯を取り上げてみれば、以前セックスしようと誘ったのに拒否された女性に対する復讐の念からだったり、自分の母親に対する憎しみのせいで特定の女性や女性一般を辱めたり苦しめたりしたかったり、童貞を卒業したことを他の男性たちに見せつけたかったり、その他、数えきれないほどのさまざまな動機によって、ことに及んだ可能性はある。だが、社会科学者たちは心から、どんなレイプ犯も、たとえ部分的にでも性欲には動機づけられていないと主張しているのか？　どのようなレイプにも、レイプ犯の性欲は、まったく関与していないのだろうか？デートの際のレイプ、小児レイプ、麻酔状態の女性に対するレイプ、兵士による戦時のレイプなどを含めたあらゆるレイプに最も共通する要因の一つは、レイプ犯の性的興奮ではないのか？さらには、レイプをおかすためには必ず、性的でない動機をもっていなければならないのか？

性的満足を得たいという気持ちだけでは、男性はレイプできないのか？

こうした、一見して答えが明らかだと思われる点でさえ曖昧になってしまう理由の一つは、社会科学者たちがたいてい、「レイプは性的な行為なのか、暴力的な行為なのか、その両方なのか？」という形で問題提起することにある。おそらくは故意にであろうが、ここで〝行為〟という言葉を用いることで、レイプの動機すなわち目的と、その目的を成し遂げるための手段が、一つのものとして扱われてしまうのだ。たしかにレイプは明らかに、同意の上でのセックスと同じ〝行為〟ではない。なぜならレイプはその定義自体に、ある種の限られた手段（たとえば、暴力を振るうぞという脅しや、実際の暴力など）を含んでいるからだ。だがそれだからといって必ずしも、レイプとセックスについての男性の動機に違いがあるとはかぎらない。

たとえば売春について考えてみれば、ある行動の動機すなわち目的と、その目的を達成するための手段を、区別して考える重要性は明らかだろう。売春という〝行為〟には、かたほうが相手にお金を払うという要素と、性的行為としての要素の両方が含まれている。だが、だからといって、「男が売春宿に通うのは、女性にお金を払いたいからだ」などと考えるだろうか？　あるいは、「性欲と、女性にお金を払いたいという、両方の動機にかられているからだ」などと考えるというのか？　売春宿に通う男性の心中にはさまざまな動機があるかもしれないが、お金を払いたいという動機だけはそこに含まれていないという可能性はないのか？　本来の動機である性欲を満たす手段としてだけ、お金を払ってもいいと考えているということはあり得ないのか？　さらには、お金を払わずにセックスできたらそのほうがいいと考えている可能性はないのか？　レイプに関するのと同じ論法をここでもあてはめるなら、社会科学者たちは男性の売春宿通いについても、「性欲ではなく利他主義に動機づけられた行為」、あるいは少なくとも、「性欲と利他主義の両方に動機づけられた行為」だと主張しなければならないことになる。

彼らの根拠に対する反論

ここで私たちは、レイプ犯の動機は性的なものではないという社会科学者たちの主張の理由としてあげられるさまざまな根拠に対して、反論していきたいと思う。

根拠1　「(レイプは性的に動機づけられたものではないと主張する) 社会科学者やフェミニストたちが、〝セックス〟とか〝性的な〟という言葉を用いる時、その言葉によって意味されているのは、(男性がやさしさや愛情、喜びなどをかきたてられるような) 熱意やあたたかい雰囲気、心からの交わりや長期間の絆への欲求といったものだ。(中略) 社会科学者 (やフェミニスト) がセクシュアリティと呼ぶのは、そのような喜ばしい動機のことなのである (後略) (Shields and Shields 1983, p.122)」

このような社会文化的なセックスの定義は、不正確で不必要なものだ。はるかに一般的な〝セックス〟という言葉の用法としては、ヘイガン（1979, pp.158-159）のつぎの文章が、端的にそれをあらわしているだろう――「きわめて個人的な出来事であり（中略）、男性の多くは、容易にセックスと愛を切り離すことができる。通りすがりの美人にヒューッと口笛を吹いたり、ストリップショーを見に行ったり、コールガールや売春婦を買ったりするのは、おそらくみな、恋愛感情とはほとんど無縁な性欲があることの証拠だろう」

根拠2　「レイプ犯の大半には固定的なセックス・パートナーがいる」から、レイプは性的に動機づけられたものではない（Sanford and Fetter 1979, p.8）。

この主張は、「男性の性欲は、たった一人のパートナーによって消費され尽くしてしまう」という仮定に立っている。この仮定は、人類のセクシュアリティの進化に関する私たちの知識とは正反対なものであり、「売春婦や、成人向けの書籍やビデオにお金を払う男性のほとんどは既婚者であるが、このことは、性的動機がないことの証拠とはならない」というサイモンズの記述（1979, p.280）にもそぐわないものだ。

根拠3　「レイプはしばしば〝計画的犯行〟であるから、性的に動機づけられているとはいえない（Brownmiller 1975; Griffin 1971）」

この主張は、「性的に動機づけられた行為はすべて、突発的なものである」という仮定に立っている。デートや浮気など、性的動機に基づいた計画的な出来事がたくさんあることからも、この仮定は明らかに間違いだ（Symons 1979, p.279）。

根拠4　犯人の年齢層から見て、レイプは性犯罪というより暴力犯罪である。「男性の暴力的傾向が増す年齢は十代半ばから四十代後半までであり、レイプ犯の大半は、その年齢層に合致する。性欲と違って攻撃性は、年齢とともにすみやかに消失するから、レイプをおかしやすい傾向も、中年の到来とともに消失する（Groth and Hobson 1983, p.161）」

この主張とは対照的に、レイプ犯が最も多い年齢層（十代から二十代。Thornhill and Thornhill 1983を参照）を見ると、性的な動機が強く働いているという主張と合致する。なぜなら、その年齢別グラフの曲線は、男性のさまざまな性的活動や、性欲一般の強さの年齢曲線と、きわめてよく一致するからだ（Kinsey et al. 1948; Goethals 1971）(8)。

根拠5　戦時にはレイプが頻発することから考えて、レイプはセックスより敵意に動機づけられ

ている（Brownmiller 1975, pp.31-113; Card 1996）

戦時にレイプが多いからといって、必ずしもレイプ犯が性的に動機づけられていないとはいえない。戦争中は女性がとても無防備なせいで、性的に動機づけられた男性によるレイプが増えるとも考えられるからだ。戦争中は罰を受けにくいので、盗人の数も増える（Morris 1996）が、だからといって、彼らが物を盗みたいという気持ちに動機づけられていないということにはならない。さらには、戦争中のレイプのパターンを見ると、犯人の兵隊たちが性的に動機づけられているという見かたには合致するが、レイプが単なる政治的支配の道具だという見かたには、うまくあてはまらない。どんな記録を見ても、大規模な戦闘では、妊娠していない若い女性だけを残してレイプし、それ以外の人間は殺してしまうというパターンが見られるからだ（Shields and Shields 1983; Hartung 1992）(9)。

大規模な戦闘におけるレイプについてブラウンミラー（1975）は、力によって敵を制圧したばかりの男性たちが、その興奮のせいでひどく盛り上がるため、という要素もあるかもしれないと指摘している。だが、もしそうだとすれば、兵士たちは相手の年齢などおかまいなしにレイプするはずだ。しかしながら、事実はそうではない。若い女性が、あくまでも好まれるのである。ブラウンミラーはまた、戦争中のレイプも平時のレイプと同じく、男性が女性に対する優越性を示す手段であると考えているが、だとしたら男性は、財産も地位もある年配の女性を、好んで襲いそうなものだ。

根拠6　レイプは性的に動機づけられた行為というよりも、むしろ〝社会的コントロール〟の一形態であると考えられる。なぜなら、ある種の社会では、懲罰の一形態としてそれが用いられるからだ（Brownmiller 1975, p.285）。

この主張の弱点は、レイプが懲罰として用いられるからといって、「そこに性的感情がいっさい含まれていないことの証明にはならないという点だ。懲罰として財産を剥奪するからといって、罰する側にとって、その財産が無価値だということにはならないのと同じである（Symons 1979, p.280）」。

根拠7　「なぜレイプしたのかを尋ねられると、多くの犯人が、性欲ではなく、被害者を力で支配したいという気持ちが強かったと述べる（Dean and de Bruyn-Kopps 1982, p.233, Groth 1979からの引用）[10]」

多くのレイプ犯が、自分がレイプをおかした要因は性欲だと考えていることが、多数の研究によって明らかにされている。たとえばスミジーマン（1978, p.ix）も、調査したレイプ犯の八十四%が、自分がした行為の要因の「すべて、あるいは一部」は性欲だと答えたと報告している[11]。実際、性的動機が重要な意味をもたないことを示そうとしてグロート（1979, pp.38,42）が選んだ引用のなかにさえ、「彼女はナイトガウンを着て立っていました。乳首と乳房が透けて見えました……まるで私を待ち受けているように。あまりに誘惑が大きく、とても見ないふりですますわけにはいきませんでした」、「ただただ、彼女とセックスがしたかったのです。それがすべてでした」といった記述が見られる[12]。グロート（p.28）はまた、最も一般的なタイプの、彼が〝支配的レイプ犯〟と呼ぶ者たちさえもが、「自分の行動が性欲によって刺激されたと語ることがある」と指摘してもいる。

自分の行動の要因は性欲ではなく支配欲だったと語るレイプ犯についての報告は、主として、有罪になった犯人についての研究にその出典があることも、忘れてはならない点だろう。これらの囚人たちははたして、自分の動機について、感じたままを語るだろうか？　それとも、研究者の意向に沿うような回答をしがちだろうか？　サイモンズ（1979, p.283）が述べているように、「これらの男たちが、意識的に、性的衝動を強調せず、研究者の要求どおりの答えを選ぶことで、自分がもはや危険な人間ではないことをアピールしている可能性も捨てきれない」

根拠8　被害者の身体を傷つけたことから見て、性的な動機によるものではない（Harding 1985）。

レイプ犯の暴力や被害者の傷についてのデータの重要度を考える際には、それが（レイプ自体を完遂するために必要な暴力や、被害者が抵抗したり、助けを求めたり、被害届を出したりするのを防ぐための脅しとして用いられた暴力などの）手段としての暴力なのか、それとも、（それ自体が動機となる）過剰な暴力なのかをきちんと区別する必要がある。なぜなら過剰な暴力のみが、暴力自体が動機となっていることを示す可能性のあるものだからだ。望みを果たすための手段として用いられた暴力は、それ自体が目的であることを示すものではない（前にも述べたように、セックスとひきかえに売春婦にお金を払ったからといって、その男の行動の動機が、お金を与えることだったわけではないのと同じである）。このようなことを根拠にレイプが暴力行為だと述べるのは、これまた、目的と手段が混同されている一例だろう。

ハーディング（1985, p.51）は、「大部分のケースで、犯人の要求を受け入れさせるのに必要な量を超えた、過剰な暴力が振るわれている」ことを根拠に、「人類のレイプの多くでは、セックスではなく強要が主要因となっているように思われる」と主張している。しかし——同じページでハーディングが引用しているデータも含めた——実際のデータを見ると、目的をとげるための手段としての暴力はしばしば使われているものの、被害者に重大な傷を残すような過剰な暴力が振るわれるケースは、かなり少ない。マッケイルら（1979）の研究によれば、一四〇一人のレイプ被害者のうちの大多数が、手段としての暴力は振るわれたと報告している（身体的な暴力を振るうぞと脅されたのが八十四％、突き倒されたり羽交い絞めにされたりしたのが六十四％）。しかし、過剰な暴力と思われるものを受けた割合は、かなり低い(平手打ちが十七%、殴られたのが二十二%、首を絞められたのが二十%)。同様に、レイプ被害者センターで働くボランティアたちを対象にした調査でも、彼らの接した被害者のうち、レイプを遂行するのに必要な量を超えるほど過剰な殴られかたをされたと報告した被害者は、十五%にすぎなかった(Palmer 1988b, p.219)[13]。ガイス(1977)によれば、研究対象となったレイプ犯の七十八%は、被害者が協力的であってほしいと望んでいた[14]。カーツとメイジャー(1979, p.171)は、「大半のレイプ被害者はなんらかの身体的暴力を受けるが、あとあと残るような重傷を負う者はほとんどいない」と述べており、ボウヤーとドルトン(1997)も、同じ内容を報告している。「過剰に暴力的なレイプ犯たち」に焦点をあてた研究(Queen's Bench Foundation 1978, p.778)においてさえ、「きわめて深刻な傷」を負わせたのはそうした犯人のうちの二十三%だけだったという結果が出ている。というわけで、ハーディングの主張とは対照的に、数々の証拠が、ヘイガン(1979, p.87)のつぎの結論を裏づけている――

(前略)レイプの事例の大多数では、ペニス挿入を達成するため以外には、身体的な傷を被害者に負わせてはいない(たとえばBrownmiller 1975, p.216; Burgess and Holmstrom 1974を参照)。むしろ、いっさい外傷を負わせない例が、いちばん多いのである。というわけで、もし仮にレイプ犯が暴力を目的としているのであれば、彼らはその目的を達成するのがひどくヘタだといわざるを得ない。当然のことながら犯人たちは、振るおうと思えばどんな暴力でも振るえるような状態に、被害者をおいているのだから。

たとえ過剰な暴力が実際に振るわれた場合でも、なぜほかのタイプの強要ではなくレイプが行なわれたのかを考える上ではやはり、性的な動機をまったく抜きには説明できない。ラダ（1978a, p.22）が述べているように、「もし攻撃性だけによって動機づけられているのなら、身体的暴力だけで満足してもよさそうなものだ」からだ。

レイプされた上に殺された被害者のケースではもちろん、動機として敵意があったのかもしれない。だが、そのような殺人のうち少なくとも幾分かは、レイプの唯一の立会人である被害者を抹消することで、犯人が懲罰を逃れ得るチャンスが大幅に増すという単純な理由から起こっているものと思われる（Alexander and Noonan 1979; Groth 1979; Hagen 1979）。しかも殺人全体のなかでレイプ殺人が占める割合は、きわめて小さい。一九七六年から一九九四年までの米国では、殺人のうちレイプその他の性的強要を伴うものの割合が二％を超えた年は、一年もない（Greenfield 1997）――しかもその二％のなかには、男性に対する殺人も含まれているのである。

進化的アプローチは、過剰な暴力が実際に用いられた、全体から見ればごくわずかなパーセンテージの事例についても、そのパターンを説明することができる。英国、カナダ、シカゴのデータによれば、レイプの被害を受けやすい若い女性は、犯人に殺される危険もいちばん大きい

（Wilson et al. 1997）。若い女性はそれ以外の年齢層の女性にくらべて、最も激しくレイプに抵抗するものと思われる。おそらくは、若い女性をレイプしたいという犯人の強い性的動機と、若い女性の激しい抵抗の両方が影響して、性的強要時の殺人の被害が若い女性に集中する結果になるのだろう。いっぽう、何かを盗まれて殺される女性の平均年齢は、レイプされて殺される女性の平均年齢より、ずっと上である（Wilson et al.1997）。

レイプ犯が過剰な暴力を振るいやすい状況としては、配偶関係の破綻も考えられる。冷淡になったパートナーに嫉妬し、独占しつづけようとする男性はしばしば、殴ることで相手を性的にコントロールしようとする。嫌がる相手に暴力でセックスを受け入れさせれば、彼女が妊娠するかもしれず、精子間競争がある場合でも自分が父親となれる可能性を高める（おそらくは進化によってもたらされた）効果があるからだ。冷淡になったパートナーをレイプする男性は、それ以外のレイプ犯に比べて被害者に身体的な傷を負わせるケースが多いことを示すデータも、実際に存在する（Felson and Krohn 1990）。

社会科学的説明とは逆に、レイプ犯の多くは、女性を従わせるために必要な度合を超えた過剰な暴力は振るわないという事実は、進化的な考えかたに合致する。嫌がる女性を従わせるための手段として、レイプ犯はしばしば暴力を振るうことがある。しかし、被害者に大きな傷の残るような暴力を振るえば、レイプの結果として宿るかもしれない、レイプ犯の子どもを彼女が出産したり育てたりする能力が損なわれかねない。人類の進化の歴史を通じて、そうしたコストが存在しつづけてきた結果、レイプ犯が被害者の傷を最小に抑えるような淘汰が生じたと考えられる[15]。

第Ⅲ章で詳しく述べたように、レイプそのものを目的とした適応があると考える、進化的な見かたからすれば、男性が被害者を物理的にコントロールすることで性的興奮を感じることがあるのは、人類の進化の歴史を通じて、そのように相手をコントロールすることが、レイプを容易にし、レイプ犯のコストを下げる働きをしてきたからだ。だが、だからといってレイプする男性の動機が、物理的コントロールそのものにあるわけではない。そのようなコントロールをしていると男性が感じることで、性欲が高まり、レイプへの動機づけが増すにすぎないのである。

根拠9　レイプは性欲による犯罪ではなく、暴力と力による犯罪だ。（中略）レイプの被害者はけっして、新聞の見出しにあるような、「若い美人のブロンド娘」ばかりではない。少女、老女、主婦など、あらゆる女性が襲われるのである（Brownmiller 1976, 裏表紙カバー）。

ブラウンミラーの代表的な著作である『レイプ・踏みにじられた意思』の裏表紙カバーにこの言葉が肉太活字で印刷されているのは、じつにふさわしいといえるだろう。なぜなら、レイプ犯は性的魅力のある被害者だけを選ばないということの主張はおそらく、レイプ犯は性的に動機づけられているわけではないという考えかたを擁護するための最も強力な根拠として、最も広く引用されてきたものだからだ（Palmer 1988a）。しかし、この主張は完全に間違っている。「どんな女性もレイプ被害者になる可能性はある（Brownmiller 1975, p.348）」からといって、「レイプ犯は、いわゆる〝セックス・アピール〟には驚くほど無頓着に被害者を選ぶ（同上, p.338）」というわけではない。たしかにどんな女性もレイプ被害者になる可能性はあるものの、ブラウンミラーの主張とは正反対に、実際には、特定の要素をもつ女性が狙われるケースが圧倒的に多いのだ。レイプに関する大多数の研究結果に共通していて、研究の偏《かたよ》りの影響を受けていないと思われる傾向は、世界中どこでも、十代および二十代前半の女性が、レイプ被害者になるケースが突出しているということである（Svalastoga 1962; Amir 1971; MacDonald 1971; Miyazawa 1976; Hindelang 1977; Hindelang and Davis 1977; Russell 1984; Kramer 1987; Whitaker 1987; Pawson and Banks 1993）。というわけで、レイプ被害者の年齢分布と、女性の性的魅力がピークに達する年齢とには強い相関があり、レイプ犯には性的動機がないどころか、そうした動機が多大であることを示す強力な証拠になっている。被害者が若い女性の場合には、繁殖不可能年齢の女性の場合より、性的強要の際に犯人が（他のさまざまな性的行為ではなく）膣へのペニスの挿入を行なうケースが例外なく多いことからも、それは裏づけられるだろう（第Ⅳ章を参照）。

レイプに関する性的動機の重要性を否定する研究者たちの多くは、被害者の襲いやすさが、その年齢分布の主要因だと主張してきた。たとえばグロート（1979, p.173）も、「被害者は、身体的魅力やいわゆる挑発性よりもむしろ、近づきやすさや襲いやすさという観点から選ばれるのであり」、「レイプは、性欲によるより敵意によるところが、はるかに大きい」と述べている。レイプ被害者の年齢分布はこうした説明とまったく相反しているのに、どうしてこのような主張がなされるのかは驚きだ。なにしろ、グロート自身を含めた多くの研究者たちが、最もレイプされにくい年齢層の女性が最も襲いやすいと指摘しているのだから。ロダボーとオースティン（1981, p.44）が記しているように、「幼い少女や老女は、抵抗する力が弱いために、最も襲いやすい」。だが、老女は「容易にレイプできる（Groth 1979, p.173）」にもかかわらず、グロート自身のものも含めた多くの研究すべてにおいて、五十歳を越える被害者は、レイプ被害者全体の五％に満たない。たしかに、性的魅力の点から予測されるよりはたくさんの幼女や老女がレイプされるのは、彼女たちなら襲いやすいという要因がからんでいるのかもしれない。しかしながら、被害者選びの唯一の基準、あるいは主たる基準が襲いやすさだと主張するには、幼女や老女がレイプされる割合は、あまりにも低すぎる。

というわけで、社会科学的説明の根拠はすべて、それを疑う立場で分析すれば、パーリア（1994, p.41）の記述どおり、「こうしたレイプ論議は、〃レイプは性犯罪ではなく暴力犯罪だ〃という、米国のメディアを覆い尽くしたそのスローガンの論理構成のナンセンスさのせいで破綻する」という結果となる。

比較文化的証拠

レイプに関する社会科学的理論のもう一つの基本的な前提は、「レイプは、文化によってそれを教えられたり、なんらかの形で奨励されたりした時にのみ起こる」というものである。理論上は、この説明が正しく、しかもあらゆる文化でレイプが起こるという可能性は考えられる。だがそのためには、偶然にもあらゆる文化で男性へのレイプ奨励が行なわれている、という前提がなければならない。そして、そのような偶然の一致はとても考えられないことから、多くの社会科学者は、レイプを比較文化的に論じ、文化によってレイプ発生率が違うこと、レイプのない文化もあることを強調する――社会化は恣意的なものだという社会科学的見地から、それを論じようとするのである。さらに彼らは、レイプは彼ら自身が属する文化を含む特定の文化の産物だと主張することで、社会改革への有益な助言を提供しているように見える。もしレイプが、われわれの文化の特定の側面の産物であるのなら、そうした側面を改革すればよいということになるからだ。

グリフィン（1971）は、いくつかの文化にはレイプは存在しないと主張し、その証拠として、アラペシュ族についてのマーガレット・ミード（1935）の記述を引用する。そして、そこから出発して、「他の文化と比較すると、われわれの社会では、レイプの学習を社会的に抑制するどころか、まさにレイプを学習させているのではないかとさえ思えてくる（p.28）」と結論している。さらには、レイプの要因をそのように結論づけることで、グリフィン自身が属しているような、レイプが生じる文化を変えることこそが解決策だという主張が展開されていく。その際にどのような変化が必要だと主張されるかについては、社会科学における〝科学〟とイデオロギーの結びつきを考えれば明らかだ――すなわち、「レイプは家父長制と分かちがたく結びついた行為であり、家父長制自体を終わらせないかぎり、レイプを根絶することはできない（同上p.36）」ということになるのである。

レイプが存在しない文化もあることの証拠だといわれるもの、そして、家父長制とレイプの結びつきに関するグリフィンの仮説の証拠だといわれるものが、サンデー（1981）によって発表された。彼女の調査した九十五の社会のうち四十五が、〝レイプのない〟社会だったというのである。さらにサンデーは、「レイプが起きるのは主として、自然な姿とはいえない家父長的社会においてであることを発見した」と主張した。こうした〝発見〟と、フェミニズムのイデオロギー的価値観の類似はおそらく、偶然のものではないだろう。しかしそれはともかく、サンデーが自分の集めた九十五のサンプルのうち四十五の社会を〝レイプのない〟社会だと位置づけたのは、（彼女自身も論文の九ページで認めているように）明らかに正しくない。なぜなら、〝レイプのない〟社会のなかに、レイプが〝稀にしか起こらない〟と考えられる社会も含めてしまっているからだ。正確に言えば、五つの文化を除くすべてのサンプルでレイプが観察されたことが、彼女自身の記述からうかがえる。

しかも、その五つの例外についても〝レイプのない〟社会とはいえないことが、民族誌的証拠（Palmer 1989a）によって示されている。その証拠は、サンデー以外の研究者によってやはり〝レイプがない〟と主張されたいくつかの文化（Broude and Greene 1976; Minturn et al. 1969）についても、そのことを否定している。

レイプが存在しない社会を発見したというそのような主張のうちいくつかは、民族誌的データの読み取りが不完全であったためとも考えられる。しかしそれ以外のケースについては、他の動機が混じっている可能性を疑わないわけにはいかない。たとえばサンデー（1981, p.17）は、「アフリカのイトゥーリの森に住むムブチ・ピグミーについてのターンベル（1965）の記述は、〝レイプのない〟社会の基本的な姿を提供するものだ」と述べている。彼女のこの主張は、ムブチ・ピグミーの社会が比較的、家父長的でないことと、「ピグミーたちとともに暮らしてその生活にとけこんだ文化人類学者であるターンベルが（中略）レイプの事例を一例も知らないと報告している」という、彼女自身の断定（p.16）に基づいたものだ。しかし実際のターンベルの記述（1965, p.121）は、つぎのようなものである――「若い男たちはしばしば、嫌がる生娘と無理やり関係をもつことへの願望を口にするが、実際のレイプの事例については、私は知らない」。また、同じ著書の一三七ページにターンベルは、「（この社会における女性のイニシエーションの儀式である）〝エリーマ〟においては、ルールでは男性は、「性交を行なう前に（その少女の）許可を得なければならない」と定められているにもかかわらず」、実際には、「少女とともに横たわると（中略）、ペッティングの最中に不意に押さえつけて、無理やり思いをとげてしまうことも多いと、男たち自身が語っている」とも記している。[16]

アラペシュ族についてのミードの有名な記述も、〝レイプのない〟社会についてのターンベルの記述と、さして変わるものではない。それにもかかわらずミードの主張は、レイプに関するフェミニスト的社会科学の説明を支える大きな柱の一つであるだけでなく、ガイス（1977, p.30）によれば、「疑いなく、レイプについて、最も広く引用される民族誌的記述である」ということになっている。

アラペシュ族に関するミードの記述は、つぎのように始まる（1935, P.104）――「レイプについてアラペシュ族が知っているのは、それが、自分たちの南東に暮らすヌーガム族の不快な習慣だということだけだ」。そして、それにつづく、「アラペシュ族の男性たちは、レイプなど理解しがたいと考えている」という文章は、社会科学的な説明を完璧に裏づけるもののように思える。だが、その根拠としてミードは、つぎのように記す――「誘惑してもセックスを承知しない女性をつかまえたアラペシュ族の男性は、ついに彼女をとらえたという興奮のなかにあっても、すぐに力ずくでことに及んだりはしない。冷静に再度説得を試み、それでも駄目な場合にも、彼女を取り返すために自分を襲うような競争相手はいないかをよく考えてから、関係をもつのである。彼女が長期にわたって自分のものにならないのなら、最初から彼女を所有したりしないほうが、ずっと安全だからだ」。この文章は、アラペシュ族の男性はレイプなど理解しがたいと考えている、というミードの主張の根拠として書かれたものだが、そこに述べられている行動は、まさしくレイプ以外のなにものでもない。アラペシュ族の男性は、セックスに同意しない女性をとらえ、レイプしてもひどい目に合う公算が小さければ、それを実行するというのだから。

民族誌的な各種の証拠は、レイプがかなり頻繁に起こるのがホモ・サピエンスの特徴であること、そして、完全に〝レイプのない〟社会の実例は一つも見つかっていないことを示している(Palmer 1989a; Rozée 1993; Wrangham and Peterson 1996; Jones 1999)。もちろん、だからといって、レイプが学習や文化と無関係に、遺伝的に決定されているというわけではない。現在までに民族誌的記録に残っているあらゆる社会の男性は、環境要因さえそろえば、発達の過程で彼をレイプ行動に向かわせ得るような遺伝子を有しているということ、そして、現在までに調査されたあらゆる社会で、時にはそのような環境要因がそろうということが、そうした証拠によって示されているだけなのだ。

しかも、男性のセクシュアリティの発達において特定の環境的影響が各個人に働く実際の様子(それは通常〝文化〟と呼ばれる)は、社会科学が提示しているモデルとはかなり違っているように思われる。社会科学のモデルでは、他の人々がレイプ行動を陰に陽に奨励するのをあらかじめ体験することが、レイプ発生の必要条件だとされている。つまり、「まさにレイプを学習させている(Griffin 1971, p.28)」ことが必要だというわけだ。たしかに、そのような奨励がレイプ発生の機会を増やすことはあるかもしれないが、比較文化的データは明らかに、そのような奨励が必ずしも必要条件ではないことを示している。

レイプが認められており、罰せられることがないと主張されているいくつかの文化（Broude and Greene 1976; Minturn et al. 1969; Sanday 1981）の民族誌的データを詳しく調べてみれば、それが事実ではないことがわかる（Palmer 1989a）。いくつかの文化では、特定の限られた状況下でのレイプが認められていたり、あるいは奨励さえされたりする場合があるかもしれないが（実際、いくつかのケースでは、戦時の他者集団へのレイプが、認められていたり、奨励されたりしている。たとえばShields and Shields 1983を参照）、調査されたさまざまな文化において、いくつかの形態のレイプは、罰せられるにもかかわらず起きていた。つまりレイプは、社会科学者たちが主張するよりずっと広範囲の環境的影響のもとで発生するのであり、社会科学のモデルとは逆に、比較文化的研究の結果は、他者からの影響によって奨励される（すなわち、社会的に学習される）のはレイプではなく〝レイプに対する社会的抑制〟であることのほうが圧倒的に多いことを、明らかに示している。

他種との比較による証拠

レイプに関する社会科学の説明では、レイプを生むような性差——男性は女性に比べて攻撃性が強く、性的なことを好み、セックスに積極的で、性交相手を選ばないといった――は、社会化のみによって生じるとされている。しかし、そのような性差は、一夫多妻的で、繁殖上のコストを最小にする方法に雌雄で差があるような進化の歴史をもつ、あらゆる動物に生じている。しかも、(何百万種とある、一夫多妻的なすべての無脊椎動物を含む)そうした種の大多数では、若い個体が群れのメンバーから性的なトレーニングを受けることはないし、人間に見られるような広範な性的社会化を見せるものなど皆無である。したがって、同じような雌雄の差が一夫多妻的な種に広く見られることから考えれば、性的社会化によってもたらされる性差だけが、人間のセクシュアリティの基本的な男女差をもたらす唯一の要因であるとは、とうてい考えられない。多くの種を比較してみれば、そうした差をもたらす〝共通の要因〟は明らかに、人間に見られるような性的社会化ではなく、多くの交接相手を求める競争が雌どうしより雄どうしのほうがずっと大きいという進化の歴史である。人間以外の種においては、性的社会化は本質的に、レイプとは無関係なのだ。

実際、進化生物学の世界では、雌雄の競争にそのような差がある種では、雄にとって利益がコストを上まわりさえすれば、レイプは容易に起こると考えられている(進化生物学で〝利益〟や〝コスト〟という場合には常に、その種の進化史上の環境のなかで、どのような繁殖上の結果を生んできたかをさす)。いっぽう、このように人間以外の多くの種でレイプが広範囲に起こることは、社会科学的説明にはまったく合致しない。おそらく、自分たちの説明のそうした弱点に気づいていたからであろうが、ブラウンミラー（1975, P.12）は、「私の知るかぎり、野生動物のレイプを観察したという動物学者の報告は一つもない」と述べている。だが実際にはその時点でも、人間以外の種における性的強要についての相当数の進化学的分析が、すでに発表されていた（Severinghaus 1955; Barlow 1967; Manning 1967; Van Den Assem 1967; Fishelson 1970; Lorenz 1970, 1971; Keeneyside 1972; Linley 1972; Pinto 1972; MacKinnon 1974; Parker 1974）。

　ブラウンミラーがそう書いてから十年もたたないうちに、人間以外の種におけるレイプについての研究は、あまりに数が増え、もはや無視するわけにはいかなくなった。レイプに関する進化的説明は、昆虫について（Las 1972; Oh 1979; Parker 1979; Cade 1980; Pinkser and Doschek 1980; Smith and Prokopy 1980; Thornhill 1980, 1981, 1984; Thornhill and Alcock 1983; Crespi 1986; Tsubaki and Ono 1986）、鳥類について（Afton 1985; Hoogland and Sherman 1976; Barash 1977; Bailey et al. 1978; Beecher and Beecher 1979; Birkhead 1979; Gladstone 1979; Mineau and Cooke 1979; Bingman 1980; Burns et al. 1980; McKinney et al. 1980; Seymour and Titman 1980; McKinney and Stolen 1982; Cheng et al. 1983a, b; Titman 1983; Birkhead et al. 1985; Bossema and Roemers 1985; Van Rhijn and Groethuis 1985; Emlen and Wrege 1986）、魚類について（Constantz 1975; Kodric-Brown 1977; Farr 1980; Farr et al. 1986）、爬虫類や両生類について（Wells 1977; Howard 1978; Cooper 1985）、海生哺乳類について（Cox and Le Boeuf 1977）、人間以外の霊長類について（Rijksen 1978; Galdikas 1979, 1985a, b; MacKinnon 1979; Nadler and Miller 1982; Jones 1985; Mitani 1985; Goodall 1986）など、つぎ

つぎに精力的に行なわれた。

人間以外の種におけるレイプについての研究は、その後も途切れることなく、生物学雑誌や動物行動学会で発表されつづけている（Thornhill 1987; Arnqvist 1989, 1992; Mesnick and Le Boeuf 1991; Thornhill and Sauer 1991; Thornhill 1992a, b; Hemni et al. 1993; Smuts and Smuts 1993; Sorenson 1994; Arnqvist and Rowe 1995; Clutton-Brock and Parker 1995; Sakaluk et al. 1995; Allen and Simmons 1996; Andersen 1997; Soltis et al. 1997 ほか多数）。今ではもはや、大形類人猿を含む多くの動物種の雄たちが、交接相手を得るために、身体的暴力、つきまとい、威嚇などを広く用いることに、なんの疑問もない（Smuts and Smuts 1993; Clutton-Brock and Parker 1995; Wrangham and Peterson 1996; Nadler 1999）。

なかでもオランウータンでは特に、レイプが頻繁に観察される。野生状態のオランウータンの性行動について、熱心な研究者グループが集めた膨大なデータからは、オランウータンの雄には二つの異なる変異型があるのではないかという仮説が提唱されている（Wrangham and Peterson 1996）。体重九十kgほどの大形のタイプに属する雄たちのほうは、熱帯雨林の林冠をゆっくりと移動し、雌たちに人気がある。そのような雄となら、雌は進んで交尾するのだ。いっぽう雌と体格がほとんど変わらない（体重約四十kgの）小形のタイプに属する雄たちは、雌たちと同じような速さで木々のあいだを移動する。こうした雄は雌に敬遠されがちで、雌を追いまわしてレイプする。これら二つのタイプの雄の成獣が、すべての雄のオランウータンが共通してもっている同じ条件つき戦略の二種類のあらわれかたではないかということを示す、以下の三つの徴候がある——第一に、小形の雄は時として、「突然の成長スパートをとげて、大形の雄になることがある（同上 p.135）」。第二に、捕獲下の事例のいくつかが示していることだが、大形の雄が近くにいると、小形の雄はいつまでも小形のままである。第三に、大形の雄とは違って小形の雄は、雄どうしの戦いを避ける。

すべての個体が別々に暮らしているという点で、オランウータンの社会システムは、他の類人猿のそれとは大きく異なっている。つまりオランウータンの雌には例外なく、レイプされそうになった時に守ってくれる、配偶者や近親の雄がいないのである。ランガムとピータースン（1996, p.142）は、そのことが、「交尾全体の三分の一から二分の一、あるいはそれ以上がレイプによる」ことの理由ではないかと考えている。同様に二人は、類人猿の種類によって性的強要の頻度が異なるのは、それぞれの社会システムによって、レイプを防ぐ働きをする要素に違いがあるせいではないかと推測している。[17] 社会システムの違いは、類人猿の進化や、他の霊長類やそれ以外の動物群の性的強要を理解する上でも、重要であると思われる（Clutton-Brock and Parker 1995）。

つがいを作る鳥類のうちの三十九種以上でも、レイプが観察されている（McKinney et al. 1983; Sorenson 1994）。ふつうに見られるマガモの雄も、つがいの雌が受精可能な時期には他の雄のレイプからその雌を守るが、その雌が卵を抱いていて受精不可能な時期には、それを放っておいて、他の受精可能な雌たちをレイプしようとする（Barash 1977; Sorenson 1994に引用され、論じられている Evarts 1990)。

多くの動物種において、雄が性的強要を行ない、たくさんの雌に授精するのは、そうすることが雄らしさの証明になるからではない。雄がレイプその他の性的強要を行なうのは、主として、雄は雌に比べて養育努力をはらう度合が少ないため、進化の歴史において、たくさんの相手とつがうことが有利であったからだと考えられる。その点についてB・スマッツとR・スマッツ(1993, p.44)は、「雌による性的強要も(中略)、雄と交尾する機会をめぐって雌どうしが激しく競争するというように、雌雄の性的役割が逆転している種では起こり得る」と指摘している。そのような種においては、雌に比べて大きい養育努力を雄に実行してもらうためには、雌は雄とぜひとも交尾する必要がある。雄からの投資をより多く受けるためにレイプが必要であれば、雌がそれを行なうことについての淘汰が生じる可能性は、十分に考えられる。実際、タツノオトシゴの雌は〝ペニス〟をもっていて、雌によるレイプも可能である。

このように、多くの動物種でレイプが見られることは、進化的説明にはぴったり当てはまり、社会科学的説明にとっては壊滅的打撃である。おそらくは、このように圧倒的な証拠を前にしたせいで、社会科学者たちは、「人間以外の種にはレイプは存在しない」というブラウンミラーの主張を捨て、彼らのレイプについては〝暴力的に強要された交尾〟という用語を採用したのだろう。だが、究極要因についての仮説の真偽を検討する上では、他種との比較がきわめて重要な手段である(Williams 1992; Alcock 1997)以上、このような言い逃れは、レイプの要因に対する人々の理解を妨げる結果にしかならない。

さまざまな種にレイプその他の性的強要が存在するか否かを、雌の襲われやすさや淘汰圧に影響を与え得る生態学的変数の観点から見ていく研究は、まだ緒についたばかりである。スマッツ（1992）は、人類のさまざまな文化で、男性が性的強要を条件しだいで使うことに関係のありそうな、いくつかの変数――血縁者によって女性が守られていること、男性がパートナーの女性を守ること、男性どうしの政治的な同盟、男性による資源の支配など――についても研究を進めている。このような変数が人間の各グループの性的強要の度合やタイプにどのように関連しているかについてはまだよくわからない部分も多いが、こうしたアプローチは、レイプの発生が条件によって左右されることを強調するものだといえるだろう。

形而上学的仮定

レイプに関する社会科学の理論には、実証的および論理的な面での弱点だけでなく、それを科学の領域から押し出してしまうような、二つの形而上学的主張が含まれている――文化的精神といったものに理由を求めていることと、心と身体に関する二分法がそれだ。

彼らの理論は最初の前提として、〝文化〟とか〝社会〟と呼ばれる無形なものを具体化し、それに理由を求めている。だが、生物学において、それまで適応をもたらす主要因とされてきた群淘汰という概念が否定された時期にあたる一九七二年に、文化人類学者のジョージ・ピーター・マードックが、つぎのように述べている——

じつに悲しむべきことであるが、今となっては私には、文化も、社会システムも、その他、代表集団、集団心理、社会組織など、それに匹敵するような、個人を超えるあらゆる概念も、錯覚に基づく抽象概念にすぎないことが明らかなように思われる。お互いどうしや周囲の自然環境と相互作用しあう各個人の、きわめて現実的な諸現象についての観察が、その錯覚を生み出していたにすぎないのだ（中略）。端的に言ってしまえば、それらは科学ではなくて神話であり、そのすべてが棄却されるべきであって、改定したり修正したりすればすむものではない（Murdock 1972, p.19）[18]。

マードックのこのような強力なアドバイスにもかかわらず、レイプに関する説明を含む多くの社会科学的説明は依然として、至近要因を、抽象的、形而上学的な集団的実体に求めつづけている。

レイプに関する社会科学的理論のもう一つの前提——レイプの動機は性的なものではないとしていること——にも、形而上学的な仮定が含まれている。性行為の最中に、性欲や性的興味、そして（あるいは）性的動機が存在しないと主張するのは、「人間の脳（心）は、身体とは別個の実体である」という、古典的な二元論的仮定の極端な形だともいえる――そして、そのような二元論は、とっくの昔に〝知のゴミの山〟に投げ捨てられた考えかただ。たとえばサンデー（1990, p.10）は、レイプの際の「性的行為は、性的満足を得るためのものではなく、ペニスを男性の社会的支配力の具体的なシンボルとして行使するためのものである」と述べる。さらにはベネケ（1982, p.16）も、男性にとってはレイプは性的なことがらと関係がないだけでなく、「セックスそのものさえ、性的ことがらとは無関係な場合が多い」と主張している。つまり、人間男性のからだは（性的興奮、勃起、射精といった）セックスの生理学的プロセスを完全に経験しているのに、脳のほうは、それに呼応するようなセックスの心理学的プロセス（ドーパミンのもたらす報酬）を経験してはいないというわけだ。だが、脳以外の身体部位で生理学的プロセスが生じると、それに伴って脳内にも特定の生理学的プロセスが生じることがすでに発見されていることから、ここで主張されているような、性行為をしているにもかかわらず脳内には性的動機がないといった事態は、脳とは別の心といった曖昧なものが人間にはあると想定しないかぎり、あり得ないことである。

社会科学的説明の実証的データ

進化的知識をそなえた心理学者であるデル・ティーセンとロバート・ヤング（1994）は、一九八二年から一九九二年までのあいだに発表された、人間の性的強要に関する一六一〇の研究を調査した。そのなかには、心理学者によるもの、教育心理学者によるもの、文化人類学者によるもの、社会学者によるものが含まれている。その調査の結果、二人は、性的強要の要因の理解を目的とした研究は全体の十％に満たないこと、仮説の検証が行なわれている研究は九％しかないこと、多少なりとも数量化を試みているのも約九％であること、統計的検証が行なわれているものに至っては、じつに一・五％にすぎないことを発見した。ティーセンとヤングはまた、一九八二年から一九八七年までの研究と、一九八七年から一九九二年までの研究のあいだには、その焦点についても結論についても、大きな違いがないことも発見した。そのいっぽうで、ほんとうに科学的で真面目な諸研究は、定量的検証を欠いているそれまでの仮説を否定した上で、仮説の改良を行なっている点が特徴的だった。

レイプに関する社会科学的文献の大多数は、明らかに科学的基準に無頓着なだけでなく、科学的アプローチ、なかでもとりわけ生物学的なアプローチに、明白な敵意を示している。そうした研究が伝えようとしているのは、科学的というよりもむしろ、政治的なメッセージなのだ。ティーセンとヤングが調査した社会科学的研究の多くが、〝意識の覚醒〟をうたい、社会政策を批判して、レイプ被害者の問題に関連した男性による抑圧を糾弾していた。つまり、ティーセンとヤングが強調しているように、レイプ研究を悲惨な状態に置いている責任は、研究者、雑誌編集者、研究資金財団、研究所、大学の責任者など、すべてのものに帰せられるべきなのである。

イデオロギーと社会科学的説明

生物学の基本的原理に矛盾し、累積的な科学的知識を生み出すことに失敗しているにもかかわらず、レイプに関する社会科学的理論は、これまで四半世紀以上ものあいだ、広く人々に受け入れられてきた。このように根拠薄弱な理論がなぜそのように長期間、人気を博しつづけることができたのか、その理由はいくつか提示されている。

おそらく社会科学者たちは自然主義の誤謬から、もしレイプが性欲などといった自然なものによって動機づけられているのなら、レイプは良いもの、あるいは少なくとも許容されるものになってしまうと、恐れているのだろう。サイモンズ（1979）は、〝レイプはセックスではない〟式の議論の根底には、「セックスは良いものであり、したがって、悪いものに含まれているはずがない」という考えかたがあるのではないかと指摘している。別の可能性としてN・ソーンヒルとR・ソーンヒル（1983）は、レイプをセックスとは別のものだと考えたがるのは、人類の進化史において、女性による配偶者選びがつねに重要であったためではないかと示唆する。もしも女性の性的興奮が、相手の男性が良き配偶者としての特徴や行動をそなえていると感じた時に生じるようにデザインされているのなら、レイプは女性に性的興奮を生じさせるには程遠いものだ。したがって女性にとってレイプは、好ましい相手とのセックスとは、まったく別のものとして意識されるのである。

しかしながら、レイプ犯が性的に動機づけられていることが否定されがちな最大の理由は間違いなく、政治的イデオロギーによるものだろう。何がレイプの要因かについての議論は、論理や証拠に基づいてではなく、その考えかたが人々の行動にどのような影響を与えそうかという観点から判断される。その分析が正しいことは、〝レイプはセックスではない〟式の説明を支持する上で、イデオロギーがつねに大きな役割を果たしてきたという事実が証明してくれる。「レイプは暴力行為だと考えるほうが、理論的にも戦略的にもいいように、私には思える」とエストリッヒ（1987, P.82）は述べているし、ミューレンハードら（1996, P.123）も、「フェミニズムの理論家たちは（中略）、レイプは暴力行為だと考えたほうが、利用価値が高いと論じている」と記している。また、スカリーとマローラ（1995, P.66）は、「レイプ被害者を傷つけるような一般の人々の態度を変えるための努力として（中略）、多くの筆者たちが（中略）、性的なことがらがレイプに果たす役割を、割り引いて書いている」と述べ、マッキノン（1990, p.5）もフェミニズムのことを、「あらゆることを女性の味方につけるための運動として」、〝レイプはセックスではない〟式の議論を強力に展開しているととらえている。

〝レイプはセックスではない〟式の説明が女性にとって有利なものだと考えられてきた主な理由は、遺伝決定論についての誤信のせいで、性欲は制御不能な欲望だという誤った考えが流布しているからだ。サイモンズ（1979, p.279）が書いているように、「多くの筆者たちは、レイプの動機がセックスだと認めてしまうと、レイプを容認する危険をおかすことになるのではないかと恐れているように思われる。レイプについて考えられる、それ以外の動機に比べると、欲望は、意志の働きで容易にコントロールできないものだとみなされている。したがって、もしレイプが欲望によって動機づけられているのなら、レイプ犯は自分の行為について完全には責任がもてないということになってしまうと、筆者たちは恐れているのである」

現実の世界がどうであるかについての証拠より、世界がどうあるべきかについてのイデオロギー的考察のほうが、フェミニストのなかに最近生じつつある、〝レイプはセックスではない〟式の説明からの小さな逸脱の裏にも、大きく関与しているようだ。フェミニストの著者の何人かが最近では、「レイプ犯は、セックスと暴力の双方によって動機づけられている」と論じている。ただしそれは必ずしも、そのような主張が正しいことを示す実証的証拠に基づいているからではない。〝レイプはセックスではない〟式の説明よりもそうした説明のほうが良い結果をもたらすと、予想しているからだ。たとえば、つぎのような主張について、考えてみてほしい――「レイプが性的なものだと考えると、女性にとって不利な状態が起こりかねない。いっぽうレイプが暴力行為だと考えれば、女性にとって有利になる。しかし私たちは、事態はもっとずっと複雑であると考えている（Muehlenhard et al. 1996, p.130）」

ラジカルフェミニストたちの、レイプは単なる暴力行為ではなく、「性的なものに形を変えた暴力である」という考えかたの背後にも、自らの説明が引き起こす現実的な影響への懸念が含まれているように思われる。トーリー（1995, p.44）は、「ラジカルフェミニストたちは、レイプは暴力行為であると考えるより、性的なものに形を変えた暴力であると考えるほうがいいと主張する。現実的問題として、レイプを暴力のみの行為であると規定すると、たとえばボーイフレンドや夫などから身体的暴力を伴わないレイプを受けた場合、それを罪に問うのが難しくなってしまうからだ」と記している。

レイプの定義についての最近の議論にも、イデオロギーが影を落としている。エストリッヒ（1987）によれば、私たちは〝レイプ〟という言葉を、「被害者自身や、彼女が日常的に保護している人物に死や深刻なケガをもたらさない範囲で、力のかぎり被害者が抵抗したにもかかわらず遂行された性交」という意味で用いてきた(19)。なぜなら、大多数の人たちはこの言葉を、そういう意味で使うからだ。特に、レイプとしての性交と、強要を伴うがレイプではない性交を区別する点が、この定義の重要なポイントである。私たちは〝強要〟という言葉を、望ましくない出来事を実際に行なったり、行なうと脅したりすることを伴う、あらゆる形態の強制という意味で用いている。性的強要の場合には、望ましくない出来事とは、協力したり気にかけたりするのをやめるといったほのめかしから死にいたるまで、あらゆる範囲のものを含む。そうした相互作用はすべて重要な意味をもつものの、全部が〝レイプ〟というわけではない。

だがイデオロギーや自然主義の誤謬が幅をきかせるようになると、ある言葉の定義も、この世界がどうあるべきかについての特定の意見に同意するよう人々に働きかけるための道具にすぎなくなってしまう。そして時にはそのような定義法が、「定義とは恣意的なものであり、正しい定義などという考えかた自体が〝無意味な概念〟だ（Muehlenhard et al. 1996 p.124）」という理由で、正当化されてしまう。しかしながら、正確な定義などというものはもともと存在しないと主張することは、すなわち、不正確な定義というものも存在しないということを意味するのであり、明らかにおかしい。さらに基本的なことをいえば、もし筆者が、その言葉の定義についての自分の理解を読者も共有していることを前提にしていなければ、「正確な定義などというものは存在しない」などと書くはずがない。というわけで、「正確な定義などというものは存在しない」といった言いかたは、自己撞着以外のなにものでもないのである。

ミューレンハードら（1996, p.124）が指摘しているように、時として特定の利益集団が、「抵抗のための行為」として、「彼ら独自の定義を編み出す」ことがある。そして、そのようなことが起こると、その言葉が一般にどのような意味で使われているかという観点からではなく、彼らの望む行動パターンを人々にとらせようとする際に政治的な〝有用性〟があるかどうかという観点から、定義の是非が判断されるようになる。「従来よりはるかに広いレイプの定義（Muehlenhard et al. 1996, p.125）」を用いることの多い、レイプに関するフェミニストたちの議論の多くも、まさしくそのような状況にある。たとえば、異性間の行為のすべて、あるいはそのほとんどがレイプであると主張する人たちがいる（MacKinnon 1987; Southern Women's Writing Collective 1990）。「最もリベラルな立場からすれば、職場での下ネタ、承諾も得ずに愛称で呼ぶこと、相手の腕に手を置くことなどまでも含めたあらゆる性的行動は、もしその女性がそれらに対して、自分の個人的空間をおかすものだと言葉や態度で示した場合には、レイプと考えられる」とブールク（1989, p.6）も書いている。マッキノンのつぎの記述（1987, p.82）からは、そのような主張の裏にある政治的動機が明らかだ――「政治的な意味合いでは、私は、女性が犯されたという感覚をもったすべてのセックスを、レイプと呼ぶ」。〝レイプ〟という言葉をそのような隠喩的な意味で使うこと（あるいは、「木を切りすぎると森を破壊《レイプ》することになる」といった言いかたをすることも）は、そのような行為がレイプに似ているという喩《たと》えとしてならば、ある程度は許容できるだろう。しかし、それらの行為は断じて、レイプそのものではない。つまり、それらは字義どおりのレイプではないし、実際、大部分の人は、それらの行為と、自分たちがレイプと呼ぶ行為を区別できる。

ブラックマン（1985, p.118）は進化的アプローチについて、〝レイプ〟という言葉を「非政治化している」と批判し、「その言葉を（中略）非政治的な文脈で使うのは、フェミニストたちが意識の覚醒を訴えてきた十年間の歴史を傷つけるものだ」と述べている。しかしながら、レイプの要因についての、根拠を欠いた、すでに論駁されている説明にいつまでもしがみついていることのほうが、〝レイプ〟防止を妨げるはずだ。実際、レイプの発生を確実に減らしていくためには、レイプという言葉を、これまでの「女性抑圧の最大のシンボル（Schwendinger and Schwendinger 1985, p.93）」という地位から非政治化して、要因を特定すれば防ぐことのできる行動に変えていかねばならない。性的な動機がからんでいるだけに、そのような非政治化がきわめて重要なのである。なぜなら、「レイプに対して性的興奮を男性が感じるせいで、レイプが起こる。そのような性的興奮の特質を明らかにし、それに対処できれば、レイプを防ぐのに役立つだろう(Muehlenhard et al. 1996, p.130)」と考えられるからだ。

レイプについての社会科学的説明が広く受け入れられた裏でイデオロギーがどれだけ大きな役割を果たしているかは、ためしに、別のイデオロギーを含む仮説がどういう反応を引き起こすかを想像してみれば、すぐにわかる。自分のイデオロギーとは正反対のイデオロギーを含む説明を提示されてみれば、「人間は白紙の状態であり、文化によって教えられたとおりに感じる」などという仮定が間違いであることが、はっきりわかるのである。すなわち、レイプに関する社会科学的説明には明らかに、「女性は、そう感じることを文化によって教えられた場合にのみ、レイプを忌まわしい体験だと感じる」という内容が含まれているわけだから、レイプが社会問題であるのを解決するためには、なにも、レイプ自体を根絶する必要はない。社会科学的説明の仮定に従うなら、女性たちに、レイプは素晴らしい体験だと教えさえすれば、それは問題でもなんでもなくなるのだから。もしこのような説明がばかげていると感じるのであれば（そして実際、私たちには、とてもばかげていると思われるのだが――それについては、第Ⅳ章を参照）、そのもとになっている仮定自体が間違っているということになる。人間の女性は明らかに、そう教えられればレイプを望むようになるといった可塑性はそなえていない。だがレイプに関する社会科学的理論は、まさにそのような可塑性が人間にそなわっていると主張しているのである。まったくばかげた考えかたに対しても人々を盲目にしてしまうイデオロギーの力こそが、おそらく、社会問題を解決するために必要な知識を蓄積する上で、最も大きな障害であるのだろう。

Ⅶ　法律と懲罰

社会科学的モデルに従えば、レイプは文化によって規定されるのであり、遺伝子によって規定されるのではない。文化によって規定されると考える立場は、人間の自由な意志を想定し、「新たな社会的枠組みを受け入れれば、人間は簡単に行動を変えられる」という前提に立っている。しかし、そうしたモデルは、あらゆる行動能力が発達する際の遺伝的要因と環境的要因の相互作用や、行動の発達を含むあらゆる適応の形成に影響を及ぼす淘汰の力について私たちがもっている知識とは、まったく相容れないものだ。

進化的アプローチでは、どんな行動も、不可避ではないと考えている。その点をよく理解していないと、発達上の環境のなかの、人間が仲介する諸変化が、望ましい行動変化をどのように生み出すのかがわからなくなる。サイモンズ（1979, P.313）が〝過去の悪夢〟と呼ぶものを避けるためには、進化についての正しい知識が不可欠なのである。レイプに関して進化的アプローチが効力を発揮するのは、レイプ行動の奥にある、進化によってもたらされたメカニズムを活性化するキュー（きっかけ）を取り除くために必要な環境上の変化とはどういうものなのかを、このアプローチが特定できるからだ。

優生学的手段——すなわち、家畜や家禽の品種改良と同じような方法で、衝動的な性向や精神疾患を排除すること——によって、人類のレイプを根絶するのは可能だろうか？[1] その場合、残すべき特徴は、女性の側の（そもそもレイプが起こらないようにするための）相手かまわずセックスを承知する傾向と、男性の側の（行きずりの関係には性欲が起きないようにするための）愛情に裏打ちされた継続的な関係にのみ性的関心をもつという傾向だろうか？ もちろん、そのようなプログラムを実行しようとすれば、実際的、倫理的、歴史的問題が山のように起こってくるだろうし、なによりも、効果が出るまでに、あまりに時間がかかりすぎる。なぜなら、複雑な適応をつくりあげるまでには、何百世代、何千世代もが必要なのだから。しかも品種改良の効果を減らすものとして、逆淘汰という働きがある。たとえば、性的衝動を増すことに関係している遺伝子が、（少なくとも特定の環境下では）感染症への抵抗力を増すなどといった、隠れたメリットを同時にもっている可能性もあるのだ。というわけで、モラル上も実際上も、レイプの解決策として品種改良を利用するのは、現実的ではない。

それよりはずっと実際的で、モラル上の問題も少ないのが、行動がどのように発達するかについての知識に基づくアプローチだ。これは、環境上の要因に向けられたアプローチである。たとえば、長つづきする個人的な人間関係をたくさんもてる（そして特に、父親がそばにいる）環境で男の子を育てれば、レイプしやすい性向の発達を、うまく減らすことができるかもしれない。だが、そうしたアプローチを行なうためには、何が発達上のキュー（きっかけ）となるかについて、まだまだ研究が必要だ。ここでも、進化理論についての知識はとても重要になる。なぜなら、発達上の出来事は特定のキューに呼応して起こること、人類の進化の過程では、女性との合意の上でのセックスが減ると、それに呼応してレイプが生じる場合が多かった場合が、そこからわかるからだ。

発達に関するアプローチに関連のあるものとしては、（すでに進化によってそなわっている）レイプを引き起こすような心的適応を活性化する至近的なキューは何かを、進化理論を利用してつきとめようとする試みが考えられる。大部分の男性はレイプをしないという事実は、そうした試みがうまくいく可能性を暗示するものだといえるだろう。あとは、関係するキューをつきとめるだけだ。進化的見地から見れば、人類の進化史のなかで、成人男性にとってのレイプの利益と損失に影響を与えた要因は何だったかをつきとめることが、きわめて大切だと考えられる。

一般に、「人間の行動に関する進化的説明を受け入れれば、各個人は自分の行為に責任をもたなくてよくなる」と考えられがちだが、そうではない。むしろそれとは逆に、自分の行為にどのような進化的土台があるのかをほんとうに理解している人なら、他の人に損害を与えるような行動を、〝適応的なやりかたで〟控えるものだ。アレグザンダー（1979）が強調しているように、自分が淘汰によって進化したことを理解している人ほど、自由意志で行動することが可能なのである。さらには、科学的知識を前にしているのに他人に損害を与える行動をやめないとしたら、各個人の責任は減るどころか、むしろ増すことになるだろう。レイプが完全に生物学的基礎をもつものだからといって、人間がレイプをしないよう意識的に行動できないということではない。

レイプに関する法律

レイプに関する法律について、社会科学者たちがいちばん気にかけているのは、レイプが伝統的に、被害者の視点からではなく、男性の視点——なかでもとりわけ、被害者の夫の視点——から定義され、罰せられてきたという点である。たとえばホワイトとソレンソン（1992, p.190）も、伝統的に「レイプはヘテロセクシャル（異性愛）の男性の視点から定義されてきた」と述べているし、バーガーら（1988, p.330）も、レイプに関する法律は「女性のセクシュアリティを管理し、女性を性的対象物として所有する男性の権利を守るものである」と記している。法学者のカシーア・スポーンとジュリー・ホーニー（1992, pp.21-22）によれば、「歴史的に見れば」、レイプは、「妻ではない女性に対して、その女性自身の意思に反して力ずくで性交すること」と定義され、この場合の〝性交〟とは、膣へのペニスの挿入だけをさしている」。ドーナットとデミリオ（1992, p.10）は、「女性が性的に襲われたと主張するには、同意の上ではなかったことを証明して、自分の行動が男性の判断基準を満たしていたことを示さなければならない」と述べ、こうつづける――「同意の上ではなかったことを証明する証拠は、その女性が婚姻外の性的行為に自分から加わったのではないことを示すものである必要がある。もし女性がそれを証明できないと、自分自身が罰せられる可能性もある」。（大賢人と呼ばれるラビたちによってトーラー［律法］から抜粋された）ユダヤ教の律法解説集であるタルムードと、そこから生まれたマイモニデス法典[2]も明らかに、被害者の夫の視点から書かれたものだ。

社会科学者や法学者たちは、「レイプ被害者の訴えが疑いに満ちた目で見られる」ことにも不満を述べている（Spohn and Horney 1992, p.18）。たとえば、「同意の上ではなかったことを示すために、被害者はさまざまな法規に基づいて、〝限度ぎりぎりまで抵抗したか〟を繰り返したずねられ、少なくとも、〝その状況下で当然期待されるレベルまできちんと抵抗したこと〟を示すよう求められる（同上 p.23）」。また、同意の上だったかどうかの判断材料として、被害者のそれまでの性的行状が加味される場合があることや、「被害者が加害者と知り合いだったり、被害者の衣服や行動や評判がレイプを〝誘う〟ようなものだったりした場合には、自分が法によって守られるだけの価値のある女性であることを証明しなければならないこと（同上 p.20）」も、そうした学者たちの批判のたねになっている[3]。

一九七〇年代から一九八〇年代にかけて、レイプに関する法律のそのような面を改正しようとする運動が起きた。法改正論者たちは、「レイプの定義をやりなおし、レイプという単独の犯罪ではなく、一連の段階的な罪として扱う（Spohn and Horney 1992, p.21）」ことを求めたのに加えて、「被害者が物理的に犯人に抵抗したことを示す証拠や、補強証拠としての被害者の証言を求められること、被害者のこれまでの性的行状を証拠として法廷に出すのを認めていることなどを批判した」。そしてさらに彼らは、「男性や妻はレイプの被害者として認めず、性交以外の行為も排除している、現行の法律下でのレイプの定義に批判をあびせた（同上 p.18）」

そうした運動の第一の目標は、検察官や裁判官に、どこからどこまでをレイプと考えるかについての伝統的な概念を捨てさせることにあった。しかし一九八八年になっても検察官たちは相変らず、「〝ほんとうの〟あるいは〝伝統的な〟レイプを、他の性的攻撃とは分けて扱っている（Berger et al. 1988, p.334）」と、ある法学者のグループが報告し、「一連の段階的な攻撃として定義しなおすという法改正論者たちの目標からははずれた」行為だと述べている。同様に、「レイプ防止のための法律にも、法改正論者たちが構想したような変化は起きていない（Spohn and Horney 1992, p.164）」し、被害者の過去の性的行状が、同意の上だったかどうかの判断材料に使われるといった状態についても、「法的手続きが改正された今も、実質的に変わっていない」と報告されている（同上 p.31）。そのうえ、「法改正によって、補強証拠としての被害者の証言や、抵抗したことの証拠がいらなくなったはずにもかかわらず（中略）、たいした変化は起きていない。なぜなら、それらは今でも、確実な心証を得るためには不可欠だと考えられているからだ」。たとえば、「「被害者は被告人に抵抗していなくてもかまわない」という一文を条項に入れたからといって、その事件を起訴するかどうかを検察官が決める際に、被害者が抵抗しなかったことを判断材料に入れるのを止める力はない（同上 pp.162-163）」のである。

レイプに関する法律を改正しようとする運動があまりうまくいかなかった要因の一つは、進化によってもたらされたどのような心理学的メカニズムによって、レイプに対する人々の態度が生み出されているのかを法改正論者たちがよく理解しないまま、その態度を変えさせようとしたことにある。進化的アプローチに照らしてみれば、そもそもなぜレイプに関する法律が存在するのか、現行の法律がなぜこんなにも奇妙に思える要素を含んでいるのかが理解できる。

人間がレイプを他の一般の性交と区別し、レイプ以外の強要を含む性交とも区別して考える（Palmer 1989a）のは、この特別な形態の性交が、人類の進化の歴史を通じて各個体の繁殖成功度に特別有害な影響をもたらしてきたからだ。それは、被害者である女性の繁殖成功度を下げただけでなく、被害者の血縁者や、なかでもとりわけ被害者の夫の、環境への適応性を減じるものだった。したがって、レイプは繁殖成功度の障害になることがひじょうに多く、その結果、男女双方に、それに関する適応が生じた。レイプを避けるために女性の精神面に生じた適応については、第Ⅳ章ですでに論じている。さらに淘汰によって、この種の性交に対して特定の反応をする男性が、有利になったのである。というわけで人間の男性には、〝レイプに反応するために〟特に生じた心理学的メカニズムが存在する。そしてそのメカニズムこそが、レイプに関する法律の多くの側面を説明するものだと、私たちは考える。実際、私たちは、「男性のそうした心理学的適応こそが、レイプに関する法律を改正しようとする際の最大の障害になる」という仮説を立ててさえいるのである。

妻をレイプされることは、男性の繁殖成功度にとって大きな脅威だ。なぜなら、生まれてくる子の父親が自分だという確実性が、減ってしまうからである。そこで淘汰によって、妻がレイプされることに対して特定の反応をする男性が有利となった。配偶者が他の男とセックスしたことを発見した男性は、岐路に立たされる。配偶者を捨て去るか、将来生まれてくる子どもと彼女にそのまま投資するか、決めなければならないのだ。男性にとって、最初の選択肢の悪い点は、すでに彼女のお腹にいるかもしれない自分の子どもまで捨ててしまう可能性があることと、さらには、新しい配偶者を見つけなければならないことだ。この選択肢の良い点は、レイプ犯の子どもに投資するというムダを防げることにある。というわけで、この判断のカギは、現在の婚外交渉の結果であれ、将来の婚外交渉の結果であれ、配偶者が他の男性から妊娠させられる可能性が大きいか小さいかにかかってくる。

もしその男性が、妻の行動から見て、「これまでも機会あるごとに婚外交渉をもってきたようだし、今後もそれをつづけそうだ」と考えるならば、進化的見地からの最良の選択肢はおそらく、彼女を捨ててしまうことだろう。実際、それだけでも妻が出ていってしまいそうなほどの男性の性的嫉妬の激しさは、たとえほんとうに無理やりレイプされた場合でも、妻を遺棄するのが最善の選択肢であることがこれまで多かったのではないかと思わせるに十分なほどだ。しかしながら、もし最近起きた事件が、力のかぎり抵抗したのにレイプされたり、抵抗すれば明らかに彼女自身や彼女の（あるいは夫の）子どもに深刻な身体的ダメージが加えられることがわかっていたために、言いなりになるしかなかった場合には、進化的見地からの最良の選択肢はおそらく、彼女に投資しつづけることだったと思われる。彼女や、彼女が日常的に保護している人物に死や深刻な身体的ダメージが加えられそうだったかどうかが夫の判断に影響を与えたと考えられる理由は、通常、そのような場合にかぎっては、被害者が力のかぎり抵抗しつづけるよりセックスに応じたほうが、夫の繁殖上の利益が増す可能性が大きいからだ。いっぽう、そこまでの危険がなさそうな場合には、被害者があくまでも抵抗して、それなりのダメージを受けるほうが、夫にとっての繁殖上の利益は大きい。というわけで、男性に対しては、たいしたダメージも予測されないのに他の男とのセックスを受け入れた女性への投資をやめるような淘汰が、働いてきたのである。

ただし淘汰によって、レイプされたという明らかな証拠がある場合には、妻への投資をつづける男性のほうが有利になったように思われる。しかし明らかな証拠がなければそうする意味がないから、おそらく世の夫たちは、自分の意に反してレイプされたという妻の言葉をひどく疑うことが多いのだろう。男性のそのような極度の疑い深さについては、ナンシー・ソーンヒルも、「レイプ被害者のパートナーは、レイプされたというのは口実で、ほんとうは自分の妻やガールフレンドが不義をはたらいただけではないかと、しつこく疑うことが多い」と述べ（1996, p.93）、つぎのようにつづけている――「レイプされたという主張をパートナーがひどく疑うのは、自分が子どもの父親であることの確実性を増すためのメカニズムだと考えられる」。こうした考えかたに従えば、淘汰は女性たち——そして、被害者とそのパートナーの血縁者たち——についても、レイプとそれ以外の婚外交渉を、パートナーである男性と同一の基準で区別するような個体が有利になるように働いたものと考えられる。それだからこそ、〝レイプ〟という語があてはまる狭い範囲の性交と、それ以外の性的強要による広い範囲の性交を人々が区別するようになったのだろうというのが、私たちの仮説なのだ。

パートナーである男性にとってはレイプが父性の確実性を損ないかねないこと、同意の上での婚外交渉はさらにその危険が大きいこと、その結果として働いた淘汰によって、「レイプされた」という女性の訴えを男性はひどく疑うようになっていることなどを考え合わせれば、レイプに関する法律の多くの側面が説明できる。たとえば男性のそうした疑い深さは、レイプ被害者のそれまでの性的行状を判定材料にしたがるところにもあらわれている。スポーンとホーニー(1992, p.25)が述べているように、「レイプ被害者のそれまでの性的行状が、同意の上でのセックスだったかどうかの判断材料になるという考えかたは、貞淑さというのは性格的な形質であり、ふだん貞淑でない女性は、婚前あるいは婚外の性交渉をしたことのない女性よりセックスに応じる可能性が高い、という仮定に基づいたものだ」。法学者のスーザン・エストリッヒ(1987, p.48)も同様に、「一般的に、精一杯の抵抗の末でなければレイプとはいえないという考えかたや、被害女性の性的過去がレイプか否かを決める材料となるという考えかたが、ふだんから貞淑な女性を優遇し、そうでない女性を守ることには消極的な法律を生んでいる」と記している。さらに私たちに言わせれば、人間の男性は貞淑な女性にだけ投資したがるように進化しているから、それを反映して、ふだん貞淑な女性を優遇し、そうでない女性を守ることには消極的な法律が生まれているのである。

男性や、男性によって整備されたレイプについての法律がなぜ、「レイプされた」という女性の訴えにかくも懐疑的なのかを、男性の行動についてのモラルの点からではなく、純粋に進化的見地から分析した、私たちのような立場に立てば、レイプに関する法律を変えていく上で、大きな助けになるかもしれない。実際、すでにそのような気配が生まれはじめている。

著書や法律学会での発言のなかで法学者のオーウェン・ジョーンズやジャック・ベックストロームは、法律家や法学部の教授たちに、私たちの論文も含む進化的研究を紹介している。そして、レイプのさまざまなパターンに影響を与える心理メカニズムを――進化生物学的見地から――もっとよく理解すれば、今より大きなレイプ抑止力をもつ法律をつくることができると主張しているのである（Beckstrom 1993; Jones 1999）。ものごとの要因が広く理解されるようになれば、そのものごとを変える能力も大きくなる。これまで妻やガールフレンドの「レイプされた」という訴えを疑っていた男性たちも、なぜ自分がそのように感じるかの進化上の理由を理解できれば、自分の反応のしかたを変えようという気になるかもしれない。現行法に進化的な理由がどう影響しているかを理解すれば、法改正論者たちも、今までより説得力のある議論を展開できるだろう。それを聞く側も、進化についての基本的な知識をもっていれば、もっとよく理解してくれるはずだ。さらには、進化理論についての理解が深まれば、レイプに対して男性とは異なる態度を進化によって身につけている女性たちを、法律を制定したり行使したりする地位にもっと登用すれば、レイプに関する法律を変えやすくなることも広く理解されるものと思われる。

一部の女性たちがどのように、あるいはなぜ、人を欺くような策略を使うかを、もっと多くの人がさらに深く理解することも、レイプに関する法改正を求める運動に役立つかもしれない。これまで多くの法学者たちが、レイプ訴訟では伝統的に補強証拠が必要とされるのは女性の証言が信用しきれないからだと考えてきた（Spohn and Horney 1992）。そうした不信感は、男女双方が、女性の訴えというものをどう考えているかを反映したものともいえる。男性と比べて女性のほうが、身体的リスクや身体的ダメージを避ける傾向が強く、地位や支配にあまり関心を示さないように進化している（Campbell 1995; Campbell et al. 1998; Geary 1998; Walston et al. 1998）。さらには、これらの各文献、なかでも特に進化心理学者であるアン・キャンベルの著作は、女性が限られた資源や配偶者をめぐって、直接的な身体的攻撃性よりもむしろ、もっと間接的でコストの低い手段で競争することに言及している。実際、人間の女性は社会的競争の際に、間接的でコストの低い戦術を複雑に組み合わせて使うことが、研究によって明らかにされている。少年や成人男性に比べると、少女や成人女性のほうが、自分の敵対者について作り話をしたり、悪口を言ったり、噂話を流したり、仲間はずれにしたり、周囲の意見を操作したりといったことを、戦術として用いることが多いのだ（Feshbach 1969; Brodzinsky et al. 1979; Cairns et al. 1989; Ahmad and Smith 1994; Bjorkqvist et al. 1994; Crick and Grotpeter 1995）。男女にそのような差があることが社会通念になっているということを示した研究はまだ見たことがないが、もしそのような研究があれば、それを裏づける結果が得られることは十分に予測できる。というわけで、レイプ訴訟では補強証拠が必要とされることには、社会的競争において女性が使う戦術について、これまでの進化の過程で培われてきた社会通念が関与しているという可能性は否定できない。

さらには、性的なことがからむと女性の証言はさらに信用できなくなると人々が考えていることも、私たちは指摘したい。本書ですでに述べたように、じつに多くの人たちが、セックスというのは女性の所有物で、男性がそれをほしがるものだと考えている。このような社会通念は、子孫を残すために最低限必要な投資に男女で差があることから生まれている。人類の進化の歴史のなかで、男性はセックスそのものを望むように進化したと思われるのに対して、女性はセックス自体やセックスするという約束を、男性を操作して彼らから資源を得るために利用しようとする。明らかに男性より女性のほうが、そのような行動をとる頻度が高いのだ。研究によれば、男性に比べて女性のほうが、異性に対する自分の性的関心について（たとえば、ほんとうは性的関心を抱いていないのに抱いているそぶりをするなど）偽りの行動をとることが多く、性的興奮についても（オーガズムを感じたふりをするなど）嘘をつきやすく、自分の性体験も（相手の数を少なく言うなど）正直には話さない（Buss 1994; Thornhill et al. 1995; Geary 1998）。さらには、不倫をしても女性のほうがそれを隠す傾向が強いことを示す研究もある（Baker and Bellis 1995; Gangestad and Thornhill 1997b）。というわけで、ことに（レイプなどの場合のように）性的な問題がからむと、時として女性は自分の利益のために嘘をつくという社会通念が、進化によって生じている可能性は高い。

もちろん、だからといって男性は性的なことについて嘘をつかないというのではない。男性も明らかに嘘をつき、それはおそらく、同じく自分の利益のためだ。なぜなら、男性にとってセックス相手の数が多いことは、男性のなかでの地位や自尊心を高めるいっぽう、女性からの評価は下がるからである（Quinsey and Lalumiére 1995）。しかしながら、女性は性的なことについて嘘をつきやすいということ、および、女性はコストの低い競争戦術を使うことが多いということが社会通念になっているせいで、いくら女性が「レイプされた」と主張しても、なかなかそれを信じてもらえなかったり法的に認めてもらえなかったりしやすいという面は、たしかにあるだろう。

レイプされたと偽証したケースについての体系的な研究は、ほとんど行なわれていない。一部のフェミニストたちにとっては、「レイプされたという偽証」という考えかた自体が、性差別的なハラスメントなのだ（Grano 1990）。しかし米国での一〇九のレイプ事例を注意深く調べたところ、その四十一％では女性が自分から訴えを取り下げており、虚偽の訴えだった可能性があると考えられた（Kanin 1994）。調査対象となった女性たちは、レイプされたと偽証した理由について、つぎの三つをあげている――「同意の上でセックスしたが、妊娠の心配があるのでアリバイを作ろうとした」、「セックス・パートナーの男性に拒絶されたので、復讐したかった」、「近親者や友だちから、同情されたり注目されたりしたかった」。レイプについてのこのような偽証は、「個人的および社会的なストレスをかかえた状況になんとか対処しようとする、必死の努力である」と、カニンは強調している（p.81）。

レイプに関する法律を改正しようという運動の主たる目的の一つは、レイプ犯の動機が性欲ではなく暴力への欲求であることを広く認めさせることにあった。実際、すでに米国の多くの州においては、「レイプが制御不能な性欲による犯罪ではなく暴力犯罪であることを強調するために、その呼び名が〝性的暴行〟（あるいは、〝性的違法行為〟など）と改められている（Berger et al. 1988, p.331）」。モリス（1987, p.177）は「レイプは性的に動機づけられている」という考えかたに反論し、ミッチオ（1994, p.82）も、米国議会の犯罪小委員会および司法省に対して、「レイプが性欲による犯罪だと信じこませるような文化的な神話は（中略）、その仮面を剥がされるべきである」と述べている。また、レイプに関する諸理論の法的意味合いについての議論のなかでフラー（1995, p.159）は、「レイプは性的行為だ」という仮定がいまだに判決に影響を与えている事実を嘆き、ブラット（1992, p.832）も、「レイプは政治的動機よりも性的動機による攻撃である」という仮定に基づいたさまざまな国の法律を批判している。「一部のレイプは、主として性的なことがらである（1997, p.556）」ということは少なくとも認めているK・ベイカーでさえも、レイプ犯の多くとっては、「セックスではなく支配行為が、レイプの動機としては大きい」と主張する(同上 p.609)。

フェミニスト・マジョリティ基金のエレノア・スミールによる、「レイプはけっして欲情による行為ではない」という証言(Shalit 1993, p.7B中の引用)の聞き取りを行なったあと、一九九四年に米国議会は、〈女性に対する暴力法〉を可決した。そしてその法律は、「ジェンダーによって動機づけられた暴力犯罪」に対して訴訟を起こす市民権を、新たに認めている。ジョーンズ(1999, pp.921-922)によれば、「〝ジェンダーによって動機づけられている〟と認定されるためには、その暴力犯罪が、(1)ジェンダーを要因として、あるいはジェンダーに基づいて行なわれ、(2)少なくとも部分的には、被害者のジェンダーに基づく悪意によっていなければならない」。

レイプの動機は性的なものではないという主張には多くの欠陥があることを考えると、レイプは性的でない動機による「憎しみの犯罪だ」という考えがこのように法的に体現されるのは、きわめて不幸なことだといわねばならない。法律というものは、人間の本性についてのさまざまな仮定から影響を受ける(Jones 1999)。そして、正しくない仮定は、法律の信頼性をそこない、より人間らしく正当な行動をその法律が導く力を減じてしまう。そこで私たちとしては、レイプの要因を正しく理解し、レイプ被害者に対してどのようなゆがんだ認識がもたれやすいかを把握すれば、レイプに関する法律にまつわるさまざまなことを改善できると、強く訴えたい。

法律上のレイプ

合意の上であろうとなかろうと、法的に定められた年齢以下の女性との性交は、法律上はレイプであると定義されている。なぜそのような年齢制限があるのかを理解するためには、法律を含めたルールがなぜ存在するのかを理解する必要がある。ルールというものはそもそも、社会的な環境のなかで他者をコントロールする能力が、淘汰によって生じてきたために生まれた（Alexan-der 1979, 1987）。

法律を初めて進化的見地から扱ったリチャード・アレグザンダー（1979）が明らかにしたとおり、ルールというものは――法律として整備されていようといないとにかかわらず――一般的に、強者に利益をもたらすように働く。つまり、子どもよりは大人の、女性よりは男性の、貧乏人よりは金持ちの、地位の低い男性よりは地位の高い男性の、利益になるように働くというわけだ。

ある年齢以下の女性は成熟した判断ができないと考えられ、ことに、適応的なセックス・パートナーを選ぶ能力に欠けるとみなされている。子どもや、ごく若いティーンエイジャーたちについては、それはおそらく正しいだろうから、法律上のレイプの定義は、そうした子どもやその親たちの役には立っているのだろう。しかしながら、もう少し年上の少女たちはすでに、きちんとしたパートナー選びの心的適応を身につけていると考えられる。したがって、そのような年齢制限が彼女たちにも適用される背景には、他の要因もあると考えなければならない。

十代後半の女性にも年齢制限がかけられているのはおそらく、彼女たちの父親（そして場合によっては、他の血縁者たち）の利益のためだろう。他の生き物たちと同じく人間も、子孫を残すことを通じて遺伝子を伝えていくように進化している。卵《らん》を保有している女性は、精子を保有している男性にとって、限られた資源だ。卵の保有者が将来行なう親としての投資は、きわめて貴重であり、繁殖成功度を最大限にするような環境下でのみ行なわれるべきものである。そこで親たちは、なんとかして娘のセックス未経験期間を引き延ばすよう、時には強制的な手段まで用いて努力し、パートナー探しの市場における娘の価値を高めようとする。なぜなら男性は、性経験の少ない女性に養育努力を投資するのを好むからだ。というわけで、わが子の、そしてなかでも娘たちの、恋愛関係までコントロールしようとする親が出てくる。

大部分の社会では、娘は父親の所有物として扱われ、協力や助力、他の資源などと引き換えに他者に譲り渡せるものだと考えられている。成文化された法律をもたない社会でも、花嫁の値段（男性が花嫁の実家にどれだけのお金を払わねばならないか）や婚資（男性が花嫁の実家にどれだけのサービスをしなければならないか）についての、基準となる習慣が定められていることが多い。聖書学者のジョン・ハータング（私信）によれば、マイモニデス法典および、そのもとになった初期の律法類を見ると、こうした習慣が法律上のレイプの定義に通じる考えかたに基づいているとことがわかるという。そのような律法類では、富んだ男性の未婚の娘との性交を法律上のレイプとみなし、娘の父親への金銭的弁償を義務づけているのだ。さらには、父親にとって娘の価値がいちばん大きいのは娘が処女のあいだであり、美しい娘はそうでない娘より価値が高いとされている点も共通している。

自分にふさわしいセックス・パートナーについて十分な判断をくだせる年齢の女性にまで法律上のレイプが適用されていることについて、私たちはつぎのような説明を提示したい。個々の女性の繁殖上の価値（将来にわたってどれだけの子どもを産めるか）は、思春期に達した直後がいちばん高い。（男性だけでなく女性も含めた）一般の人に評価させた場合、女性が最も美しいとみなされるのもこの年齢だ（Symons 1979, 1995; Johnston and Franklin 1993; Quinsey et al. 1993; Jones 1996）。この時期には、女性の美しさが、配偶者としての彼女の価値を最大にする。そして前工業化社会では、女性はこの年齢で結婚する。進化人類学者のエリザベス・キャシュダン（1996）は、女性にはこの年齢で、自分が選んだ相手と強い絆で結ばれる心的適応があるのではないかと述べている。キャシュダンによれば、もっと年齢が上がってからの異性関係は、セックス・パートナーとしての女性自身の価値が下がるため、関係も比較的短くなりがちで、あまり強い絆では結ばれにくいのではないかという。進化史上の環境のなかでは、女性が最初に選んだ相手が、彼女にとって最高の相手であることが多かった。投資する能力も意思もある男性にとっての彼女自身の魅力が、最高の時期にあるからである。このことは、〝初恋〟はその後の恋愛よりずっと素晴らしくて特別なものだったという、女性自身がしばしば述べる感想とも一致している(Cashdan 1996)。というわけで、両親は、「娘はまだ若すぎて判断力がないから、セックスしないように見張っていなければならない」と主張し、自分たちもそう信じているかもしれないが、実際にはそうしたコントロールは、娘が自分自身で選んだ相手と強い絆を結びそうな時期をうまくやりすごし、親の思いどおりの相手と結婚させるためのものである可能性が高い。

もちろん、娘が投資力のある相手を選ぶ上では性体験が少ないほうがいいということを、親としての知恵で察知しているからこそ、そのようなコントロールを行なうのだという可能性も排除できない。人間は進化によって、成熟前の時期がひじょうに長くなっている。そしてその時期に、繁殖成功度を高めるような大人としての文化的情報を学習する。したがって、年長の娘のほうがごく若い娘より、いろいろな知恵を身につけている可能性は高いのだ。だから、思春期およびその直後の時期に娘の社会生活をうまくコントロールできた親は、配偶者としての娘の価値を高め、金持ちで面倒見のいい夫を見つけるチャンスを増すことになるのかもしれない。両親のうちでも父親のほうが、より強く娘のセクシュアリティをコントロールしようとする(Wilson and Daly 1981; Flinn 1988)。トリニダード島におけるフリンの調査によれば、娘の養育環境に父親がいるほうが、それなりの財産や土地をもつ夫と娘が結婚する確率が高かった。フリンの観察によれば、娘を守ろうとする父親たちは、娘に言い寄る男たちを熱心に(そして、時には暴力的に)追い払っていた。

レイプに関する法律のあらゆる側面がそうであるように、法律上のレイプも、進化で生じた心理メカニズムに関連している。ここで中心になっているのは、娘の婚前の性的行動を制限したいという、両親（なかでも父親）の動機である。それを理解すれば、弁護士も裁判官も陪審員も、法律上のレイプに関する訴訟において、関係者全員の利益について熟考した判断をくだしやすくなるにちがいない。法律を進化的見地から見ていけば、しばしば対立しあう各個人の利害が明確になり、ある種の法律が被害者本人よりも他の人間の利益を優先していることがはっきりする。レイプに関する法律はしばしば、被害者の夫の利益を最優先し、法律上のレイプについての規定は、被害者の両親の利益を反映していることが多い。

懲罰

罰を与えればレイプの発生率を下げられるという発想がけっして進化的アプローチの専売特許ではないということは、これまで知られているあらゆる社会でレイプが罰せられていることからも明らかだろう。(4) しかし進化的アプローチだけが、なぜ特定の環境刺激がどのぐらい効力のある懲罰になり得るのかを、説明することができる（Wright 1994）。

現代人の人生の各段階で働く、性にまつわるさまざまな心的適応は、私たちの祖先が各ライフステージで直面した環境上の問題に呼応したものである（Geary 1998）から、現代人が懲罰であると感じる環境は、その人と同性、同年齢の祖先の繁殖成功度を大きく損なうようなものであったはずだ。レイプ犯のほとんどが十代ないし二十代の男性であることを考えれば、レイプを根絶するために最も効果的な懲罰は、その年齢の男の祖先たちの繁殖成功度を大きく損なったものであればいいことになる。十代から二十代にかけては、地位や女性をめぐる競争が最も激しくなり、それが男性の繁殖成功度を大きく左右する時期なので、そうした競争に参加できなくなるような処置が、それ以降レイプをやめる最も効果的な懲罰といえるだろう。こうした観点から思いつく方法の一つは、監禁である。長期間の監禁を行なえば、犯人は、若い男性が通常多くの時間を費やす、地位をめぐっての日々の同性間の競争から、少なくとも部分的には引き離される。罰金を科すのも一案だが、経済的にいっそう困窮した犯人が、さらにレイプにひかれる可能性もある[5]。

私たちは、レイプにまつわるコストを増大させるための特定のプログラムを、ここに提示することはしない。ただ、社会工学者たちがレイプに対して現実的に向き合いたいと考えるのならば、進化理論から得られる知識に基づいた懲罰プログラムを開発したらどうかということは、強く提言しておきたい。

〝化学的去勢〟

多くの国で、レイプに対するコストの大きい懲罰として広く行なわれてきた文字どおりの去勢は、現代の西洋社会では、そのまま実施するわけにはいかないだろう。しかし米国のいくつかの州では現在、いわゆる〝化学的去勢〟――レイプ犯への治療として、男性ホルモンであるアンドロゲンを抑制する薬品を投与すること――についての論議が進行中である。社会科学的な説明では、レイプの要因は生物学的なものではなくて文化的な力であり、性欲はまったく中心的な役割を果たしていないと考えられている。実際、（ウィリーとバイヤー（1989）によってまとめられた文献で論じられているような）化学的去勢薬を使うことへのいちばん有力な反対意見は、「（性的暴行の）有力な要因は、性ホルモンではなく心理学的要因である」という主張なのだ。心理学的要因も生理学的なものだということへのこのような理解の欠如は、「性犯罪者に対して、監禁や、生物学とは立場を異にする心理療法を行なうのではなく、生物学的な治療を施すことを判決で言い渡すような決まりを、各州は採択すべきだろうか？」というイセノーグル（1994, p.279）の問いかけにも、はっきりとあらわれている。また、生物学では環境要因を排除しているという誤解も、「小児性愛を決定するのは環境ではなく生物学だ」という見かたに対するツァング（1995, p.409）の反論に顕著である。

生物学の意味合いがきちんと把握されれば、「抗アンドロゲン剤は、人間の行動の生物学的な側面にしか働かないから使うべきではない」という主張がいかにばかげているかが、はっきりする。生き物の行動すべてがそうであるように、レイプも生物学的なものである。したがって、その行動を変えようとするすべての試みは、その定義から考えて、人間の生物学的要素に影響を与えるものだ。社会環境を変えること（心理療法、教育プログラム、投獄、カウンセリング、人前での辱めなど）も、循環しているホルモンの量を変えること（〝化学的去勢〟など）も、遺伝子構造を変えることも、みな等しく、行動に影響を与えるための生物学的手段なのである。

レイプ犯は性的に動機づけられているのではないという考えかたがこれだけ広まっていることから考えれば、「多くの専門家たちが、レイプは性犯罪ではなく支配と暴力の犯罪だから、去勢は意味がないと主張している（Hicks 1993, p.647）」ことも、べつに驚くにはあたらない。エストリッヒ（1987, p.82）も、「有罪になったレイプ犯に、化学的去勢か投獄のいずれかを選ばせるという考えかたは（中略）、レイプがコントロール不能の性欲によって引き起こされた犯罪だと考えないかぎり、意味をなさない」と述べて、化学的去勢に反対している。ゴールドファーブ（1984, p.4）の引用によれば、ニコラス・グロートも、レイプ犯に選択肢の一つとして化学的去勢を選ばせるのは、「性犯罪者の大多数が、なんらかの性欲のせいでレイプに及んだという、間違った考えを反映している」と述べている。ヴァーチス（1994, p.112）は、「そのような（化学的去勢などという）〝治療〟はリアリティを無視している」と述べ、「性的暴力はセックスではないというのは言いすぎにしても、セックスを道具として使った暴力であると考えるべきである」と論じる。ツァング（1995, p.400）は、「レイプの事例に薬物療法を用いるのは（中略）、レイプは女性に対する暴力と支配の犯罪だというフェミニズムの視点に反し、レイプが本質的には性的行為であると仮定するものである。」と主張し、「フェミニストたちは、〝リビドー〟を減らしたからといって暴力の脅威は減らない、と反論するだろう」と述べている。スポルディング（1998, pp.132-133）に至っては、「（レイプ犯の）動機は性欲ではなく激しい憎悪や敵意であるから、（化学的去勢などという）処置を行なえば、そのような性的暴力の発生が増えるかもしれない」とまで言う。

性ホルモンが男性の性的動機に与える影響のいくつかは何十年も前から知られていたものの、大部分の社会科学者たちは、それをレイプ防止のために使う可能性を、無視したり拒絶したりしてきた。〝生物学的〟なものはすべて、〝文化によって〟規定されている行動とは無関係だという大前提や、レイプ犯は性的に動機づけられているのではないというドグマにとらわれているせいである（Cohen et al. 1971; MacDonald 1971; LeGrand 1973; Rada 1978a; Groth 1979; Katz and Mazur 1979; Dusek 1984）。したがって、レイプに関する社会科学理論の提唱者たちはせいぜい、「レイプ犯たちにホルモン療法を施せば、もしかしたらレイプはやめるかもしれないが、女性に対するそれ以外の暴力的な攻撃をしかける可能性もある」と述べるにとどまる。たしかに、レイプに対するホルモン療法の効果についての証拠も限られたものだが、去勢やホルモン療法が性的でない攻撃性を増すなどという証拠は、どこにもない。いっぽう、去勢やホルモン療法が性犯罪一般を減らすという証拠は、いくつか存在する（Kopp 1938; Bremer 1959; Sturup 1960, 1968; MacDonald 1971; Rada 1978b）。そのような薬物を使用するかどうか決定する際には、それが実際に行動にどう影響するかについての証拠に基づくことが、ぜひとも必要だろう。

Ⅷ　男性のセクシュアリティに社会が与える影響

一般の人たちが抱いているイメージとは異なり、進化心理学者たちは実際には、幼少期の社会環境が成人の心を形成するという、二十世紀の心理学および精神医学の基本的教義に賛同している。

——ロバート・ライト『モラル・アニマル（The Moral Animal 1994,p.8）』

進化的アプローチは、幼少期の社会環境について、一部の批判者たちが考えているよりはるかに多くのことを語ることができる。ライト（1994）が述べているように、「もし私たちが、たとえば野心や不安のレベルが幼少期の環境によってどのように調節されているかを知りたいと思えば、まず最初に、なぜ自然淘汰がそれを調節可能にしたかを問わねばならない」のだから。同じことは、性的抑制のレベルや、目的達成のために暴力を使うことのレベルについてもいえる。こうした行動における個人差の一部は遺伝的な違いに基づくのかもしれない（Ellis 1989）が、「より大きな役割を果たすのは、遺伝的共有性——すなわち、社会環境からの情報を取り込み、成熟していく心をそれに応じて調節する、その種全体の発達プログラム――である（Wright 1994）」。たとえ遺伝的に受け継がれる行動であっても、各個体の行動はやはり、発達によって生み出されるものであり、環境の影響を受ける。

ある感染症に対する遺伝的免疫力は、わかりやすい例だといえるだろう。その感染症に対する免疫力を遺伝的に受け継いでいる人も、病原体に出会わないかぎり、実際に免疫力を獲得することはできない。しかも、もしその人の栄養状態がよく、病原体を十分に打ち負かせるような場合には、その免疫力に関わる遺伝子は活性化しない。

進化的なモデルでは人間の脳を、個体発生の過程で起きる、進化によって個別化された遺伝子と環境の相互作用によって生み出された、特化した無数の適応の集合体だと考えている。個体発生によって構築されたあと、それらの適応が環境の特別な諸側面とさらに相互作用を行ない、レイプを生むのだ。

本質的にはすべての男性が、多数の性交相手を獲得するためにデザインされた、性に関する心的適応をそなえている。しかし、発達の過程で経験する環境上のキュー（きっかけ）に応じて性的適応の細部を調節する機能が遺伝的に受け継がれており、おそらくはそのせいで、そうした適応の活性化されやすさに個人差が生まれる。そのような調節を行なうメカニズムは条件しだいのものであり、特定の環境的変数に応じて変化する。したがって、たとえ仮に、レイプの下地をなすような心的適応を男性たちが多かれ少なかれ生まれつきもっていたとしても、レイプに走りやすい性癖に環境的差異がどう影響するかを知れば、レイプの本質を理解してそれを減らすことは可能である。もしレイプを生み出す心的適応が、（たとえば、精神病質の表現型と非精神病質の表現型のように）遺伝子頻度に応じた淘汰の結果、集団内の男性のなかに混在する多数の性的適応の影響を受けていたとしても、同じことがいえる。

「このように心理的発達を強調することはけっして、二十五年前に社会科学者たちがしたような、見るものすべてを不明瞭な〝環境の力〟のせいにすることへの後戻りではない（Wright 1994, p.82）」ということをはっきり認識することが、きわめて重要だろう。なぜ人間は社会的環境の諸変数に応じて変化する条件しだいの適応を有しているかについて、進化上の究極要因を理解することは、むしろ、どのような社会的変数がどのように発達に影響を与えるかを特定する私たちの能力を、大幅に増すことになる。そしてそのことはまた、恣意的に選んだ環境要因によってレイプを説明しようとする数々のアプローチより、進化的アプローチを優位な立場に置く。たとえば、（Denmark and Friedman 1985; Stock 1991など）レイプに関する社会科学的理論の提唱者たちの多くは、「いくつかの文化では男性が、暴力的なポルノグラフィを見ることを通じて、それを真似したいという気持ちをかきたてられる」という、たった一つの道筋に固執している。しかし、この考えかたをあくまでも押し通そうとする社会科学者たちは、なぜ人間の脳が、暴力的なポルノグラフィという特定の環境刺激に応じた特定の方法で、彼らの言葉を借りれば〝構築される〟かを説明できない。たとえば、男性たちはなぜ、暴力的なポルノグラフィを探し求めて真似するのに、ビデオに描かれるそれ以外の人間の行為は真似しようとしないのか？　社会科学者たちは、自分たちの主張する至近要因の基礎にある究極要因についてはまったく考えてみようとせず、確固たる理論的基礎を求めようともしない。暴力的なポルノグラフィという要因では、レイプが歴史上いつの時代にも、どんな文化でも、（さらには、人間以外の種でも）発生していることを説明できないという明らかな事実に加えて、そのような恣意的な環境要因による説明は、人間の発達、認知、認識、感情、動機などについて私たちが知っているすべての知識によって、すでに論破されている。そこにはまた、論理構築上の欠陥もある——なにしろ、同じような行動に理論上は影響を与える可能性があるのに実際はそうなっていない他の環境変数については何の説明もしないまま、たった一つの環境要因だけを、人間の特定の行動の要因だとしてしまっているのだから。その結果、もしかしたら暴力的なポルノグラフィを見ることがほんとうに、男性たちの一部のレイプ行動の至近要因になっているかもしれないにもかかわらず、レイプやそれに関連した行動についての有益な見通しが彼らの主張から生まれる可能性は、きわめて限られたものになってしまっている。どのような人がレイプされるかについてのデータ、いつどこでレイプが起こるかのデータについて、彼らは何も説明できないのだ。彼らの考えかたに従えば、暴力的なポルノグラフィをなくしてしまうことがいちばんの解決法になりそうだが、それでレイプの問題が解決されるとは、とうてい思われない。

人間のレイプは、じつに広範囲の〝物理的〟および〝文化的〟環境下で発生している——実際、人間の社会が存在していることが知られているあらゆる環境において、レイプは起きている。したがって、そのような比較文化的証拠から考えれば、それらすべてに共通する（前の章で述べた懲罰や、これから説明する、人間の行動の形成に関わる環境上の障壁などを含む）比較的狭い範囲の環境要因を変化させることで、レイプの発生を有意に減らすことができそうだ。比較文化的研究の結果から引き出されるべき真の教訓は、家父長制度がなくなればレイプも消滅するといったものでは断じてない。

「人間の行動を生み出す上では恣意的な学習だけが重要であり、レイプすることを男性に教えるのをやめさえすれば、レイプは防げる」という、科学的に間違った信念を捨て去ってしまえば、その代わりとして、進化的モデルから引き出された考えかたを据えることができる。そうなれば、特定された環境要因を変えることによってレイプを防ぐために、どのような努力をすればいいかが見えてくる。

　セックスを得るために暴力を使ったり、暴力を振るうと脅したりしないよう男性を教育すべきだという点では、私たちも社会科学者たちに同意する。しかしながら、そのような戦術を男性が使う動機に焦点を当てれば、レイプを防ぐための教育プログラムは、もっとずっと効果的なものになるはずだ。レイプに関する社会科学的な説明とは対照的に、進化理論が内包する最も明快な意味合いは、男女で異なるセクシュアリティの結果としてレイプの動機が生まれる、というものである。つまり、「男性の性的動機を生むような心的適応が進化によって身についていることこそが、レイプの至近要因である」というのだ。ということはつまり、レイプの発生頻度を下げるような環境条件を作り出すためには、男性を性的行動に導く心理メカニズムの本質を、正確に特定する必要がある。そうしたメカニズムがどのように発達し、どのようなキュー（きっかけ）に反応するのかについて私たちが理解すればするほど、男性の性的発達や、それに関連した男性の性的行動を変えられる度合も増す。

男性の性的動機の究極要因についての説明は、レイプ防止を目指す多くの人たちから無視されているだけでなく、そのような知識の潜在的な重要性自体が、大部分の社会科学者や、ほとんどすべてのアカデミックなフェミニストたちから否定されている。そのような人たちにとっては、レイプ防止のカギは、レイプは男女のセクシュアリティの生物学的差異とは無関係な政治的行動なのだということを人々に信じこませることに尽きる。実際、レイプ犯は性的に動機づけられているという考えは、〝教育〟によって根絶されるべき〝レイプ神話〟(1)だと見なされてしまうことが、あまりに多いのだ。たとえばフォノウら（1992, pp.118-119）は、「フェミニストのレイプ教育は、レイプはセックスか社会的コントロールかというテーマに向けられる必要がある」と示唆し、「女性については、レイプが性的なものではないという見かたが教育によって定着しつつあるが、男性については、まだその信念を十分に突き崩せてはいない」と報告している。シズマンスキーら（1993, pp.54-55）も、自分たちが行なっている「レイプに気づくためのワークショップが、有効な教育の場になっているように思われる」と述べ、「そのワークショップに参加しない者たちは（中略）、レイプの動機はセックスだと考える度合が（中略）、ワークショップの参加者たちより有意に高い」と記している。ストック（1991, p.73）も、「性的強要を根絶するためには、女性たちは、具体的な資源や職業の専門性、地位などを手に入れるチャンスが増大したことを活用して十分な力を蓄積し、女性に対する男性の優位性を約束するような構造や信念を男性が維持しつづけるのを難しくしなければならない」と述べる。レイプは性欲によって動機づけられているわけではないという主張がこのようにたびたび行なわれることが、もっと効果的なレイプ防止策を生み出す上で最大の障壁になっている。

レイプ犯は性的に動機づけられているという圧倒的な証拠を拒絶する根底には、性的欲求に駆られたレイプ犯は自分の行為に責任をもつ必要がないのだろうという思いこみからくる懸念があるものと思われる。しかし私たちの知るところによれば、社会科学的モデルの提唱者たちも、「レイプ犯は女性をコントロールし支配したいという欲求に駆られているから、レイプしても責任をとる必要がない」などと主張しているわけではないはずだ。しかも彼らが動機として提唱するその欲求は、男女関係のほとんどすべてを説明できるほど強力なものだというにもかかわらずである。（ここからもわかるように、行動に関する科学的説明は本来、その行為の要因についての情報のみを提供するものであり、その行為の責任をとるべきか否かといったことを述べるものではない。）

実際には、性的動機がレイプの要因だと認めれば、今後のレイプ防止策がうまくいくのではないかという希望が出てくる。なぜなら――

・多くの男性はレイプをせず、実験室でのレイプ映像に性的興奮を覚えない。このことから、多くの男性の発達環境のなかには、レイプ行動を禁止するようなキュー（きっかけ）が存在していたことがうかがえる。

・性的な動機が果たす役割を認めれば、男性のセクシュアリティの進化に関する科学的知識が急激に増大していく。そしてその知識を、レイプを防ぎ、レイプの発生を減らすキューを発見するために使えるのだ。

〝社会環境〟（すなわち、周囲の人々の行動）が男性のセクシュアリティの発達にどのような影響を与えるかを理解する第一歩は、人間以外の種に関する証拠から得られた、つぎのような重大な発見を思い出すことだ――「嫌がる雌を雄が性的に追いまわすことは、発達の過程で性的社会化の行なわれない種にも広く見られる」。つまり、男性に対してレイプが奨励されなくても、レイプは起こるということだ。男性のセクシュアリティのこの基本的な側面に照らして考えれば、ジェンダーの役割について書かれた多くの社会科学者たちの著作の内容とは逆に、人間界では、「（レイプを含む男性のセクシュアリティに）関係する規範的メッセージの大多数は、レイプを奨励するものではなく、逆に抑制しようとするものだ（Symons 1979, p.303）」という記述も驚くにはあたらない。実際、人間の男性に特有な性的行動に関するどんな説明も、「ある種の状況下では性的活動を行なうことを避ける、学習された傾向（LeVine 1977, p.222）」を通じて「男性の（性的）活動を抑制する（Symons 1979, p.246）」〝モラル上の伝統〟が広く存在することと、矛盾しないものでなければならない。

民族誌的記録を見れば、世界じゅうどこでも、レイプがモラル上の伝統によって抑制されていることがわかる。あらゆる文化において、少なくともある種の女性に対する、少なくともある種の状況におけるレイプは、モラルに反すると考えられている（Palmer 1989a）。なぜレイプを抑制するような伝統が生まれたかを進化的見地から理解すれば、その伝統がどのように働いているかの至近的なメカニズムについての手がかりがつかめ、現代社会で効果的にレイプを抑制する方法も見つかるかもしれない。

その点について私たちは、特定の性的行動を抑制するような社会的影響を含む環境要因と遺伝子の相互作用が、人間の男性にある種の性的可塑性を生みだし、その可塑性が過去の環境で有利にはたらいたのではないかと考えている。その可塑性は特に、コストのきわめて大きい性的行動を避け（多くの状況下では、レイプのコストはきわめて大きい）、もっとコストの小さい性的チャンスを見つけてうまく活用するという、男性の能力を増した。そのような抑制を欠いた形で自らのセクシュアリティを発達させた男性は、たとえば夫や父親がそばにいる時に女性をレイプしようとするなど、潜在的なコスト（ケガや死）が繁殖上のメリットをはるかに上回るような性的活動を行なうことが多かった。いっぽう、血縁者たちに言われるままに、あまりにも広範囲の性的活動を控えた男性も、進化上の不利益を背負うことになっただろう。レイプを糾弾する伝統が世界中にあるものの、それはしばしば、特定の状況下でのレイプに対する抑制に限られているのは、おそらくそういう理由だ。敵集団の女性に対するレイプは容認されていたり、奨励されてさえいたりすることから、マーフィー（1992, p.21）が、まるでモラル上の伝統が「男性にレイプを嫌悪させているかのようだ」と指摘しているのも、うなずけないわけではない。同じように、フェミニストたちが、レイプに対する非難は首尾一貫しないものであり、レイプをどの程度まで非難するかは、女性の利益よりも男性の利益に大きく関わっていることを強調しているのも、あたっているといえるだろう（Clark and Lewis 1977; Dietz 1978）。

男の子が受ける社会化が、男性がレイプをしたがるか控えるかの至近要因にどう関わってくるかについては、完全にわかっているとはいえない。しかしながら、進化的な知識をもった研究者たちはこれまでに、子どもたちを薫陶する至近的な各種のメカニズムを明らかにするような、かなりの証拠を集めてきた。なかでも生物学者のボビー・ロウ（1989）が発表した、少年少女に対する訓練についての広範囲にわたる比較文化的分析には、人間の性心理に関して進化で生じた男女差を反映するような、重要な普遍的事実が示されている。つまり、少年少女に対する教育には世界中でいろいろ差があるものの、一夫多妻的な（すなわち、男性が多くの妻をもつことで自分の子どもの数を増やそうとする）社会であればあるほど、息子たちは、社会的に競争する特定の方法を教えられるという、共通の傾向があるのだ。ロウはまた、階層社会であればあるほど、女の子に対して性的に控え目で従順であれと強調する傾向が強く、自信をもてと奨励することが少ないことも発見した。

ロウのこの研究は、学んだり教えたりする心理メカニズムの形成には、淘汰による進化が大きな役割を果たすという前提に基づいている。そして彼女の仮説からは、息子たちと娘たちは違ったトレーニングを受けて違った内容を学ぶこと、そしてその違いは、一夫多妻的な社会環境における男女それぞれの繁殖成功度の進化の歴史と大きく関係していること、の二点がうかがえる。一般的に、息子たちは一夫多妻主義者になる方法を教えられ、娘たちは、自分を所有する男性親族や未来の夫にどう接したらいいかを教えられる。女性が性的に控え目で従順であれば、男性にとっては都合がいい。なぜなら男性は、自分が蒔いた種による子どもに投資したいからである。階層社会では特に、性的に控え目で従順であれと女性に強く教える傾向が目立つ。なぜならそうした社会では、女性が結婚を通じて上の階層に上がることがごく普通に行なわれており、各家族はこぞって、娘を上流階級の夫と結婚させたがるからだ（Dickemann 1979a, b, 1981）。ロウの研究からは、性的な社会化が恣意的な文化によるものではなく、成人の側の、子どもに社会的スキルを教えることに関する心的適応や、子どもの側の、社会的スキルを学ぶことに関する男女それぞれの心的適応を反映したものであることが明らかである。

少年少女がどのように社会化されるかについての比較文化的研究からは、男の子がレイプするよう教えられるというような証拠は見つかっていない。そうした研究結果からはむしろ、レイプを容認しない度合が社会によって違う理由が浮かび上がってくる。たとえば、レイプしやすい傾向のある男性は、(たとえば父親がいないなど) 親からの投資をあまり受けていなかったり、それまで異性との良い関係が築けていなかったりすることが多い (Malamuth and Heilmann 1998) という研究結果がある。マラムスとハイネマンは、そのような環境が男性に対する発達上のキュー (きっかけ) となって、その後の心の発達の方向を決めるのだと主張する。なぜなら人類の進化史のなかではそのようなキューが、強要的なセクシュアリティと非強要的なセクシュアリティのどちらが繁殖成功度を高めるかについての情報を、男性に提供してきたからだ。(2) 彼らのアプローチは、男性のセクシュアリティの発達が適応であること、したがって、人類の長い歴史上の諸環境において繁殖に影響を与えてきた特定の社会化の影響を受けやすいことを、きちんととらえている。

米国の男子中学生、高校生、大学生たちは、実験でさまざまな性的状況のストーリーを提示されると、同年代の女性たちより、それが強要によるものだと解釈する度合が低く、被害者を非難する傾向が強かった (Lonsway and Fitzgerald 1994; Cowan and Campbell 1995)。性に関する社会的学習が、このような男性の態度の至近要因の一つではあるかもしれないが、男性の性的な心の発達上のなんらかの体験も、こうした傾向に関わっている可能性がある。

ほんとうは女性がそれを望んでいない時でさえ、男性は、女性が性的関心を抱いていて自分の要求に応えてくれるのではないかと期待しやすい。進化的見地から見れば、発達の過程で男性の性的適応の一部が女性のセクシュアリティについての誤った理解を構築し、そのせいで、多数の性交相手を求めるという適応的な行動が生まれるという可能性は、大いに考えられる。しかし、性的な行動を控えて女性の希望を尊重するようにという社会的奨励がとても強くて、やたらに女性に性的な誘いをかけることにまつわる重大な社会的コスト（たとえば、嫉妬した夫に殺されることなど）を避けよという社会的メッセージが強大な環境においては、そのような適応は力を減じられるはずだ。

遺伝子と環境条件の双方を複製することを通じて、表現型がどのように受け継がれていくかについての現代的知見に照らしてみれば、男性の文化的伝統――父親から息子にコピーされる行動――が、レイプを防ぐような社会的禁止を生み出す上では、きわめて重要であると思われる。すなわち、父親（あるいは父親の代理）が、搾取的でない控え目な性行動を実地に示すことが、人間の若者に控え目な性行動を身につけさせるカギなのだ。父親が不在だと息子は強要的な性行動を身につけやすい（そしてさらには、犯罪全般にも手を染めやすい）という研究結果からも、こうした社会化における父親の役割の重要性が見えてくる（MacDonald 1988, 1992; Surbey 1990; Lykken 1995; Barber 1998; Malamuth and Heilmann 1998）。ナイジェル・バーバー（1998）によってまとめられた、父親の不在（および、それに伴う結婚生活の不安定さ）と犯罪行為の関係を扱った諸文献によれば、父親のいない環境で育てられた子どもは、生涯のうちに重大犯罪に巻き込まれる可能性が、そうでない子どもの約七倍もある。父親に比べて母親による養育投資のほうが〝手厚い〟場合が多い（Geary 1998）にもかかわらず、バーバー（1998, pp.5-6）は、「父親がいる家庭で育った子どもたちは、まったく違う見かたで世界を学ぶ。なぜなら、女性的な見かただけでなく男性的な見かたも、身近で経験しているからだ」と指摘し、「そのことが、家庭の安定性、見知らぬ相手に期待できる親切さの度合、異性との関係の質、仕事や達成の価値、社会的ルールを守る必要性といったことに関する、その子の見かたを変える」と述べている。

男性の文化的伝統がレイプの防止策になり得るというこの主張は、男性の文化的伝統こそがレイプの要因であるというフェミニストたちの仮定とは、まったく正反対のものだ。したがって両者の提唱する具体策は、基本的な部分から異なるものとなる。フェミニスト的な考えかたからいけば、レイプを防ぐには、男性の伝統を根こそぎ捨て去るしかない――つまり、レイプは「家父長制と分かちがたく結びついた行為であり、家父長制自体を終わらせないかぎり、レイプを根絶することはできない（Griffin 1971, p.36）」というわけだ。このような考えかたからすれば、男の子は父親のいない環境で育ったほうがいいように思われる。しかし実際には、たしかに家父長的伝統の多くの面はさまざまな理由から不適切かもしれないが、家父長的だと考えられる男性の伝統をすべて捨て去ってしまうことは、レイプの発生をかえって増やしかねない。レデラー（1980, p.124）の引用によれば、社会学者のジュディス・バタダは、「伝統的な男女関係や父子関係から」男性を排除してしまうことには多くの危険があると考え、「そのような関係は、家父長的ではあっても、少なくとも、責任や関心についての規範を含んでいる」と述べている。

そのいっぽうで、モラル上の伝統がすべて、完全に望ましい行動だと考える理由もない。モラル上の伝統は心的適応に基づいており、その機能は、地位を高め、生存を容易にし、そうした伝統を作って維持している人々の繁殖成功度を増すことにある。したがってそうした伝統は、〝誰もがふさわしいと考える〟行動とは、必ずしも一致しない（Alexander 1978）。レイプに関しても、モラル的伝統は首尾一貫していない。たとえば聖書でも、戦時のレイプは奨励されているのだ（Hartung 1992）。したがって、伝統をすべて捨て去っても、伝統的な態度に固執しても、レイプを減らすことはできないのである。

進化的アプローチはけっして、レイプの発生を減らすには文化（すなわち、周囲の人々の行動）を変えることが重要だという社会科学的理論の主張を否定するものではない。それどころか、社会科学的理論に基づいて提唱された文化の改革案より、もっと大きなレイプ抑止力のある文化改革案を提示するものなのだ。進化的アプローチから見れば、社会科学的理論に基づいて提唱された改革案は、むしろレイプを増加させかねない。

Ⅸ 教育プログラム

レイプ犯の年齢分布が、十代および二十代でピークを迎える男性の性的欲求の強さとほとんど同じカーブを描くことから考えて、男性をレイプに走らせないための手段を考える際には、この年齢層およびその前の年齢層の男性に焦点を当てれば最も効果的だと思われる。ただしそれは、彼らがその働きかけによって、自分のセクシュアリティについてきちんと教育されればの話だ。社会科学的モデルに基づいた各種のレイプ防止策でも、若い男性に働きかけることの重要性は、しばしば強調されてきた。しかしそれは、男性の性衝動に焦点を当てたものではなかった。たとえばパロット（1991, p.131）は、男の子に教えるべき最も重要なことがらは、「支配欲求に動機づけられた暴力犯罪についてである」と述べている。そのような〝教育〟では少年たちに、性欲に動機づけられた行動をしているかぎりレイプなどおかす心配はないと教えているようなものだ。

私たちは、進化的見地から構想した教育プログラムの腹案をもっている。それは、若い男性を対象とし、性的行動を抑える能力を増すことに焦点を当てたものだ。そのような教育コースの履修を、たとえば運転免許をとる際に、若い男性に義務づけたらどうだろう?

その教育プログラムでは、まず最初に、若い男性たちに自分の性衝動の強さを自覚してもらい、なぜ人間の男性はそのように進化しているのかを説明する。導入としては、若い男性はなぜ女性のヌード写真を見るだけで勃起してしまうのか、なぜ彼らは、デートの相手がそれを望んでいないと知っている時でさえ、いちおうセックスに誘ってみたりするのか、なぜ彼らは、セックスなどまったく念頭にない女性からの親しげな言葉や彼女のぴったりしたブラウスを、セックスへの誘いだと勘違いしてしまうのか、などといったことを、進化的見地から説明するといいだろう。これら一つひとつを説明するごとに必ず、「若い男性がそうしたことを知らねばならないのは、知らないままだと、過去の淘汰が自分に与える影響に対して無防備になってしまうからだ」と強調する。自然主義の誤謬が誤りであること——すなわち、若い男性には進化によって性欲がそなわっているからといって、女性をレイプしても責任がないということにはならないし、その他いかなる方法でも他人の利益を害する理由にはならないということ——も、厳しく強調する必要がある。さらに何よりも重要なこととして、その教育プログラムでは、進化によってそなわっている欲求をよく理解してきちんとそれに抵抗すれば、性的強要行動を抑制することが可能なのだということを、しっかり教え込まなければならない。プログラムの結論部分では、レイプに対する処罰の詳細を映像で伝えて、ディスカッションさせるのがいい。有罪になったレイプ犯がどのぐらいの期間を刑務所ですごさねばならないか、その生活ぶりはどのようなものかも教えるといい。こうした教育コースは、現在ではまだ仮定の話でしかないが、レイプの進化的基礎がもっと広く理解されるようになれば、現実的可能性をもつものとなる。

女性を対象にしたレイプ防止プログラムも、その導入部は男性用のプログラムと同じように、男性の性的適応についての説明から入るべきである。そのあとで、多少の護身術を教えることに加えて、社会科学的モデルではほとんど無視したり拒否したりしているいくつかのことがらにも、ぜひ焦点を当ててもらいたい。マイナットとオルガイヤー（1990, p.121）が指摘しているように、「性的強要を受けるリスクが高い女性の特徴には、これまでほとんど注意が向けられてこなかった（中略）。しかしながら、性的強要を受けやすい要素を減らすための教育プログラムは、リスク要因についての情報を知らなければ成立しない」のだから。

被害者の性的魅力はレイプ犯の動機とは無関係だという社会科学的説明の主張とは裏腹に、女性の側の特定の行動や外見が、レイプされやすいか否かを左右することは間違いない。

社会科学的モデルは、女性の性的魅力がレイプ犯に影響を与えることを否定するだけでなく、誰を被害者に選ぶかは、襲いやすさ――そしておそらくは、それのみ――によって決まると主張する。だが実際には、世界中どこでも年齢は、女性の性的魅力を左右する重大な要素であり、性的魅力のあるなしは、レイプされやすさに影響を与える。ある女性が最も魅力的だとされるのは、彼女の繁殖上の価値すなわち妊娠しやすさが最高の時期（すなわち、十代半ばから二十代）だ。したがって進化的アプローチから考えれば、この年齢層の女性を守るための戦術は、レイプ全般の発生を減らす最も効果的な戦術だということになる。そして実際、レイプ被害者の年齢分布と女性の性的魅力の年齢分布が強い相関をもっている（Mynatt and Allgeier 1990）ことからも、それは裏づけられている。したがって若い女性を対象とした教育プログラムでは、性的魅力を構成する、若さ以外の諸要素（健康、左右対称性、ウエスト・サイズなどのホルモン徴候）や、衣服や化粧といった諸要因が、レイプされやすさとどう関係しているか（Singh 1993; Grammer and Thornhill 1994）についてもふれなければならない。それはなにも、若い女性がいつも醜い格好をして、子どもなど産めないそぶりをしていなければならないということではない。性的魅力があることのコストについて、自覚をもつべきだということだ。

若い女性にはまた、女性の選り好みのせいで現代の男性は、人類のセクシュアリティの進化の過程を通じて、女性が性的接触を受け入れそうな気配を少しでも見せればすぐに興奮するような特性をそなえている（Buss and Schmidt 1993; Grammer 1993）ことも教える必要がある。さらに女性たちは、多数の性交相手をもつ男性が淘汰上有利であったために、女性にそんなつもりがなくても女性のちょっとした仕草をセックス受諾のサインだと思いたがる傾向が男性にある（Buss 1994; Mynatt and Allgeier 1990）ことも知る必要がある。

また、セクシーな服装や性的接触受け入れのサインは、彼女の望む男性をひきつけるのに有効な手段かもしれないが（Cashdan 1993）、同時に、彼女の望まない男性をもひきつけてしまうかもしれないことを、はっきり教えなければならない。進化的知識をもつ研究者たちは、女性の服装に少なからぬ関心を寄せている。キャシュダン（1993）によれば、大学の女子学生のなかでも、自分の周囲には将来わが子に投資してくれそうな男性がたくさんいると感じている女性に比べて、自分の周囲の男性には将来の投資者になりそうな人はいないと感じている女性のほうが、〝よりセクシーな〟服装をし、男性をひきつけたり留《とど》めておいたりするための道具としてセックスを利用する傾向が強かった。つまり、投資者が多いと思われる環境にいる女性のほうが、服装に関しても性的行動に関しても、保守的だったのである。こうした保守的傾向は、投資者となりそうな男性に対して、彼女を妻とすれば父性の確実性が高まり、投資の見返りが大きいことをアピールするための女性の戦術だ。

西洋女性のファッションについて、スカート丈その他、肌の露出に関する要素を調べた進化心理学者のナイジェル・バーバー（1998）は、一般に女性の服装の傾向は、男女どちらの性的競争が大きいかによって決まると述べている。女性より男性の数が多く、その男性たちが女性に投資すべき財産を十分にもっているような場合には、女性の一般的な服装は、性的接触を拒絶するようなものになる。いっぽう、女性の数のほうが多い場合には、その服装は、もっと露出的なものになりがちだ。大学の女子学生とバーで働く女性についての研究を行なった行動学者のカール・グラマー（1993）は、月経周期の真ん中の排卵期にある女性は肌を露出する度合が最も高かったと報告している。女性の着衣行動についてはまだわかっていないことも多いが、これらの研究結果からして、それが恣意的ではなく戦術的なものであること、服装を性的戦略として利用する適応が存在していることがうかがえる。

女性の外見とレイプの関係について論じる人の多くは、被害者の服装や行動によって、レイプ犯が受けるべき懲罰の度合を変えるべきだと主張している。正当性の確認されていないこのような主張のせいで、それとは正反対の、「女性の服装や行動は、レイプされやすさとほとんど、あるいはまったく、関係がない」という極端な主張も生まれてきたのかもしれない。なぜなら後者も確たる証拠に基づいているわけではなく、レイプ犯の行動に少しでも言い訳を認めるようなそぶりは見せたくないという気持ちから出た主張だからだ。そのような主張の一つでスターリング（1995, P.119）は、レイプの八十二%はなんらかの点で計画的なものだというアミール（1971）の研究結果からみて、「大部分のケースでは、女性の行動は、レイプとはほとんど関係がない」と書いている。しかし、スターリングのこの論法には疑問がある――なぜなら、デートも通常は計画的な行動だから、女性の行動や外見は、デートを申し込まれることとはほとんど関係がないということになってしまうからだ。そしてもっと深刻なことに、スターリングの主張に従えば、若い女性は自分の服装や行動がレイプされやすさを左右しているかもしれないということを気にする必要がないということになってしまう。要因についての記述と責任についての記述を混同すると、危険な状況を避けるためにはどうすればいいかが、わからなくなる。マーフィー（1992, p.22）が指摘しているように、「女性のどんな行動も、レイプする権利を男性に与えるものではない」と述べたからといって、女性が危険な状況に身をおくのを奨励すべきだということにはならないのである。

レイプの危険因子をわきまえた態度については、大学でも大いに教えるほうがいい。というのも、最近の大学では女性たちに、それとは正反対の〝教育〟がなされているからだ。女性学をはじめとする社会科学の講義や『レイプ防止ハンドブック』のなかで女性たちは、レイプの動機は性的なものではなく、これまで述べたような危険因子とも無関係だと教わる。たとえば現在、カリフォルニア大学デイヴィス校の警察公安学科で行なわれているレイプ防止教育プログラムで使われているハンドブックの、〈神話と事実〉と題された部分は、つぎのようにはじまる――

神話――性的暴行の要因は、コントロール不能な性的欲求です。

事実――性的暴行は性的満足に関わる行為ではなく、身体・心理両面での暴力に関わる行為です。レイプ犯は、女性を支配し、恥をかかせ、コントロールし、格下げし、脅し、暴力を振るうために、レイプを行ないます。諸研究によれば、レイプのいちばんの動機は、支配と怒りです。

神話――レイプを誘発するのは女性の側であり、セックス・アピールの大きな女性が、被害者として選ばれがちです。

事実――性的暴行の被害者の年齢は幼児から高齢者まで、多岐にわたっています。外見や性的魅力は関係がありません。レイプ犯は、近づきやすく襲いやすい女性を相手に暴行を行なうのです。

政治的な動機を含むこのような記述は、「(レイプ犯であろうとなかろうと)男性には、若くて健康な女性を好む傾向が進化しており、セックスを受け入れそうだというサインを服装や行動で示している女性にひきつけられる」という事実を否定している。男性の行動についての誤った情報を伝えるこのような記述は、女性にとって危険なものだ。男性のセクシュアリティとしてどのような特徴が進化しているかを若い女性がほんとうに理解すれば、より効果的にレイプを避けられるようになるのは間違いない。

私たちは、カミール・パーリア(1992, 1994)によって提唱された、レイプについての常識的な考えかたに賛同する。レイプは性的に動機づけられていると考えるパーリアは、女性たちに、この問題に対するフェミニストの〝政策〟を鵜呑みにせずに、レイプの危険因子をよく知って、レイプされる危険を減らすためにその知識を活用するよう、強く勧めている。進化生物学は、「これまで、恥ずべきことに科学を欠いていたフェミニストの基本方針に、科学を付与するものである」とパーリア(1996, p.69)は記している。知識は力なのだ。

若い女性に対する教育プログラムではまた、人間の心の構造についてのジークムント・フロイトの考えかたに進化的視点が欠落していたせいで、「女性は無意識下で、レイプされたいと望んでいる(Freud 1933を参照)」という神話が広く受け入れられたのかもしれないということにも言及すべきだろう。一九三〇年代から一九七〇年代前半にかけてこの神話は、レイプに関する法律や予防策のなかに広く受け入れられてきた（Kanin 1994）。だが実際には、レイプされたいなどという願望はつねに、人類の進化の歴史のなかで、淘汰の働きによって消えてしまったはずだ。なぜならそれは、女性の基本的な繁殖戦略――提供してもらえそうな利益の多寡で配偶者を選ぶ――を阻害しかねないものだからである。

X　レイプを阻む障壁

文化人類学者のロバート・ルヴァイン（1977, p.222）は、「（男性の）各個体を取り巻く現代の環境のなかで、望む性的対象物を彼が手に入れるのを妨げる物理的あるいは社会的構造」のことを、〝構造的障壁〟と読んでいる。つまり、女性が特にレイプされやすいような状況を作り出さないためにはどうすればいいかを広く一般の人々に教育すれば、そのような構造的障壁を生み出せるということだ。レイプをするにはたいへんな努力が必要で、そのリスク（レイプに対する懲罰など）がとても大きければ、レイプは起こりにくくなる。

「物理的障壁（たとえば、今でもいくつかの文化で行なわれている、女性の隔離など）を設けるといったことは、考えるのも嫌だ」という人も、たくさんいるだろう。しかし、そのように極端に抑圧的な方法でなくても、常識の範囲内でレイプを有効に減らすような工夫は可能である。たとえば、ティーンエイジャーのサマー・キャンプを行なう際に、男の子のキャンプ場と女の子のキャンプ場を湖の両岸に分けるといったことはできるはずだ。

社会的な障壁としては、男女が接する場面に、他の人が同席していればいい。多くの文化でそのような工夫がなされており、昔からの生活習慣として、人目の少ない場所からは女性――なかでも、性的魅力が最も大きな年齢の女性――を遠ざけるようになっていることが多い。また、特定の環境（シャワーやトイレ、寝室など）や特定の活動（社交の場に同性が付き添うなど）では男女を分けたり誰かが同席したりして、男女が二人きりにならないようにしている。人目のない場所で男女が二人きりになり、男性にとってのレイプのコストが下がるような状況をつくらないことが、とても大切なのだ。ニューギニア島のヘワ族についての民族誌的研究を行なった進化人類学者のライル・ステッドマンは、その私信に、「もし若い女が人目のない場所で血縁者でない男と出会うような状況があれば、男は間違いなく女をレイプするだろうと、男性も女性も考えている」と記している。

こうした構造的障壁の重要性を考えるにつけ、現代の西洋諸国の状況は、不安材料がきわめて多いといわねばならない。車や家のなかなど人目のない環境で男女が二人だけでデートし、しかも飲酒を伴うことが多いその現状は、おそらくは歴史のなかでも類を見ないほどレイプが起こりやすい環境に、若い女性をおくことになっているからだ。したがって、レイプ防止のための教育プログラムを通じて、ぜひとも若い女性に、その危険を知らせなければならない。そのような構造的障壁を再び導入すれば個人の自由度が下がってしまうという議論もあるだろうが、そうした障壁がないことによって起こりかねない深刻な事態も、よく考える必要がある。

物理的手段でレイプに抵抗することには問題も多いことを考えると、そのような障壁の価値が高いことが、いっそうはっきりする。女性に護身術を教えることは、レイプ防止教育の大事な柱だ。(1) しかし護身術のみに頼るのは危険であり、他の防止策を併用したり、適正な障壁を設けたりすることで、その危険を最小にすることが重要である。抵抗の必要があるということは、レイプ行為がすでに始まっているということだ。抵抗によって必ずレイプが防げるわけではないし、その女性がケガを負ったり死んだりする危険が、抵抗することでさらに増す可能性もある。レイプをやめさせるのに必要な抵抗の度合は、被害者の年齢や性的魅力によって違ってくるということも、忘れてはならない。

もちろん、障壁のあるなしにかかわらず、各個人が気をつけるべき防止策はある。性に関する研究者であるエリザベス・オルガイヤーとアルバート・オルガイヤー（1991）は、レイプの危険因子についての研究結果をふまえて、交際の初期には公的な場所でだけ会うようにし、特に女性は、男性と二人だけにならざるを得ない場合には注意深く場所を選ぶよう、強く勧めている。

XI 苦痛の軽減

レイプのあとで被害者やその周囲の人たちが経験する心理的苦痛をどう軽減したらいいかという点に関して、進化的見地は大きな可能性を秘めている。しかしながら、レイプ被害者センターで使われているガイドブックの多くは、「レイプの最大の特徴は、それが性的事象ではなく、暴力に関する事象だということだ（Morrison 1986, pp.11-12）」といった、イデオロギー的主張に基づいたものばかりだ。「レイプについて一般の人が抱いている、最も誤解を生みやすい仮定の一つは、レイプ犯が性欲に動機づけられているというものである（Groth and Birnbaum 1986, p.17）」といった考えかたが、レイプ被害者センターで用いられる戦略の根幹には、いまだに残っているのである。進化理論は、このような政治的言辞を取り除いて、レイプの至近要因についての科学的知識を導入することを可能にするだけでなく、人間が感じる苦痛やその軽減法についての究極的理解も提供できる。

私たちがこれまで強調してきたように、進化生物学はモラル上の手引きとなることはできない。しかし、モラル上の価値判断には人間の苦痛を軽減するという側面が含まれており、その前提として、人間の苦痛についての正しい知識が不可欠となる。その点、進化生物学は、人間の苦痛を究極要因から説明できる。過去に各個体の繁殖成功度を減じた出来事がどのようなものだったかという観点から、それを説明できるのだ。したがって進化生物学は、人間の苦痛を客観的にどう分類すべきかや、苦痛を引き起こすキュー（きっかけ）についての研究をどう進めればいいかの、指針を提供する。そのようなキューが十分に理解されれば、苦痛を軽減するにはどうすればいいかも明らかになるはずだ。

レイプ後に苦痛を感じるのは、被害女性だけではない。彼女に愛着を感じている者（夫、子ども、他の血縁者など）なら誰でも、苦痛を感じる可能性がある。進化理論の用語では、愛着というのは、妻と夫、血縁者など、繁殖上の利益を共有している人間どうしのあいだに生じるものだとされている。進化的見地に立てば、他の条件がすべて同じであれば、進化史のなかで、夫や血縁者の遺伝子上の成功にその女性の繁殖成功度が寄与していればいるほど、彼女がレイプされた際にそれらの人々が感じる苦痛も大きくなる。

レイプ発生後、被害者やその周囲の人たちに対して、進化的立場からカウンセリングや苦痛軽減プログラムを行なうためには、カウンセラーは、レイプ後の心理的苦痛の至近要因をよく理解し、被害者や周囲の人たちを、その要因に向き合わせなければならない。向精神薬を（心理的苦痛自体が提供している防衛力を阻害しないよう、細心の注意をはらって選択的に）使用することも検討すべきだろう。被害者の年齢、夫や家族に対する価値観の変化、レイプされたという訴えの信憑性、妻が妊娠させられたのではないかという夫の不安なども、考慮に入れていかねばならない。レイプにまつわる心理的苦痛にはどのような特徴があるのかをよく理解し、それがもたらす大きな影響にしっかりと向き合うことのできる進化的アプローチは、カウンセリングや苦痛軽減プログラムを、最も必要とされる方向に導くことができる。さらには、レイプを誘発しやすい諸要素を被害者に知らせることで、彼女が再びレイプされるのを防ぐのも可能だ。

このような進化的見地からの苦痛軽減プログラムによって、レイプ後の心理的苦痛を効果的に軽減できるであろうこと、そのようなプログラムの恩恵をいちばん受けるのは誰かということは、あくまでも経験的に予測できるにすぎない。しかしながら私たちは、将来はこうしたプログラムが実施されることを願ってやまない。レイプ犯はみな、女性を支配したくて犯行に及ぶといった考えかたに基づいたプログラムでは、なぜ自分を襲った犯人が性的な動機にかられていたように思えるのか、なぜ夫やボーイフレンドがその出来事を彼に対する裏切りのように思うのか、なぜ彼女自身がもはや日々の活動に集中できず、日常生活をうまくつづけられないのか、なぜ父親が事件を秘密にしておきたがるのか、といったことを被害者が理解する助けにはならない。レイプ後に被害者が感じる苦痛を生み出しているのは何なのかを理解していない苦痛軽減プログラムは、フロイトの精神力動理論に基づくプログラムと同様に、有効とは思われないのである。

女性は無意識下でレイプされたいと望んでいるとフロイトが主張していることは、すでに述べた。それに加えてフロイト理論では、人間の若い男性には母親とセックスしたいという願望があって、それが満たされないと成人男性に性的逸脱が起こるのであり、レイプ被害者は母親の代用物であると考えている（Freud 1933）(1)。しかし、進化的知識をもつ人たちにとっては、フロイトが提唱しているような女性のレイプへの願望や男性の近親相姦的心理が進化したはずがないことは、自明の理だ。レイプ被害者やその周囲の人たちを助けたいと思うなら、ぜひとも現実的な知識をもつべきである。

XII　まとめ

第I章で述べた友人が、レイプの要因について私たちに尋ねたのは、彼女が苦しんでいたからである。私たちの答えが自分の苦痛を和らげてくれること、その苦痛の要因となった出来事の再発を防いでくれること、同じような苦痛を他の人が経験するのを予防してくれることを、彼女は期待していた。私たちに尋ねる以前に彼女が与えられていた、「性的なことは、その出来事には無関係だ」、「相手の男性の動機は、彼女をコントロールし、支配したいという欲求だ」、「家父長的な文化が、子ども時代の社会化を通じて、その男性にそうした欲求を与えたのだ」、「レイプは、家父長的な文化を維持するために、あらゆる男性があらゆる女性の人生をコントロールする際に用いられる手段だ」、「彼女の外見は、再びレイプされる危険が大きいかどうかとは関係ない」といった答えはすべて、社会科学的な説明に基づいたものであり、それではわからないことがいくつもあった。もし相手の男性の動機が性的なことでなかったのなら、なぜ彼はあの晩、レイプする前に、なんとかセックスに誘おうとして、何度もやさしくご機嫌をとろうとしたのか？

なぜレイプのあと、彼女を押さえつけたことや暴力を振るうと脅したことを詫びたのか？　もし彼女の外見が再びレイプされる危険性と無関係ならば、なぜ彼女は今、以前のようなセクシーな服装をするのをためらうのか？

社会科学的説明に基づいた説明を選ぶのか、それとも本書で述べたような進化学的見地からの説明を選ぶのかは、つまるところ、イデオロギーを選ぶか科学的知識を選ぶかということだ。レイプに対する進化学的アプローチは、第Ⅰ章で私たちが掲げた数々の疑問に、つぎのような答えを提供する。

なぜレイプを行なうのは男で、被害者は（通常）女なのか？

この疑問に対しては、生物学における二つの相補的なレベルの理由づけの、どちらからも答えることができる。まずは、より全般的かつ包括的な、究極要因から説明しよう。

人類の進化の過程で男性と女性は、子ども時代にも成人後も、繁殖成功度に関する男女で異なる障害に、数多く直面してきた。そしてその結果、淘汰によって、男女で異なる適応が生じたのである。（レイプをもたらすような性差を説明する基本的な淘汰である）性淘汰というのは、性交相手を得やすくするための、各個体でそれぞれ異なる形質に基づいて、（配偶者の生存率、養育投資、繁殖能力、そして雄の場合には、つがう相手の数、他の雄との精子間競争のなかで授精に成功した卵の数などによって測定された）繁殖成功度が、個体ごとに異なるということである。雌雄それぞれに対する性淘汰の働きかたは、雌雄それぞれが行なう養育投資の相対的な量によって決まる。養育投資とは、親が子どもに与える物質およびサービスのことで、その多寡が、子どもの数や生存を左右する。つまり養育投資は、配偶者の獲得をめぐる同性間の競争のなかで、雌雄それぞれがそれをめぐって争う資源なのだ。人間の場合には時として、男女両性の養育投資がほぼ等しいこともある。しかし、子作りに最低限必要な養育投資という点になると、男性のそれはごく些細なものだ。一、二分のあいだペニスを挿入し、女性の生殖器中に射精する、わずかなエネルギーがあればいいのだから。それにひきかえ女性のほうは、妊娠、出産、授乳に、多大な時間とエネルギーを費やさねばならない。

このような最低限の養育投資に関する男女差が、過去の歴史のなかで男女それぞれに生じた、レイプをもたらすような淘汰を理解するカギとなる。男性は養育投資が小さく、セックスのコストも小さかったことから、性淘汰では、多数のセックス・パートナーをもてるような男性が有利となった。そしてその結果、男性は女性より、多数のセックス・パートナーや、投資や愛情を必要としない行きずりのセックスに、大きな関心を寄せるようになったのである。いっぽう女性に関しては、淘汰は、自分たちの貴重な養育投資を、生存可能な子どもを最も産みやすい環境下で実施できるよう、セックス・パートナーを慎重に選ぶ個体を選び取った。セックス・パートナーを選ぶことに関して女性に生じている諸適応は、つぎの二つに分類できる――（1）女性自身や子どもに物質的利益をもたらしてくれるような、地位や資源をもつ男性を選ぶ。（2）生まれてくる子どもの生存可能性を増すような、遺伝的に優れた行動上・身体上の特徴をもつ男性を選ぶ。

このように女性がセックス・パートナーを選ぶいっぽうで、男性には多数のセックス・パートナーを得ようとするメカニズムが進化していることから、人類のレイプは生まれる。仮に男性が愛情に裏打ちされた長続きする男女関係だけを追い求めたら、あるいはまた、女性がセックス・パートナーを選り好みしなかったら、レイプは発生しないのだ。人類にレイプ行動が存在することについての、進化理論に基づく二つの主要な仮説は、以下のようなものである――（1）レイプは、男性に生じている、多数の相手との行きずりのセックスを追い求める適応の、偶然の副産物である。（2）レイプそれ自体が、適応である。最初の仮説に従えば、レイプは性淘汰によって、間接的に有利になったことになる。二番目の仮説に従えば、レイプそれ自体がセックス・パートナーをめぐっての競争に有利に働くことから、直接的に選び取られたということになる。突然変異と淘汰のバランス、遺伝的浮動などといった、淘汰以外の究極要因は、レイプが広範囲に発生しているという事実や、犯人にとってレイプのコストが大きいことから考えて、ふさわしいとはいえない。データからはまた、レイプに関わる心理的適応が、進化史上初めて直面した新奇な環境全般に対して生じた一般的なものではなく、きわめて個別的な目的をもつものであることがうかがえる。

究極要因についてのこうした説明は、生物学的諸形質をつくり出す進化上の動因に関わるものだ。二つの仮説のうちどちらが正しいかを決定するためには、第Ⅲ章で論じたように、さらなる研究が必要になりそうである。現存するデータだけでは、どちらが正しいかを確定するのは難しい。しかしながら、レイプをもたらすのが男性に進化しているセクシュアリティであることだけは、間違いない。

レイプの至近要因としては、遺伝子、環境上のキュー（きっかけ）、発達、学習、生理学、環境刺激に対する心理上・行動上の反応など、さまざまなものが考えられる。レイプを減らす上で進化理論が重要なのは、至近要因を特定する力をもつからだ。至近要因が特定されれば各個人は、レイプをもたらす危険因子を排除しやすくなる。というわけで本書ではこれまで、レイプに関わる適応を実際に発現させやすい発達上のキューや、発達によって作り上げられた適応を活性化するキューを特定することの重要性を、繰り返し強調してきた。

なぜレイプは被害者にとって、ひどく恐ろしい体験なのか？

人類の進化の歴史においては、セックス・パートナーを慎重に選ぶことは、女性の繁殖成功度を増すための基本的な手段だった。したがって、レイプによってそのようなパートナー選びが回避されてしまうことは、人類の進化の歴史全体を通じて、女性の繁殖成功度を大きく阻害するものだったはずだ。レイプ被害者が感じる心理的苦痛は、レイプに対する防衛策として進化したものであると考えられる。心理的苦痛のせいで被害者はレイプについてじっくりと考え、レイプによって自分の生活がどのように変わってしまったのかを吟味する。そしてその結果、現在起きている問題（たとえば、夫がレイプを裏切り行為だと感じていたり、レイプされたという訴えを疑っていたりすることなど）を解決したり、再びレイプされるのを防いだりすることが容易になるのだ。女性にはまた、そのような心理的苦痛以外にも、月経周期中、妊娠する可能性が最も高い時期にはレイプされる危険が大きい状況を避けるといった、レイプ防衛策としての心的適応があるらしい。

人類の進化の歴史において、他の雌よりも繁殖上の大きな成功をおさめて私たち現代人の祖先となり得たのは、レイプにひどく苦しんだ個体だったのである。

なぜレイプが与える精神的外傷は、被害者の年齢や未婚・既婚によって違うのか？

生物学の（すなわち進化的な）理論からすれば、進化の歴史においてレイプ被害者が事件後に経験した繁殖上のデメリットは、彼女の年齢や、結婚しているかどうかによって変わってきたはずだ。繁殖可能年齢の女性だけがレイプによって妊娠する可能性があるから、その年齢の被害者と、彼女に投資している夫が、最大のデメリットを経験したはずである。雄が養育努力をはらう種においては、その雄は淘汰によって、自分自身の子どもに投資するように進化している。なぜなら、進化の歴史において、妻を寝取られることは、その雄自身の繁殖の機会を減らしたり失ったりする大問題だったからだ。投資してくれる夫をもつ女性は、妻がレイプされたことで夫が父性の確実性をそこなわれたと感じ、その結果、投資を減らしたりやめたりするのではないかと心配しなければならない。実際の調査結果でも、結婚している繁殖可能年齢の女性はそうでない女性よりも、レイプ後の心理的苦痛が大きい。心理的苦痛が不変のものではなく、さまざまに変化する反応であることは、歴史的に見てそれが、繁殖上のメリットだけではなく、（生活上の重要な活動に集中できないといった）不利益も伴いかねないことからも、十分に予測できる。

なぜレイプが与える精神的外傷は、性行為のタイプによって違うのか？

セックス・パートナーを選ぶ女性の選り好みが回避されるということはつまり、望まない相手に授精されるということだ。その結果、妊娠すれば、その女性は、限られた養育投資を適応的でないやりかたで実施しなければならなくなる。研究結果によれば、性交を含むレイプの被害者は、性交を含まない性的暴行一般の被害者より、心理的苦痛を感じる度合が大きい。こうした傾向は、人類の進化史を通じて、（繁殖成功度が減じられるという点で）レイプ犯による授精によって失うものが最大だった繁殖可能年齢の女性の感じる心理的苦痛が大きいことからきている。

なぜレイプが与える精神的外傷は、身体的外傷の程度が大きいと軽減されるのか？

この問いに対する答えは、男性には、配偶者が生んだ、自分以外の男によって授精された子どもより、自分自身が種を蒔いた子どもに投資したいという願望が進化していることと関係してくる。被害女性の夫にとっては、合意の上での情事に比べればレイプのほうが、父性の確実性に対する脅威は小さい。彼女が抵抗したことを示す目に見える証拠があれば、ほんとうにレイプされたのだということがはっきりする。したがって進化的見地からすれば、抵抗したことを示す目に見える証拠が残っている女性のほうが、レイプ後に感じる心理的苦痛が少ないであろうことが予測される。そして実際、そのとおりの傾向がはっきりと認められるのである[1]。

なぜ若い男のほうが年配の男より、レイプの加害者になりやすいのか?

男性には多数のセックス・パートナーを求める傾向が性淘汰によって進化していることから、少年や成人男性は女性に比べて、リスクをおかす傾向がはるかに強い。しかも、男性のなかでも若い成人は、とりわけそうした傾向が強い(Wilson and Daly 1985)。女性に関しても同じような年齢分布が見られるが、リスクをおかす傾向自体が、男性よりはるかに少ない(Campbell 1995)。このように男女両性において、リスクをおかす傾向のピークが若い成人期にあるのは、性淘汰が、繁殖集団に加わるための競争がいちばん激しい時期——すなわち成人期のはじまり——にリスクをおかす傾向がいちばん強くなるような個体を有利にしたからである。男性は、この時期に資源を追い求めて社会階層の梯子を上がるよう、強い性淘汰を受けている。なぜなら、人類の進化の過程で、そのようにすれば繁殖成功度が増したからだ(Alexander 1979; Weisfeld 1994)。男性の性的関心や性衝動のピークが同じ時期にあるのも、過去の性淘汰の結果である。リスクをおかす傾向と性的欲求のピークがともにこの時期にあることが、若い男性のほうがレイプをしやすいことの理由となっている。

なぜ若い女のほうが、年配の女や少女より、レイプの被害者になりやすいのか？

子どものできやすさは、男性では年齢とあまり関わりがないが、女性では大いに関係している。西洋諸国では、初潮年齢はおおむね十歳から十三歳である（Barber 1998）。三十歳をすぎると女性の妊娠しやすさは急激に減少していき、閉経後はゼロとなる。それにひきかえ男性のほうは、思春期から子づくりが可能になり、五十代やそれ以降になっても、その能力は持続する。女性の閉経のような、はっきりした停止時期はないのである。このように繁殖スケジュールに男女差があるせいで、女性は、子どもをもてる機会が限られてくる。人間においては、そのことが進化の道筋に大きな影響を与え、男性には、セックス・パートナーとして若い女性を選ぶような淘汰が働いた。同意の上でのセックスの際にも、強要的なセックスの際にも、男性のこのような嗜好は発揮される。買春、ポルノグラフィー、結婚、情事、レイプなどあらゆる場面で、男性の性的関心は若い女性に向けられるのだ。男性が女性の若さを示す視覚的指標にひかれるのは、セックス・パートナーとしての女性の価値が、妊娠可能性を示す身体的信号に顕著にあらわれるからである。それに対して、セックス・パートナーとしての男性の価値は、身体的特徴、財産、地位など、さまざまな形をとってあらわれる。

なぜ戦争中などのいくつかの状況下では、それ以外の時よりレイプが頻発しやすいのか？

他の動物たちと同様に、（レイプ犯を含む）人間も、何かを決断する時には、コストと利益をはかりにかける。勝利をおさめた兵士たちがレイプに走りやすいのは、（対象となる若い女性がたくさんいて）利益が大きい割に、（女性が無防備で、誰がレイプしたのかつきとめにくく、制裁を受ける可能性が低いので）コストが小さいからだ。現代社会に比較的レイプが多い理由も、こうした利益とコストの関係から説明できる部分がありそうだ。現代社会では、若い女性が同性に付き添われることなく、レイプされやすい社会環境に身をさらすことが多い。さらには、お互いどうしが知り合いである伝統的な人間社会に比較すると、現代社会では匿名性が保たれることが多く、レイプに対する制裁も、有効な抑止力にはなりにくい。

これまで知られているあらゆる文化でレイプが起きているのはなぜか？

レイプする能力は、究極要因としては淘汰によって、至近要因としては発達と適応によって、人間に付与される。レイプ行動は、男性の性的本性、すなわち男性の性的心理の諸要素から起こってくる。そうした性的心理は成人男性には誰にも見られるが、思春期前の少年には存在しない。成長の過程で、どのような養育環境においても、そうした性的心理が生まれてくるのである。

これまで知られているあらゆる文化で、ある種のレイプが罰せられているのはなぜか？

レイプ犯が自分自身の属する集団内でレイプを行なった場合（〝集団内レイプ〟と呼ばれ、伝統的社会では、血縁者へのレイプがそうみなされることが多い）には、多くの人間社会がこれを罰する。なぜなら、血縁者の血縁者、夫、夫の血縁者など、被害者の繁殖上の利益を共有するすべての人たちの繁殖成功度にとって、それが悪影響を及ぼすからだ。集団内レイプに対する処罰は、成文化されたルール（法律）の形をとることもあれば、不文律の形をとることもあるが、いずれの場合にも、それを制定し推進する人たちの利益を守るものとなっている。そうしたルールや他の形式の教示は、男性の性的欲求を抑制することをめざしたものだ。

なぜ人々（特に夫たち）はしばしば、レイプされたという訴えを疑うのか？

レイプ被害者の夫は、妻が力のかぎり逃れようとしたのに無理やりレイプされたのだという証拠を求めたがる。そのような明らかなレイプであれば、同意の上での情事や、あまり抵抗しないまま犯人の言いなりになった場合より、父性の確実性への脅威が小さいからだ。このような疑い深さのなかで、夫は無意識のうちに、そのレイプが自分にとってはどのようなコストをもつものなのかを値踏みし、妻を捨てるべきか、妻と子に投資をつづけるべきかを判断しているのである。被害者と関係の深い、夫以外の周囲の人たちも、真の意味でのレイプかどうかを疑うなかで、その出来事が自分自身の繁殖上の利益にどのような影響を与えるかについての情報を収集する。理論的にはそのような人々も、夫と同じ基準で、被害者に対する今後の投資を調節するものと思われる。

女性は、資源その他の社会的利益を得るために、嘘の告発や悪口、噂、仲間はずれといった手段を用いることが多いという社会通念も、レイプされたという訴えに対する疑い深さの一因となっているのかもしれない。実際、男性にくらべて女性は、そのような戦術を使うことが多い。それに対して男性のほうは、威嚇や攻撃といった、もっと直接的な競争の形をとる。人間は過去の淘汰の働きで、さまざまな社会的行動を分析できる抜け目のなさをそなえている。そしてそういった行動自体も、過去の淘汰の産物であるさまざまな要素を含んでいるのだ。

なぜレイプはしばしば、被害者の夫に対する犯罪として扱われるのか?

男性は淘汰の働きによって、自分の配偶者や姉妹や娘たちの性的行動をコントロールするように形づくられている。配偶者の行動をコントロールするのは、父性の確実性を守るためだ。姉妹や娘の行動をコントロールするのは、資源をもった男性に対する彼女たちの価値を高めるためである。人類の進化史のなかでは、自分の相手を寝取られるのは男性の側に限られていた。したがって、配偶者としての女性の価値は、父性の確実性をどれだけ彼女が保証できるかに、大きく左右されたのである。そこで女性に対するレイプは、繁殖上の利益を彼女によって守られるはずだった男性にとってのコストだと、見なされるようになった。

なぜレイプに関する法律を改正しようとする試みは、なかなか成功しないのか?

レイプに関する法律を改正しようとするこれまでの試みは、進化によって人間にそなわった、人間の行動に関する直観に反する方向をめざしている。レイプの定義を拡張しようとする運動、レイプされたという訴えには補強証拠や被害者の抵抗の証拠を示さねばならないのを改革しようとする運動、被害者のそれまでの性的行状を判断材料に加えるのをやめさせる運動など、すべての法改正運動にそれがいえる。

人間はレイプを特別な方法で定義するよう、淘汰されている。なぜなら、直前の項目でも述べたように、被害者の受けた性的行為の内容が、夫や同一集団内の人々にとっての、その女性の価値を左右するからだ。レイプについて、補強証拠や、被害者の抵抗や、それまでの性的行状が問題にされるのも、同じ理由からである。さらには、女性は自分の利益のために性的なことについて嘘をつきやすいという社会通念も、法改正を難しくしている面がある。

なぜレイプは、人間以外の多くの種にも存在するのか? そして、すべての種に存在するわけではないのはなぜか?

大多数の種は、人間と同じような、セクシュアリティに関する性差をもっている。雌に比べると雄のほうが、つがうことにはるかに熱心で、相手をあまり選ばず、固定的でない行きずりの関係を求めがちなのだ。それに対して雌のほうは、つがう相手に対する選り好みが激しい。これらの種はすべて、きわめて一夫多妻的な進化の歴史を有している。一夫一婦である種はきわめて少数だが、その数少ない種においても、（たとえば、投資できる資源を雄の側がほとんどもっていないために）対象となる異性の数がひじょうに限られていて性淘汰の度合が強まると、きわめて一夫多妻的な種の雄と同じような性的特徴がその〝一夫一婦制の〟雄にもあらわれて、決まった配偶者以外との交尾を求めるようになる。（一部の種では性役割の逆転が起こっていて、雄が交尾の相手を厳しく選り好みし、雌が多数の相手とつがう。そのような性役割の逆転は、雌より雄のほうが多くの養育投資をするという、ごく稀な環境下で生じる。）

基本的にはほとんどすべての種の雄たちが、多数の交尾相手を求めるという性心理上の適応を見せているが、レイプがどの動物種にも必ず見られるわけではない。ただし、相当に一般的であることは確かだ。レイプを起こさせるような淘汰を生み出す生態学的要因がどのようなものかについての理論化の試みは、そのほとんどが、ごく最近になって行なわれはじめたものだ。レイプを起こさせる、あるいはそれを妨げる淘汰について調べている生物学者たちの最近の研究では、たとえば、雄が襲いやすいような空間的配置に雌が置かれているかどうか（すなわち、雌どうしが雄の強要行動に対抗するような同盟関係を結んでいるか、あるいは、守ってくれる近親者が雌の周囲にいるかなど）といった、レイプの利益やコストに影響を与える生態学的要因が注目されている。さらには、レイプする雄との共進化レースにおいて、雌がどの程度うまい適応を進化させているかという点も、雄がレイプするよう淘汰されているかどうかに関係するらしい。もう一つの要因として、雄の暴力の程度が増すことで雌の生存が脅かされることが雄雌双方に及ぼすコストという点も、忘れてはならない（Clutton-Brock and Parker 1995）。

人間以外の雄たちがレイプするかどうかを決定する淘汰の諸要因が、多くの人間社会の男性に見られる、条件に応じてレイプをしたりしなかったりする傾向（Smuts and Smuts 1993）と関連していることも、大いにあり得るだろう。レイプを防ぐ上では、近親者や夫によって女性が守られていることが、特に重要である。また、同性が付き添う習慣も、大いに役立つ。

なぜ人間にはいまだにレイプが起こるのか？

第I章で私たちは、なぜいまだにレイプを根絶する見通しが立っていないのかについて、二つの理由をあげた――一つ目の理由は、社会科学者たちも一般の人々も究極要因という考えかたをほとんど理解していないので、レイプの至近要因を理解する上で進化理論がどんなに役立つかを知らないままだということだ。ドーキンス（1986）、アレグザンダー（1987）、ピンカー（1997）といった人々が、こうした問題について考えられる理由の一部を考察している。イデオロギーが邪魔していることや、究極要因について考えるためには広範な歴史的時間を見通さなければならないが、私たち人間は短期的な要因を理解するようにしかデザインされていないことなどを、指摘しているのだ。私たちはこれまで、イデオロギー的な偏《かたよ》りが与える影響を強調してきたが、他の諸要因も重要な役割を果たしてきたのではないかと考えるのは、もちろん理にかなったことである。二つ目の理由は、レイプを根絶しようとする試みのほとんどが、社会科学的な説明に基づいたものだったということである。社会科学的説明は基本的に、実証的なものであるというよりイデオロギー的なものであり、その帰結として、多くの根本的な不正確さを含んでいる。

生物学者というのは、進化が人間にはどのような影響を与えたのかを人々に知らせる立場にある。生物学者は、発達について深い理解をもち、進化理論を熟知している。そしてその両者がともに、レイプに関する社会科学的研究の方向を誤らせてきた（「学習か遺伝か?」というような）人間の形質についての二分法を否定しているのである。さらには、多くの動物種にもレイプが存在するという事実は、社会科学的説明に対して生物学が行なってきた、きちんとした証拠に基づく反撃の一つである。社会科学的説明では、レイプは、自然なものでも、進化によってもたらされたものでも、生物学的なものでもなくて、人間に固有であり、（子どもに対する恣意的な社会化を通じてその魔法の力を及ぼす、非生物学的実体である）〝文化〟によってもたらされたものだと主張する。人間と他の多くの動物に同じような性差があることも、「レイプをもたらすのは文化だ」という考えかたへの逆風だといえるだろう。なぜなら、そうした動物種のほとんどが、子どもに対するどんな形の社会化も行なっておらず、性差に基づく社会化などは、皆無に等しいからだ。

ごく最近になって一部の社会科学者たちが、〝動物文献〟はすべて参考にするにはあたらないという主張を繰り広げはじめている。ポラーシェックら（1997, p.128）はそのような文献について、「観察対象にも、解釈にも、大きな弱点があり」、「男性中心的な考えかたに立っている」と批判している。そして、ゴワティの一九九二年の論文である〈進化生物学とフェミニズム〉を引用して、その根拠とするのである。ほんの数行の文章で彼らは、人間以外の種におけるレイプについてのすべての証拠を切り捨て、性差の進化に関するすべてのデータを否定する(2)──だがそれらは実際には、これまで本書で述べてきたように、人間の行動を理解する上で明らかに助けになるものだ。ポラーシェックらはさらに、人間の男性が多数のセックス・パートナーを求めるのは生物学的理由からではなく文化的理由からだということを根拠に、レイプに関する進化的考えかたへの批判をつづける。ここにもまた、文化も生物学的なものであるという事実を理解していないという、基本的な誤りがある。私たちは、社会科学者たちがこのつぎには、昆虫や、他の節足動物、無脊椎動物、さらには多くの脊椎動物までもが、その発達過程でビデオやテレビや映画からのなんらかの影響を受けていると主張しはじめたとしても、驚きはしないだろう。

レイプはどうしたら防げるのか？

生物学的知見からレイプを理解すると見えてくる重大なことがらのうちでも最たるものは、レイプが性犯罪ではなく暴力犯罪だという考えかたを、レイプについての教育ビデオから払拭すべきだということだ。若い男女双方に、男性と女性のセクシュアリティ（なかでも特に、男性のセクシュアリティ）について教え、レイプの危険因子を知らせる必要がある。男性には、レイプに対する懲罰についても教えなければならない。レイプに対する構造的障壁をつくることも考えるべきであり、レイプされたという訴えを疑いがちな、進化によってもたらされた歪みを修正する努力もしなければならない。そしてさらには、レイプやそれに関連したことがらについての法律は、科学的知識に基づいて改正されるべきである。

私たちは、レイプ犯を罰する特別な方法を特に提唱しているわけではないが、人間の行動を変えさせる上で処罰が有効であることは強調してきた。ただし、レイプされたという訴えには嘘のものもあるから、誤って有罪だとしてしまう可能性もあることを忘れてはならない。レイプに対する処罰はどのようなものが適当かについて、有権者に問うことが必要だろう。科学は、倫理的観点から見て何が正しくて何が正しくないかを、語ることはできない。生物学が提供するのは、人間の行動についての理解であり、善悪の判断ではない。人々が適切だと判断した目的を達成するために利用される場合にのみ、生物学的知識は民主社会にとって有益なのだ。だが、そうした目的の多くは、イデオロギー的考察に基づいたものである。（中絶、自然保護、課税など）イデオロギー的な問題には意見の不一致も多いから、レイプについても、「大多数の人はレイプに反対している」といった控え目な言いかたをしておくほうが無難かもしれない。だが、もし大多数の人がレイプに反対しているのならば、関係者が今後は、レイプを減らす上で役立つ進化生物学的知識を活用して、この忌むべき犯罪がこれ以上被害者やその周囲の人々を苦しめつづけるのを防止してほしいと、私たちは切に願っている。

XI

1. Rada 1978a, cも参照。

XII

1. そうした傾向に最初に気づいたのはMcCahill et al.（1979）だったが、彼らはそれがなぜなのかは解明できなかった。
2. そうした証拠のなかには、女性の生物学者たちによって集められたものも多い。

1974; Chappell and Singer 1977; Felson and Krohn 1990も参照。
14. Gebhard et al. 1965も参照。
15. しかしながら、レイプ犯が暴力に伴うコストを最小にしようとすることは、レイプだけに限定された適応だとは確定できない。暴力で他人の行動をコントロールしようとする際の、一般的な適応である可能性もあるからだ。
16. Wrangham and Peterson 1996も参照。
17. Smuts 1992; Smuts and Smuts 1993も参照。
18. Symons 1979; Palmer et al. 1997も参照。
19. Palmer 1989b; Wrangham and Peterson 1996も参照。

Ⅶ

1. 筆者らはしばしば学生たちから、このような質問を受ける。
2. John Hartung によれば、マイモニデスは旧約聖書とそれに関連した文書の専門家であり、マイモニデス法典は、西洋の法体系の基礎となった（私信）。
3. Sterling 1995; Furnham and Brown 1996; Willis and Wrightsman 1995 も参照。
4. Beckstrom（1993）は先駆的な著書*Darwinism Applied*のなかで、レイプに対する懲罰について詳しく論じている。
5. 戦争中のレイプを罰したり減らしたりするために制裁をどのように用いたらいいかについての、平時にも役立つ議論は、Green et al. 1994を参照。

Ⅷ

1. たとえばFonow et al.（1992, p.115）は、「男性のほうが（中略）女性より、レイプはセックスを目的としたものだという言葉に同意する率が高く」、「この研究では男性のほうが、レイプはセックスだとする考えに基づいた神話を信じる傾向が強い」という、自分たちの教育プログラムでの発見を報告している。Ward 1995も参照。
2. 男性の性的行動に関して進化してきた発達上のキュー（きっかけ）の効果についての詳細は、Thornhill and Thornhill 1983, 1992a, bを参照。

Ⅹ

1. レイプ犯に対する有効な護身術についての詳しい議論は、Booher 1991を参照。

9. Queller 1995を参照。
10. Mesnick 1997も参照。
11. Zillmann 1998も参照。
12. Dusek 1984; Blackman 1985; Schwendinger and Schwendinger 1985; Sunday 1985も参照。
13. 特に推論を重視した、科学的信憑性の高いこの種の比較については、Thornhill et al. 1986を参照。

VI

1. 学習理論についてのさらに詳しい説明や、細かい批判については、Tooby and Cosmides 1992を参照。
2. この運動の歴史については、Freeman 1983およびBrown 1991を参照。
3. 学習理論とフェミニズム的イデオロギーの結びつきに関するさらに詳しい説明は、Palmer 1988a; Ellis 1989; Symons 1979; Russell 1982, 1984; Shields and Shields 1983; Thornhill and Thornhill 1983; Stock 1991を参照。
4. Drake 1990; Herman 1990も参照
5. 他の諸例については、Swisher and Wekesser 1994中の各論文を参照。
6. MacKinnon 1987, p. 6; Dworkin 1989, p.165; Southern Women's Writing Collective 1990, p.143.も参照。
7. 進化的見地から人間の暴力行為を考察した、その他の研究としては、Daly and Wilson1988; Palmer 1993; Furlow et al. 1998を参照。また、パートナーの雌に対する暴力について書かれた、本書の第II章および第III章も参照。
8. レイプ犯の年齢についてのデータは数多い。最近のデータは、第III章でレイプ被害者の年齢について論じたのと同じ全米犯罪被害者調査レポートに含まれている。古いデータについては、Thornhill and Thornhill 1983で検討されている。
9. 軍隊におけるレイプについてまとめたものとしては、Littlewood 1997およびMorris 1996を参照。Hartung（1992）は、Numbers 31:1-35に掲載された生々しい描写を引用している。
10. Shields and Shields 1983, p.121も参照。
11. Russell 1975; Geis 1977; Queen's Bench Foundation 1978; Rada 1978a; Katz and Mazur 1979; Sussman and Bordwell 1981; Ageton 1983も参照。
12. Groth 1979, pp. 50, 55, 93, 159, 161, 181, 183も参照。
13. Gebhard et al. 1965; Amir 1971; Schiff 1971; Burgess and Holmstrom

1991も参照。

6. この点についてのさらなる議論や、文献についての部分的な紹介については、Nesse and Williams 1994を参照。
7. 近年の研究の紹介については、Resick 1993およびThornhill 1997bを参照。
8. 妊娠した馬がレイプされると、流産することがある。
9. セキショクヤケイの雌による精液の排出に関するR. Thornhillの研究結果についての議論は、Birkhead and Møller 1992を参照。
10. Whitaker 1987も参照。
11. Baker and Bellis 1995も参照。
12. そのような雌どうしの同盟については、Smuts and Smuts 1993およびMesnick 1997を参照。

V

1. この時期に行なわれた主要な研究については、Hamilton 1963, 1964; Williams 1966, 1985, 1992; Alexander 1971, 1974, 1975, 1987; Trivers 1971, 1972, 1974, 1985; Alcock 1975, 1997; Brown 1975; Wilson 1975; Dawkins 1976, 1986; Zahavi and Zahavi 1997; Maynard Smith 1998を参照。
2. Snowden 1997も参照。
3. Sorenson and White 1992も参照。
4. Gould 1997; Avise 1998も参照。
5. 生物学の世界では、もし進化の歴史のなかでほんとうに群淘汰が働いたのなら当然生み出されたはずの、真の意味での利他的適応の例は見つかっていない。仮に今後、真の意味での利他的適応を発見する生物学者がいれば、初めての偉業をなしとげた者として、有名になることだろう。1960年代半ばから1970年代初頭の生物学者たちは、Williams（1966）が論じたような真の利他性の実例を見つけようとする研究に、こぞって取り組んだ。しかしその結果、各個体についての淘汰の実例しか発見することができなかったのである。しかも、個体淘汰説が正しいことの証拠となる適応のほうは、生物学の世界で知られている何百万もの種すべてについて、数多く発見された。
6. Allen et al. 1975; Sociobiology Study Group 1978を参照。
7. たとえばMayr 1983; Thornhill and Alcock 1983; Dawkins 1986; Alexander 1987; Wright 1990, 1994; Dennett 1995; Maynard Smith 1995; Queller 1995; Pinker 1997; Alcock 1998を参照。
8. Williams 1966, 1992; Buss et al. 1998も参照。

8. ただしBaker and Bellis（1995）には、男性のマスターベーションが精子をいつも新鮮なものに保つための適応であるかもしれないことを示す、いくつかの証拠が提示されている。
9. Malamuth 1996 も参照。
10. Thornhill 1980,1984 を参照。
11. 社会的剥奪と犯罪の相関が、とりわけ男性で高いことは、人類の進化の歴史において、女性より男性に強く性淘汰が働いたことの、強力な証拠である。Alexander 1979 を参照。
12. Malamuth and Heilmann 1998; Figueredo et al. 1999 も参照。
13. 1995年および1996年の資料については、Arkansas Crime Information Center（http://www.acic.org/1996rape.html）のデータも参照。
14. 戦時下の若い女性へのレイプに関する資料については、Niarcos 1995; Brownmiller 1975 を参照。ベトナム戦争についてはBaker 1981 および Shields and Shields 1983、ボスニア紛争についてはNiarcos 1995 および Thompkins 1995、ルワンダ紛争についてはMcKinley 1996、第二次世界大戦についてはCheng 1997 を、それぞれ参照のこと。
15. Felson and Krohn（1990）は、全米犯罪被害者調査レポートのデータは、ごく最近のことがらについて調査しているという点で弱点があると主張している。
16. Felson and Krohn 1990; Figueredo and McCloskey 1993; Jacobson and Gottman 1998 も参照。
17. 遺伝可能な人類の特徴に関するさらに詳しい議論については、Tooby and Cosmides 1990bおよびGangestad 1997 を参照。
18. Lalumiére and Seto 1998 も参照。

Ⅳ

1. 文献一覧については、Thornhill and Thornhill 1983, 1991, 1992a; Ellis 1989; Resick1993; Gill 1996; Darvesbornoz 1997; Wilson et al. 1997を参照。
2. 前註を参照。
3. このサンプルの詳細については、McCahill et al. 1979を参照。また、Thornhill and Thornhill 1990a, b, c, 1991も参照。
4. 米国では、11歳以下の少女および45歳以上の女性の出産率は極めて低い（Thornhill and Thornhill 1983）。出産率というのは、各年齢層の女性が子どもを産む確率のことで、所与の性交が受精、妊娠、出産にいたる確率と密接に関連している。
5. Katz and Mazur（1979）も、同じことを報告している。Bownes et al.

適応をもたらす場合に起こる。宿主と病原体の共進化レースでは、宿主が防衛策を進化させると、それを打ち破るような適応を病原体が進化させるという繰り返しが、ある程度の期間、継続的に起こる。

20. これはおそらくアンドロゲンの分泌量が違うためであり、アンドロゲンの量が匂いに影響を与えるのだろう。つまり、対称的な男性のほうが（そのために必要な生理学的コストを満たせるせいで）たくさんのアンドロゲンを分泌できるのである。

21. Singh 1993; Thornhill and Gangestad 1993; Symons 1995; Barber 1995; Thornhill and Møller 1997 を参照。Perrett et al.（1998）によると、この研究に参加した女性たちは、きわめて男っぽい男性の顔より、やや女性的な男性の顔を好んだという。男っぽい顔は、テストステロンの高い分泌を示すものだ。こうした女性の嗜好はおそらく、女性に投資してくれそうな男性を好むためだろうと、研究者たちは解釈している。ただし同じ研究グループは、避妊用のピルを服用しておらず（つまり、排卵周期があり）、妊娠可能性が最も高い排卵期にある女性は、いちばん男っぽい顔を好むことも発見している（Penton-Voak et al. 1999）。つまり、妊娠の可能性のある女性（排卵周期があり、ちょうど排卵期にある女性）は、男性の遺伝子の質を示す視覚的指標を好みがちなのだ。同じパターンは、対称的な男性の匂いに対する女性の好みにも見られる。

22. Penn and Potts 1998 を参照。

Ⅲ

1. 性的強要のこの3つの形はすべて、動物の多くの種で起こっている（Smuts 1992; Smuts and Smuts 1993; Clutton-Brock and Parker 1995）。
2. Dobzhansky et al. 1977, 口絵。
3. 第Ⅰ章を参照。詳細についてはWilliams 1966, 1992; Bell 1997を参照。
4. 人間の1％にしか出現しない統合失調症についてさえ、それに関わる遺伝子が、少なくともいくつかの環境で、かなり長期間にわたって、淘汰によって選び取られる必要があったと生物学者たちは考えている（Nesse and Williams 1994）。
5. 比較文化研究についてはPalmer 1989a; Rozée 1993; Smuts and Smuts 1993を参照。
6. MacKinnon 1979 も参照。
7. 支配仮説を初めて提唱したのは、Susan Brownmiller である。GowatyとBuschhaus は1998年の論文のp. 219で、Brownmiller のその研究に言及して賞賛している。本書では第Ⅵ章で、Brownmiller の説明のイデオロギー的な魅力について論じる。

照。

7. 残りの項目が正しいことを示す（人間の含めての）最も適切な比較データとしては、以下のようなものがあげられる——Darwin 1874; Alexander 1979, 1987; Alexander et al. 1979; Symons 1979; Clutton-Brock et al. 1982; Daly and Wilson 1983,1988; Trivers 1985; Rubenstein and Wrangham 1986; Weisfeld and Billings 1988; Grammer 1993; Buss 1994; Weisfeld 1994; Geary 1998; Townsend 1998; Ghiglieri 1999.

8. たとえばAlexander et al. 1979; Wittenberger 1981; Daly and Wilson 1983; Thornhill and Alcock 1983; Trivers 1985 を参照。

9. ここで「報告された」というのは、警察への通報をさす。

10. 人間の精子間競争についての詳細はBaker and Bellis 1995 を参照。

11. Townsend and Levy 1990; Ellis 1992; Grammer 1993; Perusse 1993; Townsend1998も参照。人間の男性の好みについてのBussの諸研究および他の研究者たちの研究は、Buss の有名な著書である***The Evolution of Desire***（1994）にまとめられている。

12. Andersson 1994を参照。

13. Andersson 1994; Møller and Thornhill 1998a,b; Møller and Alatalo 1999を参照。

14. Møller and Swaddle 1997 を参照。

15. 非対称のうちごくわずかが遺伝的差異によるものであり、残りの大部分は環境的な要因による（Møller and Thornhill 1997; Gangestad and Thornhill 1999）。

16. 対称性が男性の性的魅力に果たす役割についての研究は、米国、ヨーロッパ、中米の国ベリーズの田舎に暮らすマヤ族について行なわれている。たとえばGangestad and Thornhill 1997a, b; R. Baker 1997; Waynforth 1998. を参照。

17. これらの研究で“つきあい”というのは、少なくとも3ヶ月以上デートをつづけているか結婚している関係のみをさしている。

18. しかしながら結婚しやすさに関しては、女性の対称性も影響力をもつようだ。女性においては、乳房の対称性と既婚率に正の相関がある（Manning et al. 1997）。女性の身体的な魅力が地位の高い男性との結婚可能性の最大要因であることを考えれば、長期にわたるパートナーから資源を得る能力と女性の対称性が正の相関を示すことも、間違いないだろう。

19. 共進化：相互作用を行なう2つのグループ（種どうしや、雌と雄）に同時に起きる進化。各グループが互いに、相手のグループの進化の要因となる。敵対的共進化は、いっぽうのグループの適応が他のグループの不たちには、三角形の上に重なる白い形が見える。しかし実際には、そのような形は存在しない」。こうした錯視は、「人間の視覚メカニズムにもヒキガエルのそれと同様、特定の刺激を見つけ出すことを私たちに"奨励する"個別的な特徴がそなわっていることを示すものだ。人間の視覚細胞の一部が、境界線にとりわけ強く反応して、隣り合う部分の濃淡のコントラストを強調してしまう。黒によって直接仕切られていない灰色に見える部分より、黒い四角と直接隣り合っている白く見える部分からのほうが、私たちの目にたくさんの光が届いているわけではない。それなのに私たちの脳が、まるでそうであるかのように思わせてしまうのだ。これは、物体の輪郭をとらえる私たちの（そして、過去に生きていた祖先の）能力を増すのに役立つような錯視を、脳が作り出しているためである」とAlcock（p.153）は記している。

14. 認知面での適応は、その動物が周囲あるいは内部の環境に関する推論を行なうのに役立つように働く。どのような認知が起こるかは、その動物が何を知っているか——すなわち、その動物の"知性"によって左右される。人間では、そうした推論のうち少なくとも一部分は、意識的なものである（Pinker 1997）。
15. Flinn and Alexander 1982; Daly 1982; Flinn 1997を参照。
16. Daly 1982; Flinn and Alexander 1982; Tooby and Cosmides 1989 も参照。

II

1. たとえば Low 1978; Alexander 1979 を参照。
2. Bateman 1948 および Williams 1966 の pp. 183-186 も参照。
3. Thornhill and Alcock 1983; Trivers 1985; Thornhill 1986; Thornhill and Gwynne 1986; Alcock 1997を参照。Triversの理論は、性淘汰の内容より、その程度についてのものだ。動物のさまざまな種に雌雄どちらかの競争がどのような形で進化しているか（たとえば、パートナーを広範囲に求める、パートナーにとって重要な資源を守る、パートナーを直接守る、同性への攻撃性を高める、など）は、また別の問題となる（それについての理論や詳しい議論はTrivers 1972; Bradbury and Vehrencamp 1977; Emlen and Oring 1977; Thornhill and Alcock 1983を参照）。
4. （　）内は、各特徴を進化的見地から予測した人物（ら）である。
5. 例外についてはAlexander et al. 1979を参照。
6. 雄の攻撃性が繁殖成功度を低くするため、そうした性質が進化しなかった哺乳類の例など、本項目の例外についてはSchwagmeyer 1988 を参

〔註〕

はじめに

1. たとえば Ruse 1994; Holton 1993, 1996; Gross and Levin 1994; Wilson 1998などを参照。（本書においては、本文と直接関連のある参考文献は本文中に、一般の読者は読み飛ばしてもいい補足的な参考文献は原註として、記すことにする）
2. 詳しくはAlexander 1988を参照。修辞学と人文科学についてはRaymond 1982を参照。

I

1. Estrich 1987, pp.58-59も参照。
2. この調査では、ペニス、指、物による挿入を、すべて含めている。
3. Williams 1988も参照。
4. 詳細な批評については、Alexander and Borgia 1978; Palmer et al. 1997; Maynard Smith 1998; Nunney 1998; Trivers 1999 を参照。
5. それぞれの定義については、本書p.200を参照。
6. もちろん、キツネの足がどのような機能を果たすためにデザインされたかについては、経験的な疑問が残されている。将来、解剖学者たちが、キツネの足は雪を踏み固めるためにデザインされたことを発見する可能性もある。
7. Curio 1973; Dewsbury 1980; Palmer 1988b, 1989b; Symons 1987a, b; Crawford 1993も参照。
8. 性淘汰の定義や説明は、第II章で行なう。
9. Sulloway 1996も参照。
10. Ellis 1992; Thornhill and Gangestad 1993, 1996; Buss 1994; Jones 1996; Thornhill and Grammer 1999 も参照。
11. たとえばShepard 1992 を参照。
12. Symons 1979も参照。
13. 自分自身でそうした証拠に接しなければ信じる気になれないという読者は、David Marr の1982年の著書『ビジョン――視覚の計算理論と脳内表現』をご覧いただきたい。そこに紹介されている錯視について、Alcock（1993, p.153） はつぎのように述べている――「(A) 白い棒線の交差する場所は、錯視によって灰色に見える。境界線（白と黒の境目）の部分では必ず、われわれの脳がコントラストを誇張するので、境界線のない白い交差部分が、実際より暗く見えてしまうのだ。(B) 私

Wilson, M., M. Daly, and J. Scheib. 1997. Femicide: An evolutionary psychological perspective. In *Feminism and Evolutionary Biology*, ed. P. Gowaty. Chapman and Hall.
Wittenberger, J. 1981. *Animal Social Behavior*. Wadsworth.
Wrangham, R., and D. Peterson. 1996. *Demonic Males: Apes and the Origins of Human Violence*. Houghton Mifflin. リチャード・ランガム、デイル・ピーターソン『男の凶暴性はどこからきたか』山下篤子訳、三田出版会
Wright, R. 1990. The intelligence test. *New Republic*, January 29.
Wright, R. 1994. *The Moral Animal*. Vintage. ロバート・ライト『モラル・アニマル』上・下、竹内久美子監訳、小川敏子訳、講談社
Wynne-Edwards, V. 1962. *Animal Dispersion in Relation to Social Behavior*. Hafner.
Young, R., and D. Thiessen. 1991. The Texas rape scale. *Ethology and Sociobiology* 13: 19–33.
Zahavi, A., and A. Zahavi. 1997. *The Handicap Principle: A Missing Piece of Darwin's Puzzle*, Oxford University Press. ザハヴィ＆ザハヴィ『生物進化とハンディキャップ原理』大貫昌子訳、白揚社
Zillmann, D. 1998. *Connections between Sexuality and Aggression*, 2nd ed. Lawrence Erlbaum Associates.

discrepancy to diversity. *Journal of Social Issues* 48: 187–195.
Whitaker, C. 1987. Bureau of Justice Statistics Special Report: Elderly Victims. US Department of Justice.
Wiederman, M., and E. Allgeier. 1992. Gender differences in mate selection criteria: Sociobiological or socioeconomic explanation? *Ethology and Sociobiology* 13: 115–124.
Williams, G. 1957. Pleiotropy, natural selection, and the evolution of senescence. *Evolution* 11: 398–411.
Williams, G. 1966. *Adaptation and Natural Selection*. Princeton University Press.
Williams, G. 1985. A defense of reductionism in evolutionary biology, In *Oxford Surveys in Evolutionary Biology*, volume 2, ed. R. Dawkins and M. Ridley. Oxford University Press.
Williams, G. 1988. Huxley's evolution and ethics in sociobiological perspective. *Zygon* 23: 383–407.
Williams, G. 1992. Natural selection: Domains, levels and challenges. Oxford University Press.
Willie, R., and K. Beier. 1989. Castration in Germany. *Annals of Sex Research* 2: 103–133.
Willis, C., and L. Wrightsman. 1995. Effects of victims gaze behavior and prior relationship on rape culpability attributions. *Journal of Interpersonal Violence* 10: 367–377.
Wilson, D., and E. Sober. 1994. Reintroducing group selection to the human behavioral sciences. *Behavioral and Brain Sciences* 17: 585–654.
Wilson, E. 1975. *Sociobiology: The New Synthesis*. Harvard University Press.
ウィルソン『社会生物学１—５』伊藤嘉昭監訳、新思索社
Wilson, E. 1998. *Consilience: The Unity of Knowledge*. Knopf.
Wilson, M., and M. Daly. 1981. Differential maltreatment of girls and boys. *Victimology* 6: 249–261.
Wilson, M., and M. Daly. 1985. Competitiveness, risk taking, and violence: The young male syndrome. *Ethology and Sociobiology* 6: 59–73.
Wilson, M., and M. Daly. 1992. The man who mistook his wife for a chattel. In *The Adapted Mind*, ed. J. Barkow et al. Oxford University Press.
Wilson, M., and S. Mesnick. 1997. An empirical test of the bodyguard hypothesis. In *Feminism and Evolutionary Biology*, ed. P. Gowaty. Chapman and Hall.

Van Den Assem, J. 1967. Territory in the three spine stickleback, *Gasterosteus aculeaturs* L: An experimental study in intraspecific competition. *Behaviour* supplement: 16.
Van Rhijn, J., and T. Groethuis. 1985. Biparental care and the basis for alternative bond-types among gulls with special reference to black-headed gulls. *Ardea* 73: 159–174.
Waage, J., and P. Gowaty. 1997. Myths of genetic determinism. In *Feminism and Evolutionary Biology*, ed. P. Gowaty. Chapman and Hall.
Walston, F., A. David, and B. Charlton. 1998. Sex differences in the content of persecutory delusions: A reflection of hostile threat in the ancestral environment. *Evolution and Human Behavior* 19: 257–260.
Ward, C. 1995. *Attitudes toward Rape: Feminist and Social Psychological Perspectives*. Sage.
Warner, C. 1980. *Rape and Sexual Assault: Management and Intervention*. Aspen.
Watson, P., and P. Andrews. An evolutionary theory of unipolar depression as an adaptation for overcoming constraints of the social niche. Unpublished manuscript.
Watson, P., G. Arnqvist, and R. Stallman. 1998. Sexual conflict and the energetic costs of mating and mate choice in water striders. *American Naturalist* 151: 46–58.
Waynforth, D. 1998. Fluctuating asymmetry and human male life history traits in rural Belize. *Proceedings of the Royal Society of London* B 265: 1497–1501.
Weiner, J. 1994. *The Beak of a Finch: A Story of Evolution in Our Time*. Knopf. ワイナー『フィンチの嘴』樋口広芳・黒田令子訳、早川書房
Weisfeld, G. 1994. Aggression and dominance in the social world of boys. In *Male Violence*, ed. J. Archer. Routledge.
Weisfeld, G., and R. Billings. 1988. Observations on adolescence. In *Sociobiological Perspectives on Human Development*, ed. K. MacDonald. Springer-Verlag.
Wells, K. 1977. The social behavior of anuran amphibians. *Animal Behaviour* 25: 663–693.
White, J., and R. Farmer. 1992. Research methods: How they shape views of sexual violence. *Journal of Social Issues* 48: 45–59.
White, J., and S. Sorenson. 1992. A sociocultural view of sexual assault: From

Tooby, J., and L. Cosmides. 1990a. The past explains the present: Emotional adaptations and the structure of ancestral environments. *Ethology and Sociobiology* 11: 375–424.
Tooby, J., and L. Cosmides. 1990b. On the universality of human nature and the uniqueness of the individual: The role of genetics and adaptation. *Journal of Personality* 58: 1–67.
Tooby, J., and Cosmides, L. 1992. The psychological foundations of culture. In *The Adapted Mind*, ed. J. Barkow et al. Oxford University Press.
Torrey, M. 1995. Feminist legal scholarship on rape: A maturing look at one form of violence against women. *William and Mary Journal of Women and the Law* 2: 35–49.
Townsend, J. 1998. *What Women Want-What Men Want: Why the Sexes Still See Love and Commitment So Differently*. Oxford University Press.
Townsend, J., and G. Levy. 1990. Effects of potential partners' physical attractiveness and socioeconomic status on sexuality and partner selection. *Archives of Sexual Behavior* 19: 149–156.
Trivers, R. 1971. The evolution of reciprocal altruism. *Quarterly Review of Biology* 46: 35–57.
Trivers, R. 1972. Parental investment and sexual selection. In *Sexual Selection and the Descent of Man*, 1881–1971, ed. B. Campbell. Aldine.
Trivers, R. 1974. Parent-offspring conflict. *American Zoologist* 14: 249–264.
Trivers, R. 1985. *Social Evolution*. Benjamin/Cummings. トリヴァース『生物の社会進化』中嶋康裕・福井康雄・原田康志訳、産業図書
Trivers, R. 1999. As they would do to you. *Skeptic* 6: 81–83.
Tsang, D. 1995. Policing "perversions" : Depo-Provera and John Money's new sexual order. In *Sex, Cells, and Same-Sex Desire*, ed. J. De Ceddo and D. Parker. Haworth.
Tsubaki, V., and T. Ono. 1986. Competition for territorial sites and alternative mating tactics in the dragonfly *Nsnnophya-pygmaea odonata Libelludidae*. *Behaviour* 97: 234–252.
Turke, P. 1990. Which humans behave adaptively, and why does it matter? *Ethology and Sociobiology* 11: 305–339.
Turnbull, C. 1965. *Wayward Servants: The Two Worlds of the African Pygmies*. Greenwood.
Vachss, A. 1994. Treating sexual offenders: The point. In *Crimes of Gender*, ed. G. McCuen.McCuen.

Thornhill, R., and S. Gangestad. 1999. The scent of symmetry: A human sex pheromone that signals fitness? *Evolution and Human Behavior* 20: 175–201.
Thornhill, R., and K. Grammer. 1999. The body and face of woman: One ornament that signals quality? *Evolution and Human Behavior* 20: 105–120.
Thornhill, R., and D. Gwynne. 1986. The evolution of sexual differences in insects. *American Scientist* 74: 382–389.
Thornhill, R., and A. Møller. 1997. Developmental stability, disease and medicine. *Biological Reviews* 72: 497–548.
Thornhill, R., and K. Sauer. 1991. The notal organ of the scorpionfly (*Panorpa vulgaris*): An adaptation to coerce mating duration. *Behavioral Ecology* 2: 156–164.
Thornhill, R., and N. Thornhill. 1983. Human rape: An evolutionary analysis. *Ethology and Sociobiology* 4: 137–173.
Thornhill, R., and N. Thornhill. 1989. The evolution of psychological pain. In *Sociobiology and the Social Sciences*, ed. R. Bell and N. Bell. Texas Tech University Press.
Thornhill, R., and N. Thornhill. 1991. Coercive sexuality of men: Is there psychological adaptation to rape? In *Sexual Coercion*, ed. E. Grauerholz and M. Koralewski. Lexington.
Thornhill, R., and N. Thornhill. 1992a. The evolution psychology of men's sexual coercion. *Behavioral and Brain Sciences* 15: 363–375.
Thornhill, R., and N. Thornhill. 1992b. The study of men's coercive sexuality: What course should it take? *Behavioral and Brain Sciences* 15: 404–421.
Thornhill, R., S. Gangestad, and R. Comer. 1995. Human female orgasm and mate fluctuating asymmetry. *Animal Behaviour* 50: 1601–1615.
Thornhill, R., N. Thornhill, and G. Dizinno. 1986. The biology of rape. In *Rape*, ed. S. Tomaseli and R. Porter. Blackwell.
Titman, R. 1983. Spacing and three bird flights of mallards *Anas platyrhynchos* breeding in pothole habitat. *Canadian Journal of Zoology* 61: 837–847.
Tobach, E., and B. Rosoff. 1985. Preface. In *Violence against Women*, ed. S. Sunday and E. Tobach. Gordian Press.
Tobach, E., and S. Sunday. 1985. Epilogue. In *Violence against Women*, ed. S. Sunday and E. Tobach. Gordian Press.
Tooby, J., and L. Cosmides. 1989. Evolutionary psychology and the generation of culture, part Ⅰ: Theoretical considerations *Ethology and Sociobiology* 10: 29–50.

Thornhill, R. 1980. Rape in *Panorpa* scorpionflies and a general rape hypothesis. *Animal Behavior* 28: 52–59.
Thornhill, R. 1981. *Panorpa* (Mecoptera: Panorpidae) scorpionflies: Systems for understanding resource-defense polygyny and alternative male reproductive efforts. *Annual Review of Ecology and Systematics* 12: 355–386.
Thornhill, R. 1983. Cryptic female choice and its implications in the scorpionfly *Harpobittacus nigriceps. American Naturalist* 122: 765–788.
Thornhill, R. 1984. Alternative hypotheses for traits believed to have evolved by sperm competition. In *Sperm Competition and the Evolution of Animal Mating Systems*, ed. R. Smith. Academic Press.
Thornhill, R. 1986. Relative parental contribution of the sexes to their offspring and the operation of sexual selection. In *Evolution of Animal Behavior*, ed. M. Nitecki and J. Kitchell. Oxford University Press.
Thornhill, R. 1987. The relative importance of intra-and interspecific competition in scorpionfly mating systems. *American Naturalist* 130: 711–729.
Thornhill, R. 1990. The study of adaptation. In *Interpretation and Explanation in the Study of Behavior*, volume 2, ed. M. Bekoff and D. Jamieson. Westview.
Thornhill, R. 1992a. Fluctuating asymmetry, interspecific aggression and male mating tactics in two species of Japanese scorpionflies. *Behavioral Ecology and Sociobiology* 30: 357–363.
Thornhill, R. 1992b.Fluctuating asymmetry and the mating system of the Japanese scorpionfly, *Panorpa japonica. Animal Behaviour* 44: 867–879.
Thornhill, R. 1997a. The concept of an evolved adaptation. In *Characterizing Human Psychological Adaptations*, ed. G. Bock and G. Cardew. Wiley.
Thornhill, R. 1997b. Rape-victim psychological pain revisited. In *Human Nature*, ed. L. Betzig. Oxford University Press.
Thornhill, R. 1999. The biology of human rape. *Jurimetrics* 39: 137–155.
Thornhill, R., and Alcock, J. 1983. *The Evolution of Insect Mating Systems.* Harvard University Press.
Thornhill, R., and B. Furlow. 1998. Stress and human reproductive behavior: Attractiveness, women's sexual development, postpartum depression, and baby's cry. *Advances in the Study of Behavior* 27: 319–369.
Thornhill, R., and S. Gangestad. 1993. Human facial beauty: Averageness, symmetry and parasite resistance. *Human Nature* 4: 237–269.
Thornhill, R., and S. Gangestad. 1996. The evolution of human sexuality. *Trends in Ecology and Evolution* 11: 98–102.

ary psychology of human female sexual attractiveness. In *Sexual Nature, Sexual Culture*, ed. P. Abramson and S. Pinkerton. University of Chicago Press.

Syzmanski, L., A. Devlin, J. Chrisler, and S. Vyse. 1993. Gender role and attitudes toward rape in male and female college students. *Sex Roles* 29: 37–57.

Tang-Martinez, Z. 1997. The curious courtship of sociobiology and feminism: A case of irreconcilable differences. In *Feminism and Evolutionary Biology*, ed. P. Gowaty. Chapman and Hall.

Thiessen, D. 1983. The unseen roots of rape: The theoretical untouchable. Paper presented at 1983 meetings of American Psychological Association); published in *Revue Européenne des Sciences Sociales* 24: 9–40 (1986).

Thiessen, D., and R. Young. 1994. Investigating sexual coercion. *Society*, March-April: 60–63.

Thompkins, T. 1995. Prosecuting rape as a war crime: Speaking the unspeakable. *Norte Dame Law Review* 70: 307–322.

Thornhill, N. 1996. Psychological adaptation to sexual coercion in victims and offenders. In *Sex, Power, Conflict*, ed. D. Buss and N. Malamuth. Oxford University Press.

Thornhill, N., and R. Thornhill. 1987. Evolutionary theory and rules of mating and marriage. In *Sociobiology and Psychology*, ed. C. Crawford et al. Erlbaum.

Thornhill, N., and R. Thornhill. 1990a. Evolutionary analysis of psychological pain of rape victims I: The effects of victim's age and marital status. *Ethology and Sociobiology* 11: 155–176.

Thornhill, N., and R. Thornhill. 1990b. Evolutionary analysis of psychological pain following rape II: The effects of stranger, friend and family member offenders. *Ethology and Sociobiology* 11: 177–193.

Thornhill, N., and R. Thornhill. 1990c. Evolutionary analysis of psychological pain following rape III: The effects of force and violence. *Aggressive Behavior* 16: 297–320.

Thornhill, N., and R. Thornhill. 1991: An evolutionary analysis of psychological pain following rape IV: The effects of the nature of the sexual act. *Journal of Comparative Psychology* 105: 243–252.

Thornhill, R. 1979. Male and female sexual selection and the evolution of mating systems in insects. In *Sexual Selection and Reproductive Competition in Insects*, ed. M. Blum and N. Blum. Academic Press.

Sterling, A. 1995. Undressing the victim: The intersection of evidentiary and semiotic meanings of women's clothing in rape trials. *Yale Journal of Law and Feminism* 7: 87–132.
Stock, W. 1991. Feminist explanations: Male power, hostility and sexual coercion. In *Sexual Coercion*, ed. E. Grauerholz and M. Koralewski. Lexington.
Sturup, G. 1960. Sex offenses: The Scandinavian experience. Law and Contemporary Problems 25: 361–375.
Sturup, G. 1968. The treatment of sexual offenders in Hestedvester, Denmark. *Acta Psychiatric Scandinavia* Supplement 204.
Sulloway, F. 1996. *Born to Rebel: Family Conflict and Radical Genius.* Pantheon.
Sunday, S. 1985. Introduction. In *Violence against Women*, ed. S. Sunday and E. Tobach. Gordian Press.
Sunday, S., and E. Tobach, eds. 1985. *Violence against Women: A Critique of the Sociobiology of Rape*. Gordian Press.
Surbey, M. 1990. Family composition, stress and human menarche. In *The Socioendocrinology of Primate Reproduction*, ed. T. Ziegler and F. Bercovitch. Wiley-Liss.
Sussman, L., and S. Bordwell. 1981. *The Rapist File.* Chelsea House.
Svalastoga, K. 1962. Rape and social structure. *Pacific Sociological Review* 5: 48–53.
Swisher, K., and C. Wekesser, eds. 1994. *Violence against Women.* Greenhaven.
Symons, D. 1978. The qyestion of function: Dominance and play. In *Social Play in Primates*, ed. E. Smith. Academic Press.
Symons, D. 1979. *The Evolution of Human Sexuality.* Oxford University Press.
Symons, D. 1987a. If we're all Darwinians, what's the fuss about? In *Sociobiology and Psychology*, ed. C. Crawford et al. Erlbaum.
Symons, D. 1987b. An evolutionary approach: Can Darwin's view of life shed light on human sexuality? In *Theories of Human Sexuality*, ed. J. Greer and W. O'Donahue. Plenum.
Symons, D. 1992. On the use and misuse of Darwinism in the study of human behavior. In *The Adapted Mind*, ed. J. Barkow et al. Oxford University Press.
Symons, D. 1995. Beauty is in the adaptations of the beholder: The evolution-

Claremont Graduate School. University Microfilms International.
Smuts, B. 1992. Male aggression against women: An evolutionary perspective. *Human Nature* 3: 1–44.
Smuts, B., and R. Smuts. 1993. Male aggression and sexual coercion of females in nonhuman primates and other mammals: Evidence and theoretical implications. *Advances in the Study of Behavior* 22: 1–63.
Snowden, C. 1997. The "nature" of sex differences: Myths of male and female. In *Feminism and Evolutionary Biology*, ed. P. Gowaty. Chapman and Hall.
Sober, E., and D. Wilson. 1998. *Unto Others: The Evolution and Psychology of Unselfish Behavior*. Harvard University Press.
Sociobiology Study Group. 1978. Sociobiology—Another biological determinism. In *The Sociobiology Debate*, ed. A. Caplan. Harper and Row.
Soltis, J., F. Mitsunaga, K. Shimizu, Y. Yanagihara, and M. Nazaki. 1997. Sexual selection in Japanese macaques. 1. Female mate choice or male sexual coercion. *Animal Behaviour* 54: 725–736.
Sorenson, L. 1994. Forced extra-pair copulation and mate guarding in the whitecheeked pintail: Tinting and trade-offs in an asynchronously breeding duck. *Animal Behaviour* 48: 519–533.
Sorenson, S., and J. White. 1992. Adult sexual assault: Overview of research. *Journal of Social Issues* 48: 1–8.
Sork, V. 1997. Quantitative genetics, feminism, and evolutionary theories of gender differences. In *Feminism and Evolutionary Biology*, ed. P. Gowaty. Chapman and Hall.
Southern Women's Writing Collective. 1990. Sex resistance in heterosexual arrangements. In *The Sexual Liberals and the Attack on Feminism*, ed. D. Leidholdt and J. Raymond. Pergamon.
Spalding, L. 1998. Florida's 1997 chemical castration law: A return to the Dark Ages. *Florida State University Law Review* 25: 117–139.
Spohn, C., and J. Horney. 1992. *Rape Law Reform: A Grassroots Revolution and Its Impact*. Plenum.
Steadman, L., and C. Palmer. 1995. Religion as an identifiable traditional behavior subject to natural selection. *Journal of Social and Evolutionary Systems* 18: 149–164.
Steadman, L., C. Palmer, and C. Tilley. 1996. The universality of ancestor worship. *Ethnology* 35: 63–76.

Proceedings of the Royal Society of London B 261: 65–71.
Sanday, P. 1981. The socio-cultural context of rape: A cross-cultural study. *Journal of Social Issues* 37 (4): 5–27.
Sanday, P. 1990. *Fraternity Gang Rape*. New York University Press.
Sanders, W. 1980. *Rape and Women's Identity*. Sage.
Sanford, L., and A. Fetter. 1979. *In Defense of Ourselves*. Doubleday.
Schiff, A. 1971. Rape and other countries. *Medicine, Science, and Law* 11: 139–143.
Schwagmeyer, P. 1988. Scramble-competition polygyny in an asocial mammal: Male mobility and mating success. *American Naturalist* 131: 885–892.
Schwendinger, J., and J. Schwendinger. 1985. *Homo economicus* as rapist. In *Violence against Women*, ed. S. Sunday and E. Tobach. Gordian Press.
Scott, E. 1993. How to stop rapists? A question of strategy in two rape crisis centers. *Social Problems* 40: 343–361.
Scully, D., and J. Marolla. 1995. Riding the bull at Gilley's: Convicted rapists describe the rewards of rape. In *Rape and Society*, ed. P. Searles and R. Berger. Westview.
Severinghaus, C. 1955. Some observations on the breeding behavior of deer. *New York Fish and Game Journal* 2: 239–241.
Seymour, N., and R. Titman. 1980. Behavior of unpaired male black ducks *Anas rubipes* during the breeding season in a Nova Scotia Canada tidal marsh. *Canadian Journal of Zoology* 57: 2421–2428.
Shalit, R. 1993. Is rape a hate crime? *San Jose Mercury News*, June 29.
Shepard, R. 1992. The perceptual organization of colors: An adaptation to regularities of the terrestrial world. In *The Adapted Mind*, ed. J. Barkow et al. Oxford University Press.
Shields, W., and L. Shields. 1983. Forcible rape: An evolutionary perspective. *Ethology and Sociobiology* 4: 115–136.
Simpson, G. 1966. The biological nature of man. *Science* 152: 472–478.
Singh, D. 1993. Adaptive significance of female physical attractiveness: Role of waist-to-hip ratio. *Journal of Personality and Social Psychology* 59: 1192–1201.
Smith, D., and R. Prokopy. 1980. Mating behavior of *Rhagoletis pomonella* (Diptera, Tephritidae), VI. Site of early-season encounters. *Canadian Entomologist* 121: 585–590.
Smithyman, S. 1978. The Undetected Rapist. Doctoral dissertation,

Resnick, H., D. Kilpatrick, B. Dansky, B. Saunders, and C. Best. 1993. Prevalence of civilian trauma and posttraumatic stress syndrome in a representative national sample of women. *Journal of Consulting and Clinical Psychology* 61: 984–991.
Ridley, M., ed. 1987. *The Darwin Reader*. Norton.
Ridley, M. 1993. *The Red Queen: Sex and the Evolution of Human Nature*. Macmillan. マット・リドレー『赤の女王――性とヒトの進化』長谷川眞理子訳、翔泳社
Riger, S., and M. Gordon. 1981. The fear of rape: A study in social control. *Journal of Social Issues* 37: 71–89.
Rijksen, H. 1978. A *Field Study on Sumatran Orangutans*. Veenan and Zonen.
Rodabaugh, B., and M. Austin. 1981. *Sexual Assault: A Guide for Community Action*. Garland STPM.
Rogel, M. 1976. Biosocial aspects of rape. Doctoral dissertation, University of Chicago.
Rogers, P. 1995. Male rape: The impact of a legal definition on the clinical area. *Medical Science and Law* 35: 303–306.
Rose, S. 1998. *Lifelines*. Oxford University Press.
Rosenqvist, G. 1990. Male mate choice and female-female competition for mates in the pipefish *Nerophis ophidion*. *Animal Behaviour* 39: 1110–1116.
Rowe, L., G. Arnqvist, A. Sih, and J. Krupa. 1994. Sexual conflict and the evolutionary ecology of mating patterns: Water striders as a model system. *Trends in Ecology and Evolution* 9: 289–293.
Rozée, D. 1993. Forbidden or forgiven? Rape in cross-cultural perspective. *Psychology of Women Quarterly* 17: 499–514.
Rubenstein, D., and R. Wrangham. 1986. *Ecological Aspects of Social Evolution: Birds and Mammals*. Princeton University Press.
Ruse, M. 1994. Struggle for the soul of science. *The Sciences* 34: 39–44.
Russell, D. 1975. *The Politics of Rape: The Victim's Perspective*. Stein and Day.
Russell, D. 1982. *Rape in Marriage*. Macmillan.
Russell, D. 1984. *Sexual Exploitation: Rape, Child Sexual Abuse and Workplace Harassment*. Stage.
Sahlins, M. 1976. *The Use and Abuse of Biology: An Anthropological Crirtique of Sociobiology*. University of Michigan Press.
Sakaluk, S., P. Bangert, A. -K. Eggert, C. Gack, and L. Swanson. 1995. The gin trap as a device facilitating coercive mating in sagebrush crickets.

104: 577–595.
Podhoretz, N. 1991. Rape in feminist eyes. *Commentary* 11: 29–35.
Polaschek, D., T. Ward, and S. Hudson. 1997. Rape and rapists: Theory and treatment. *Clinical Psychology Review* 17: 117–144.
Popper, K. 1968. *Conjectures and Refutations*. Harper and Row.
Provine, W. 1971. *The Origins of Theoretical Population Genetics*. University of Chicago Press.
Proulx, J., J. Aubut, A. McKibben, and M. Côte. 1994. Penile responses of rapists and nonrapists to rape stimuli involving physical violence and humiliation. *Archives of Sexual Behavior* 23: 295–310.
Pulliam, H., and C. Dunford. 1980. *Programmed to Learn: An Essay on the Evolution of Culture*. Columbia University Press.
Queen's Bench Foundation. 1978. The rapist and his victim. In *Crime and Society*, ed. L. Savitz and N. Johnston. Wiley.
Queller, D. 1995. The spandrels of Saint Marx and the panglossian paradox: A critique of a rhetorical programme. *Quarterly Review of Biology* 70: 485–489.
Quinsey, V., and M. Lalumiére. 1995. Evolutionary perspectives on sexual offending. *Sexual Abuse* 7: 301–315.
Quinsey, V., T. Chaplin, and D. Upfold. 1984. Sexual arousal to nonsexual violence and sadomasochistic themes among rapists and non-sex-offenders. *Journal of Consulting and Clinical Psychology* 52: 651–657.
Quinsey, V., M. Rise, G. Harris, and K. Reid. 1993. The phylogenetic and ontogenetic issues. In *The Juvenile Sex Offender*, ed. H. Barbaree et al. Guilford.
Rada, R., ed. 1978a. *Clinical Aspects of the Rapist*. Grune and Stratton.
Rada, R.. 1978b. Psychological factors in rapist behavior. In *Clinical Aspects of the Rapist*, ed. R. Rada. Grune and Stratton.
Rada, R.. 1978c. Biological aspects and organic treatment of the rapist. In *Clinical Aspects of the Rapist*, ed. R. Rada. Grune and Stratton.
Rappaport, R. 1967. *Pigs for the Ancestors: Ritual in the Ecology of a New Guinea People*. Yale University Press.
Raymond, J. 1982. Rhetoric: The methodology of the humanities. *College English* 44: 778–783.
Resick, P. 1993. The psychological impact of rape. *Journal of Interpersonal Violence* 8: 223–255.

investment strategies. *Behaviour* 48: 157–184.
Parker, G. 1979. Sexual selection and sexual conflict. In *Sexual Selection and Reproductive Competition in Insects*, ed. M. Blum and N. Blum. Academic Press.
Parrot, A. 1991. Vital childhood lessons: The role of parenting in preventing sexual coercion. In *Sexual Coercion*, ed. E. Grauerholz and M. Koralewski. Lexington.
Pawson, E., and G. Banks. 1993. Rape and fear in a New Zealand city. *Area* 25: 55–63.
Penn, D., and W. Potts. 1998. Chemical signals and parasite-mediated sexual selection. *Trends in Ecology and Evolution* 13: 391–396.
Penton-Voak, I., D. Perrett, D. Burt, D. Castles, T. Koyabashi, L. Murray, and R. Minamisawa. 1999. Female preference for male faces changes cyclically. *Nature* 399: 741–742.
Perkins, C., and P. Klaus. 1996. Criminal Victimization 1994. National Crime Victimization Survey. Bulletin, Bureau of Justice Statistics, US Department of Justice.
Perkins, C., P. Klaus, L. Bastian, and R. Cohen. 1996. Criminal Victimization in the United States, 1993. National Crime Victimization Survey Report. Bureau of Justice Statistics, US Department of Justice.
Perrett, D., K. Lee, I. Penton-Voak, D. Rowland, S. Yoshikawa, D. Burt, S. Henzi, D. Castles, and S. Kamatsu. 1998. Effects of sexual dimorphism on facial attractiveness. *Nature* 394: 884–887.
Perusse, D. 1993. Cultural and reproductive success in industrial societies: Testing the relationship at the ultimate and proximate levels. *Behavioral and Brain Sciences* 16: 267–322.
Pinker, S. 1994. *The Language Instinct: How the Mind Creates Language*. William Morrow. ピンカー『言語を生みだす本能　上・下』椋田直子訳、NHKブックス
Pinker, S. 1997. *How the Mind Works*. Norton. ピンカー『心の仕組み～人間関係にどう関わるか　上・中・下』椋田直子、山下篤子訳、NHKブックス
Pinkser, W., and E. Doschek. 1980. Courtship and rape: The mating behaviour of *Drosophila subobscura* in light and darkness. *Zeitschrift für Tierpsychologie* 54: 57–70.
Pinto, J. 1972. A synopsis of the bionomics of *Phoda alticeps* (Coleoptera: Meloidae) with special reference to sexual behavior. *Canadian Entomologist*

ア『セックス、アート、アメリカンカルチャー』野中邦子訳、河出書房新社
Paglia, C. 1994. *Vamps and Tramps*. Vintage.
Paglia, C. 1996. Quoted in *Newsweek*, june 3, p.69.
Palmer, C. 1988a. Twelve reasons why rape is not sexually motivated: A skeptical examination. *Journal of Sex Research* 25 (4): 512–530.
Palmer, C. 1988b. Evolutionary explanations of rape: Testing adaptive and nonadaptive hypotheses. Doctoral dissertation, Arizona State University.
Palmer, C. 1989a. Is rape a cultural universal? A re-examination of the ethnographic evidence. *Ethnology* 28: 1–16.
Palmer, C. 1989b. Rape in nonhuman species: Definitions, evedence, and implications. *Journal of Sex Research* 26: 353–374.
Palmer, C. 1991. Human rape: Adaptation or by-product? *Journal of Sex Research* 28: 365–386.
Palmer, C. 1992a. The use and abuse of Darwinian psychology: Its impact on attempts to determine the evolutionary basis of human rape. *Ethology and Sociobiology* 13: 289–299.
Palmer, C. 1992b. Behavior vs. psychological mechanisms: Does the difference really make a difference? *Behavioral and Brain Sciences* 15: 402–403.
Palmer, C. 1993. Anger, aggression, and humor in Newfoundland floor hockey: An evolutionary analysis. *Aggressive Behavior* 19: 167–173.
Palmer, C. 1994. Folk management, 'soft evolutionism,' and fishers' motives: Implications for the regulation of the lobster fisheries of Maine and Newfoundland. *Human Organization* 52: 414–420.
Palmer, C., and L. Steadman. 1997. Human kinship as a descendant-leaving strategy: A solution to an evolutionary puzzle. *Journal of Social and Evolutionary Systems* 20: 39–51.
Palmer, C., D. DiBari, and S. Wright. 1999. Is it sex yet? Theoretical and practical implications of the debate over rapists' motives. *Jurimetrics* 39: 271–282.
Palmer, C., B. Fredrickson, and C. Tilley. 1997. Categories and gatherings: Group selection and the mythology of cultural anthropology. *Evolution and Human Behavior* 18:291–308.
Parker, G. 1970. Sperm comperition and its evolutionary consequences in the insects. *Biological Reviews* 45: 525–568.
Parker, G. 1974. Courtship persistence and female guarding as male time-

rape and phase of sexual cycle during which rape occurred. Doctoral dissertation, University of Texas at Austin.
Morris, A. 1987. *Women, Crime, and Criminal Justice*. Blackwell.
Morris, M. 1996. By force of arms: Rape, war and military culture. *Duke Law Journal* 45: 651–771.
Morris, N., and J. Udry. 1970. Variations in pedometer activity during the menstrual cycle. *Obstetrics and Gynecology* 35: 199–201.
Morrison, C. 1986. A cultural perspective on rape. In *The Rape Crisis Intervention Handbook*, ed. S. McCombie. Plenum.
Muehlenhard, C., S. Danoff-Burgg, and I. Powch. 1996. Is rape sex or violence? Conceptual issues and implications. In *Sex, Power, Conflict*, ed. D. Buss and N. Malamuth. Oxford University Press.
Murdock, G. 1972. Anthropology's mythology. In Proceedings of the Royal Anthropological Institute of Great Britain and Ireland for 1971.
Murphey, D. 1992. Feminism and rape. *Journal of Social, Political and Economic Studies* 17: 13–27.
Mynatt, C., and E. Allgeier. 1990. Risk factor, self-attributions, and adjustment problems among victims of sexual coercion. *Journal of Applied Social Psychology* 20: 130–153.
Nadler, R. 1999. Sexual aggression in the great apes: Implications for human law. *Jurimetrics* 39: 149–155.
Nadler, R., and L. Miller. 1982. Influence of male aggression on mating of gorillas. *Folia Primatologica* 38: 233–239.
Niarcos, C. 1995. Women, war and rape: Challenges facing the international tribunal for the former Yugoslavia. *Human Rights Quarterly* 17: 649–690.
Nesse, R., and G. Williams. 1994. *Why We Get Sick: The New Science of Darwinian Medicine*. Times Books.
Nowak, M., and K. Sigmund. 1998. Evolution of indirect reciprocity by image scoring. *Nature* 393: 573–577.
Nunney, L. 1998. Are we selfish, are we nice, or are we nice because we are selfish? *Science* 281: 1619–1621.
Oh, R. 1979. Repeated copulation in the brown planthopper, *Nilaparvata lugens* Stal (Homo pterea: Delphacidae). *Ecological Entomology* 4: 345–353.
Oyama, S. 1985. *The Ontogeny of Information: Developmental Systems and Evolution*. Cambridge University Press.
Paglia, C. 1992. *Sex, Art, and American Culture*. Vintage. カミール・パーリ

Mealey, L. 1995. The sociobiology of sociopathy: An integrated evolutionary model. *Behavioral and Brain Sciences* 18: 523–541.
Mealey, L., R. Bridgstock, and G. Townsend. 1999.Symmetry and perceived facial attractiveness: A monozygotic co-twin comparison. *Journal of Personality and Social Psychology* 76: 151–158.
Mesnick, S. 1997. Sexual alliances: Evidence and evolutionary implications. In *Feminism and Evolutionary Biology*, ed. P. Gowaty. Chapman and Hall.
Mesnick, S., and B. Le Boeuf. 1991. Sexual behavior of male northern elephant seals. 2. Female response to potentially injurious encounters. *Behaviour* 117: 262–280.
Miccio, K. 1994. Rape is a gender based crime. In *Crimes of Gender: Violence against Women*, ed. G. McCuen. McCuen.
Millett, K. 1971. *The Prostitution Papers: A Candid Dialogue*. Basic Books.
Mineau, P., and F. Cooke. 1979. Rape in the lesser snow goose. *Behaviour* 70: 280–291.
Minturn, L., M. Grosse, and S. Haider. 1969. Cultural patterning of sexual beliefs and behavior. *Ethnology* 8: 301–318.
Mitani, J. 1985. Mating behaviour of male orangutans in the Kutai game reserve, Indonesia. *Animal Behaviour* 33: 392–402.
Miyazawa, K. 1976. Victimological studies of sexual crimes in Japan. *Victimology* 1: 107–129.
Møller, A., and R. Alatalo. 1999. Good genes effects in sexual selection. *Proceedings of the Royal Society of London* B 266: 85–91.
Møller, A., and J. Swaddle. 1997. *Asymmetry, Developmental Stability, and Evolution.* Oxford University Press.
Møller, A., and R. Thornhill. 1997. A meta-analysis of the heritability of developmental stability. *Journal of Evolutionary Biology* 10: 1–16.
Møller, A., and R. Thornhill. 1998a. Bilateral symmetry and sexual selection: A meta-analysis. *American Naturalist* 151: 174–192.
Møller, A., and R. Thornhill. 1998b. Male parental care, differential parental investment by females, and sexual selection. *Animal Behaviour* 55: 1507–1515.
Moore, G. 1903. *Principia Ethica*. Cambridge University Press.
Moore, J. 1996. Discussion of Holmes et al. 1996. *American Journal of Obstetrics and Gynecology* 175:324–325.
Morgan, J. 1981. Relationship between rape and physical damage during

Malinowski, B. 1929. *The Sexual Life of Savages in North-Western Melanesia.* Halcyon House. マリノウスキー『未開人の性生活　新版』泉靖一・島澄・蒲生正男訳、新泉社

Manning, A. 1967. The control of sexual receptivity in female *Drosophila. Animal Behaviour* 15: 239–250.

Manning, J., D. Scutt, G. Whitehouse, and S. Leinster. 1997. Breast asymmetry and phenotypic quality in women. *Evolution and Human Behavior* 18: 223–236.

Marr, D. 1982. *Vision*. Freeman. マー『ビジョン――視覚の計算理論と脳内表現』乾敏郎・安藤広志訳、産業図書

Marshall, W., and S. Barrett. 1990. *Criminal Neglect: Why Sex Offenders Go Free*. McClelland-Banton.

Masters, R., B. Hone, and A. Doshi. 1998. Environmental pollution, neurotoxicity, and criminal violence. In *Environmental Toxicology*, ed. J. Rose. Gordon and Breach.

Maynard Smith, J. 1995. *New York Reviw of Books*, November 30, p.46.

Maynard Smith, J. 1997. Commentary. In *Feminism and Evolutionary Biology: Boundaries, Intersections, and Frontiers*, ed. P. Gowaty. Chapman and Hall.

Maynard Smith, J. 1998. The origin of altruism. *Nature* 393: 639–640.

Mayr, E. 1983. How to carry out the adaptationist program? *American Naturalist* 121: 324–334.

McCahill, T., L. Meyer, and A. Fischman. 1979. *The Aftermath of Rape.* Heath.

McCay, B. 1978. Systems ecology, people ecology and the anthropology of fishing communities. *Human Ecology* 6: 397–422.

McKinley, J., Jr. 1996. Rwanda's war legacy: Children born of rape. *New York Times*, September 13.

McKinney, F., and P. Stolen. 1982. Extra-pair courtship and forced copulation among captive green-winged teal (*Anas crecca carolinensis*). *Animal Behaviour* 30: 461–474.

McKinney, F., J. Barret, and S. Derrickson. 1980. Rape among mallards. *Science* 281–282.

McKinney, F., S. Derrickson, and P. Mineau. 1983. Forced copulation in waterfowl. *Behaviour* 86: 250–294.

Mead, M. 1935. *Sex and Temperament in Three Primitive Societies*. Dell.

supials and placentals. *American Naturalist* 112: 197–213.
Low, B. 1989. Cross-cultural patterns in the training of children: An evolutionary perspective. *Journal of Comparative Psychology* 103: 311–319.
Lykken, D. 1995. *The Antisocial Personalities*. Erlbaum.
MacDonald, J. 1971. *Rape Offenders and Their Victims*. Thomas.
MacDonald, K., ed. 1988. *Sociobiological Perspectives on Human Development*. Springer-Verlag.
MacDonald, K.1992. Warmth as a developmental construct: An evolutionary analysis. *Child Development* 63: 753–774.
MacKinnon, C. 1983. Feminism, Marxism, method and the state: Toward feminist jurisprudence. *Signs* 8 (4): 635–658.
MacKinnon, C. 1987. *Feminism Unmodified: Discourses on Life and Law*. Harvard University Press. マッキノン『フェミニズムと表現の自由』奥田暁子・鈴木みどり・加藤春恵・山崎美佳子訳、明石書店
MacKinnon, C. 1989. *Toward a Feminist Theory of State*. Harvard University Press.
MacKinnon, C. 1990. Liberalism and the death of feminism. In *The Sexual Liberals and the Attack on Feminism*, ed. D. Leidholdt and J. Raymond. Pergamon.
MacKinnon, C. 1993. *Only Wards*. Harvard University Press.
MacKinnon, J. 1974. *In Search of the Red Ape*. Holt, Rinehart, and Winston.
MacKinnon, J. 1979. Reproductive behavior in wild orangutan populations. In *The Great Apes*, ed. D. Hamburg and E. McCown. Benjamin/Cummings.
Malamuth, N. 1989. The attraction to sexual aggression scale: Part two. *Journal of Sex Research* 26: 324–354.
Malamuth, N. 1996. The confluence model of sexual aggression: Feminist and evolutionary perspectives. In *Sex, Power, Conflict*, ed. D. Buss and N. Malamuth. Oxford University Press.
Malamuth, N. 1998. An evolutionary-based model integrating research on the characteristics of sexually coercive men. In *Advances in Psychological Science*, volume 2: *Personal, Social, and Developmental Aspects*, ed. J. Adair et al. Psychology Press.
Malamuth, N., and M. Heilmann. 1998. Evolutionary psychology and sexual aggression. In *Handbook of Evolutionary Psychology*, ed. C. Crawford and D. Krebs. Erlbaum.
Malamuth, N., and D. Linz. 1993. *Pornography: Social Aspects*. Sage.

relation to population growth and social stratification. In *Feminism and Evolutionary Biology*, ed. P. Gowaty. Chapman and Hall.
Langan, P., and C. Harlow. 1994. Child Rape Victims, 1992. Crime Data Brief, Bureau of Justice Statistics, US Department of Justice.
Las, A. 1972. Male courtship persistence in the greenhouse whitefly, *Trialeurodae vaoporarior* um Westwook (Homoptera: Aleyrodidae). *Behaviour* 72: 107–126.
Lederer, L. 1980. *Playboy* isn't playing: An interview with Judith Bat-Ada. In *Take Back the Night*, ed. L. Lederer. William Morrow.
LeGrand, C. 1973. Rape and rape laws: Sexism in society and law. *California Law Review* 8: 263–294.
Leslie, C. 1990. Scientific racism: Reflections on peer review, science and ideology. *Social Science and Medicine* 31: 891–912.
LeVine, R. 1977. Gusii sex offenses: A study in social control. In *Forcible Rape*, ed. D. Chappell et al. Columbia University Press.
Lewontin, R., S. Rose, and L. Kamin. 1984. *Not in Our Genes: Biology, Ideology and Human Nature*, Pantheon.
Linley, J. 1972. A study of the mating behavior of *Colicoides melleus* (Copuillet) (Diptera: Ceratopogonidae). *Transactions of the Royal Entomological Society of London* 126: 279–303.
Littlewood, R. 1997. Military rape. *Anthropology Today* 13: 7–16.
Lohr, B., H. Adams, and J. Davis. 1997. Sexual arousal to erotic and aggressive stimuli in sexually coercive and noncoercive men. *Journal of Abnormal Psychology* 106: 230–242.
Lonsway, K., and L. Fitzgerald. 1994. Rape myths: In review. *Psychology of Women Quarterly* 18: 133–164.
Lorenz, K. 1970. *Studies in Animal and Human Behavior*, volume 1. Harvard University Press. ローレンツ『動物行動学〈1〉』丘直通・日高敏隆訳、思索社
Lorenz, K. 1971. *Studies in Animal and Human Behavior*, volume 2. Harvard University Press. ローレンツ『動物行動学〈2〉』日高敏隆・丘直通訳、思索社
Losco, J. 1981. Ultimate vs. proximate explanation: Explanation modes in sociobiology and the social sciences. *Journal of Social and Biological Structure* 4: 329–346.
Low, B. 1978. Environmental uncertainty and the parental strategies of mar-

sexual attraction. In *Sociobiology and the Social Science*, ed. R. Bell and N. Bell. Texas Tech University Press.
Kenrick, D., M. Trost, and V. Sheets. 1996. Power, harassment, and trophy mates: The feminist advantages of an evolutionary perspective. In *Sex, Power, Conflict*, ed. D. Buss and N. Malamuth. Oxford University Press.
Kilpatrick, D., C. Edmunds, and A. Seymour. 1992. Rape in America: A Report to the Nation. National Victim Center, Arlington, Virginia.
Kilpatrick, D., B. Saunders, C. Best, and J. Von. 1987. Criminal victimization: Lifetime prevalence, reporting to police, and psychological impact. *Crime and Delinquency* 33: 479–489.
Kinsey, A., W. Pomeroy, and C. Martin. 1948. *Sexual Behavior in the Human Male*. Saunders.
Kitcher, P. 1985. *Vaulting Ambition: Sociobiology and the Quest for Human Nature*. MIT Press.
Kodric-Brown, A. 1977. Reproductive success and the evolution of breeding territories in pupfish (*Cyprinodon*). *Evolution* 31: 750–766.
Kopp, M. 1938. Surgical treatment as sex crime prevention measure. *Journal of Criminal Law, Criminology, and Police Science* 28: 692–706.
Koss, M., C. Gidycs, and N. Wisniewski. 1987. The scope of rape: Incidence and prevalence of sexual aggression and victimization in a national sample of higher education students. *Journal of Consulting and Clinical Psychology* 55: 162–170.
Kramer, L. 1987. Albuquerque Rape Crisis Center: Annual Report. Bernalillo County Mental Health/Mental Retardation Center.
Krebs, J., and N. Davies. 1993. *An Introduction to Behavioral Ecology*, third edition. Blackwell. クレブス＆デイビス『行動生態学（原書第２版）』巌佐庸・山岸哲訳、蒼樹書房
Lalumiére, M., and V. Quinsey. 1994. The discriminability of rapists from non-sex offenders using phallometric measures: A meta-analysis. *Criminal Justice and Behavior* 21: 150–175.
Lalumiére, M., and M. Seto. 1998. What's wrong with psychopaths? Defining the causes and effects of psychopathy. *Psychiatry Rounds* 2 (6).
Lalumiére, M., L. Chalmers, V. Quinsey, and M. Seto. 1996. A test of the mate deprivation hypothesis of sexual coercion. *Ethology and Sociology* 17: 299–318.
Lancaster, J. 1997. The evolutionary history of human parental investment in

Science at the End of the Twentieth Century. Addison-Wesley.
Hoogland, J., and P. Sherman. 1976. Advantages and disadvantages of bank swallow coloniality. *Ecological Monographs* 46: 33–58.
Howard, R. 1978. The evolution of mating strategies in bull frogs, *Rana catesbeiana. Evolution* 32: 850–871.
Humphrey, N. 1980. Nature's psychologists. In *Consciousness and the Physical World*, ed. B. Josephson and V. Ramachandran. Pergamon.
Hursch, C. 1977. *The Trouble with Rape*. Nelson-Hall.
Icenogle, D. 1994. Sentencing male sex offenders to the use of biological treatments: A Constitutional analysis. *Journal of Legal Medicine* 15: 279–304.
Jackson, S. 1995. The social context of rape: Sexual scripts and motivation. In *Rape and Society*, ed. P. Searles and R. Berger. Westview.
Jacobson, N., and J. Gottman. 1998. *When Men Batter Women*. Simon and Schuster.
Johnston, V., and M. Franklin. 1993. Is beauty in the eye of the beholder? *Ethology and Sociobiology* 14: 183–199.
Jones, A. 1990. Family matters. In *The Sexual Liberals and the Attack on Feminism*, ed. D. Leidholdt and J. Raymond. Pergamon.
Jones, C. 1985. Reproductive patterns in mantled howler monkeys estrus mate choice and copulation. *Primates* 26: 130–142.
Jones, D. 1996. Physical Attractiveness and the Theory of Sexual Selection: Results From Five Populations. Museum of Anthropology, University of Michigan, Ann Arbor.
Jones, O. 1999. Sex, culture and the biology of rape: Toward explanation and prevention. *California Law Review* 87: 827–942.
Kacelnik, A. 1997. Normative and descriptive models of decision making: Time discounting and risk sensitivity. In *Characterizing Human Psychological Adaptations*, ed. G. Bock and G. Cardew. Wiley.
Kalichman, S., E. Williams, C. Cherry, L. Belcher, and D. Nachimson. 1998. Sexual coercion, domestic violence, and negotiating condom use among low-income African-American women. *Journal of Women's Health* 7: 371–378.
Kanin, E. 1994. False rape allegations. *Archives of Sexual Behavior* 23: 81–90.
Katz, S., and M. Mazur. 1979. *Understanding the Rape Victim*. Wiley.
Keeneyside, M. 1972. Intraspecific intrusions into nests of spawning longear sunfish. *Copeia* 272–278.
Kenrick, D. 1989. Bridging social psychology and sociobiology: The case of

Hamilton, W. 1966. The moulding of senescence by natural selection. *Journal of Theoretical Biology* 12: 12–45.
Hammond, H., J. Redman, and C. Caskey. 1995. *In utero* paternity testing following alleged sexual assault. *Journal of the American Medical Association* 273: 1774–1777.
Harding, C. 1985. Sociobiological hypotheses about rape: A critical look at the data behind the hypotheses. In *Violence against Women*, ed. S. Sunday and E. Tobach. Gordian Press.
Harris, G., and M. Rice. 1996. The science in phallometric testing of men's sexual preferences. *Current Directions in Psychological Science* 5: 156–160.
Harris, M. 1989. *Our Kind*. Harper Collins.
Hartung, J. 1992. Getting real about rape. *Behavioral and Brain Sciences* 15: 390–392.
Hempel, C. 1959. The logic of functional analysis. In *Symposium on Sociological Theory*, ed. L. Gross. Harper and Row.
Hemni, Y., T. Koga, and M. Murai. 1993. Mating behavior of the sand bubbler crab, *Scopimera globosa*. *Journal of Crustacean Biology* 13: 736–744.
Herman, J. 1990. Sex offenders: A feminist perspective. In *Handbook of Sexual Assault*, ed. W. Marshall et al. Plenum.
Hewlett, B., ed. 1992. *Father-Child Relations: Cultural and Biosocial Contexts*. Aldine de Gruyter.
Hicks, P. 1993. Comment: Castration of sexual offenders, legal and ethical issues. *Journal of Legal Medicine* 14: 641–644.
Hill, K., and A. Hurtado. 1996. *Ache Life History: The Ecology and Demography of a Foraging people*. Aldine de Gruyter.
Hilton, D. 1982. Is it really rape or forced copulation? *Bioscience* 32: 641.
Hindelang, M. 1977. *Criminal Victimization in Eight American Cities: A Descriptive Analysis of Common Theft and Assault*. Ballinger.
Hindelang, M., and B. Davis. 1997. Forcible rape in the United States: A statistical profile. In *Forcible Rape*, ed. D. Chappell et al. Columbia University Press.
Holmes, M., H. Resnick, D. Kilpatrick, and C. Best. 1996. Rape-related pregnancy: Estimates and descriptive characteristics from a national sample of women. *American Journal of Obstetrics and Gynecology* 175: 320–325.
Holton, G.1993. *Science and Anti-Science*. Harvard University Press.
Holton, G.1996. *Einstein, History, and Other Passions: The Rebellion against*

Grammer, K., and R. Thornhill. 1994. Human (*Homo sapiens*) facial attractiveness and sexual selection: The role of symmetry and averageness. *Journal of Comparative Psychology* 108: 233–242.
Grano, J. 1990. Free speech v. The University of Michigan. *Academic Questions*, Spring: 7–22.
Gray, R. 1997."In the belly of the monster" : Feminism, developmental systems, and evolutionary explanations. In *Feminism and Evolutionary Biology*, ed. P. Gowaty. Chapman and Hall.
Green, J., R. Copelan, P. Cotter, and B. Stephens. 1994. Affecting the rules for the prosecution of rape and other gender-based violence before the international criminal tribunal for the former Yugoslavia: A feminist proposal and critique. *Hasting's Women's Law Journal* 5: 171–240.
Greenfield, L. 1997. Sex Offenses and Offenders: An Analysis of Data on Rape and Sexual Assault. Bureau of Justice Statistics, US Department of Justice.
Greenfield, L., M. Rand, D. Graven, P. Klaus, C. Perkins, C. Ringel, G. Warchol, and C. Maston. 1998. Violence By Intimates: Analysis of Data On Crimes By Current Or Former Spouses, Boyfriends, and Girlfriends. Bureau of Justice Statistics, US Department of Justice.
Greer, G. 1970. *The Female Eunuch*.Bantam.
Griffin, S. 1971. Rape: The all-American crime. *Ramparts* 10: 26–36.
Gross, P., and N. Levin. 1994. *Higher Superstition: The Academic Left and Its Quarrels with Science*. Johns Hopkins University Press.
Groth, N. 1979. *Men Who Rape*. Plenum.
Groth, N., and H. Birnbaum. 1986. The rapist: Motivations for sexual violence. In *The Rape Crisis Center Handbook*, ed. S. McCombie Plenum.
Groth, N., and W. Hobson. 1983. The dynamics of sexual thought. In *Sexual Dynamics of Anti-Social Behavior*, ed. L. Schelsinger and E. Revitch. Thomas.
Hagen, R. 1979. *The Biosexual Factor*. Doubleday.
Hall, G., D. Shondrick, and R. Hirschman. 1993. The role of sexual arousal in sexually aggressive behavior: A meta-analysis. *Journal of Consulting and Clinical Psychology* 61: 1091–1095.
Hamilton, W. 1963. The evolution of altruistic behavior. *American Naturalist* 97: 354–356.
Hamilton, W. 1964. The genetical evolution of social behavior, parts 1 and 2. *Journal of Theoretical Biology* 7: 1–52.

from China and the United States. *Ethology and Sociobiology* 16: 355–383.
Gebhard, P., C. Christenson, J. Gagnon, and W. Pomeroy. 1965. *Sex Offenders: An Analysis of Types*. Harper and Row.
Geis, G. 1977. Forcible rape: An introduction. In *Forcible Rape*, ed. D. Chappell et al. Columbia University Press.
Ghiglieri, M. 1999. *The Dark Side of Man*. Perseus.
Gill, S. 1996. Dismantling gender and race stereotypes: Using education to prevent date rape. *UCLA Women's Law Journal* 7: 27–79.
Gladstone, D. 1979. Promiscuity in monogamous colonial birds, *American Naturalist* 114: 545–559.
Goethals, G. 1971. Biological influences on sexual identify. In *Human Sexuality*, ed. H. Katchadourian. Basic Books.
Goldfarb, C. 1984. Practice of using castration in sentence being questioned. *Criminal Justice Newsletter* 15 (February 15): 3–4.
Goodall, J. 1986. *The Chimpanzees of Gombe: Patterns of Behavior*. Harvard University Press.
Gould, S. 1987. *An Urchin in the Storm: Essays about Books and Ideas*. Norton. グールド『嵐のなかのハリネズミ』渡辺政隆訳、早川書房
Gould, S. 1997. Darwinian fundamentalism. *New York Review of Books*, June 12, p.26.
Gould, S., and R. Lewontin. 1979. The spandrels of San Marco and the Panglossian paradigm: A critique of the adaptationist program. *Proceedings of the Royal Society of London* B 205: 581–598.
Gowaty, P. 1982. Sexual terms in sociobiology: Emotionally evocative and paradoxically, jargon. *Animal Behaviour* 30: 630–631.
Gowaty, P. 1992. Evolutionary biology and feminism. *Human Nature* 3: 217–249.
Gowaty, P., ed. 1997. *Feminism and Evolutionary Biology: Boundaries, Intersections, and Frontiers*. Chapman and Hall.
Gowaty, P., and N. Buschhaus. 1998. Ultimate causation of aggressive and forced copulation in birds: Female resistance, the CODE hypothesis, and social monogamy. *American Zoologist* 38: 207–225.
Gowaty, P., and D. Mock, eds. 1985. Avian monogamy. Ornithological Monographs, No. 37. American Ornithologists' Union.
Grammer, K. 1993. Signale der Liebe die Biologischen gesetz der partnerschaft. Hoffman und Campe.

and human violence. *Proceedings of the Royal Society of London* B 265: 1–6.
Furnham, A., and N. Brown. 1996. Theories of rape and the just world. *Psychology, Crime and Law* 2: 211–229.
Galdikas, B. 1979. Orangutan adaptation at Tanjung-Putting Reserve: Mating and ecology. In *The Great Apes*, ed. D. Hamburg and E. McCown. Benjamin/Cummings.
Galdikas, B. 1985a. Adult male sociality and reproductive tactics among orangutans at Tanjung-Putting Borneo Indonesia. *Folia Primatology* 45: 9–24.
Galdikas, B. 1985b. Subadult male orangutan sociality and reproductive behavior at Tanjung-Putting. *American Journal of Primatology* 8: 87–100.
Galdikas, B. 1995. *Reflections of Eden: My Years with the Orangutans of Borneo*. Little, Brown. ガルディカス『オランウータンとともに——失われゆくエデンの国から』杉浦秀樹・長谷川寿一訳、新曜社
Gangestad, S. 1993. Sexual selection and physical attractiveness: Implications for mating dynamics. *Human Nature* 4: 205–236.
Gangestad, S. 1997. Evolutionary psychology and genetic variation: Nonadaptative, fitness related and adaptive. In *Characterizing Human Psychological Adaptations*, ed. G. Bock and G. Cardew. Wiley.
Gangestad, S., and R. Thornhill. 1997a. Human sexual selection and developmental stability. In *Evolutionary Social Psychology*, ed. J. Simpson and D. Kendrick. Erlbaum.
Gangestad, S., and R. Thornhill. 1997b. The evolutionary psychology of extra-pair sex: The role of fluctuating asymmetry. *Evolution and Human Behavior* 18: 69–88.
Gangestad, S., and R. Thornhill. 1998. Menstrual cycle variation in women's preference for the scent of symmetrical men. *Proceedings of the Royal Society of London* B 265: 927–933.
Gangestad, S., and R. Thornhill. 1999. Individual differences in developmental precision and fluctuating asymmetry: A model and its implications. *Journal of Evolutionary Biology* 12: 402–416.
Gazzaniga, M. 1989. Organization of the human brain. *Science* 245: 947–952.
Gazzaniga, M., ed. 1995. *The Cognitive Neurosciences*. MIT Press.
Geary, D. 1998. *Male Female: The Evolution of Human Sex Differences*. American Psychological Association.
Geary, D., M. Rumsey, C. Bow-Thomas, and K. Hoard. 1995. Sexual jealousy as a facultative trait: Evidence from the pattern of sex differences in adults

Field, S. 1998. Of souls and skyhooks. *Trends in Ecology and Evolution* 13: 296.
Figueredo, A., and L. McCloskey. 1993. Sex, money and paternity: The evolutionary psychology of domestic violence. *Ethology and Sociobiology* 14: 353–379.
Figueredo, A.J., B.D. Sales, J.V. Becker, K. Russell, and M. Kaplan. 1999. A Brunswikian evolutionary-developmental model of adolescent sex offending. *Behavioral Sciences and the Law* (in press).
Finkelhor, D., and K. Yllo. 1985. *License to Rape: Sexual Abuse of Wives*. Holt, Rinehart and Winston.
Fishelson, L. 1970. Behaviour and ecology of a population of *Abudefdluf saxatalis* (Oinacebtriidae: Teleostei) at Eliat (Red Sea). *Animal Behaviour* 18: 225–237.
Fisher, S. 1973. *The Female Orgasm: Psychology, Physiology and Fantasy.* Basic Books.
Flinn, M. 1987. Mate guarding in a Caribbean village. *Ethology and Sociobiology* 8: 1–28.
Flinn, M. 1988. Parent-offspring interactions in a Caribbean village: Daughter guarding. In *Human Reproductive Behavior*, ed. L. Betzig et al. Cambridge University Press.
Flinn, M. 1997. Culture and the evolution of social learning. *Evolution and Human Behavior* 18: 23–67.
Flinn, M., and R. Alexander. 1982. Culture theory: The developing synthesis from biology. *Human Ecology* 10: 383–400.
Fonow, M., L. Richardson, and V. Wemmerus. 1992. Feminist rape education: Does it work? *Gender and Society* 6: 108–121.
Ford, C., and F. Beach. 1951. *Patterns of Sexual Behavior*. Harper and Row.
Forman, S. 1967. Cognition and the catch: The location of fishing spots in a Brazilian coastal village. *Ethnology* 6: 417–426.
Freeman, D. 1983. *Margaret Mead and Samoa: The Making and Unmaking of an Anthropological Myth*. Harvard University Press.
Freud, S. 1933. *New Introductory Lectures on Psychoanalysis*. Norton. フロイト『精神分析入門　上・下』高橋義孝・下坂幸三訳、新潮文庫
Fuller, P. 1995. The social construction of rape in appeal court cases. *Feminism and Psychology* 5: 154–161.
Furlow, B., s. Gangestad, and T. Armijo-Pruett. 1998. Developmental stability

sequence. *Nature Genetics* 17: 183–184.
Ellis, B. 1992. The evolution of sexual attraction: Evaluative mechanisms in women. In *The Adapted Mind*, ed. J. Barkow et al. Oxford University Press.
Ellis, L. 1989. *Theories of Rape: Inquires into the Causes of Sexual Aggression*. Hemisphere.
Ellis, L. 1991. The drive to possess and control as a motivation for sexual behavior: Applications to the study of rape. *Social Science Information* 30: 633–675.
Elwood, R., K. Wood, M. Gallagher, and J. Dick. 1998. Probing motivational state during agonistic encounters in animals. *Nature* 393: 66–68.
Emlen, S., and L. Oring. 1977. Ecology, sexual selection and the evolution of mating systems. *Science* 197: 215–222.
Emlen, S., and P. Wrege. 1986. Forced copulations and intra-specific parasitism: Two costs of social living in the white-fronted bee-eater. *Ethology* 71: 2–29.
Estep, E., and K, Bruce. 1981. The concept of rape in non-humans: A critique. *Animal Behaviour* 29: 1272–1273.
Estrich, S. 1987. *Real Rape*. Harvard University Press. エストリッチ『リアル・レイプ』中岡典子訳、JICC出版局
Falconer, D. 1981. *Introduction to Quantitative Genetics*. Longman.
Farr, J. 1980. The effects of sexual experience and female receptivity on courtship-rape decisions in male guppies, *Poecilla reticulate. Animal Behaviour* 29: 1272–1273.
Farr, J., J. Travis, and J. Trexler. 1986. Behavioral allometry and interdemic variation in sexual behavior of the sailfin molly *Poecilla latipinna* Pisces Poecilidae. *Animal Behaviour* 34: 497–509.
Fausto-Sterling, A. 1985. *Myths of Gender: Biological Theories about Women and Men*. Basic Books. アン・ファウストースターリング『ジェンダーの神話――「性差の科学」の偏見とトリック』池上千寿子、根岸悦子訳、工作舎
Fausto-Sterling, A. 1997. Feminism and behavioral evolution: A taxonomy. In *Feminism and Evolutionary Biology*, ed. P. Gowaty. Chapman and Hall.
Felson, R., and M. Krohn. 1990. Motives for rape. *Journal of Research in Crime and Delinquency* 27: 222–242.
Feshbach, N. 1969. Sex differences in children's modes of aggressive responses toward outsiders. *Merrill-Palmer Quarterly* 15: 249–258.

Life. Simon and Schuster. ダニエル・デネット『ダーウィンの危険な思想——生命の意味と進化』山口泰司ほか訳、青土社
Dewsbury, D. 1980. Methods in the two sociobiologies. *Behavioral and Brain Sciences* 3 (2): 171–214.
Dickemann, M. 1979a. Female infanticide, reproductive strategies, and social stratification: A. preliminary model. In *Evolutionary Biology and Human Social Behavior*, ed. N. Chagnon and W. Irons. Duxbury.
Dickemann. M. 1979b. The ecology of mating systems in hypergynous dowry societies. *Biology and Social Life* 18: 163–195.
Dickemann. M. 1981. Paternal confidence and dowry competition: A biocultural analysis of purdah. In *Natural Selection and Social Behavior*, ed. R. Alexander and D, Tinkle. Chiron.
Dietz, P. 1978. Social factors in rapist behavior. In *Clinical Aspects of the Rapist*, ed. R. Rada. Grune and Stratton.
Dobzhansky, T., F. Ayala, G. Stebbins, and J. Valentine, eds. 1977. *Evolution*. Freeman.
Donat, P., and J. D'Emilio. 1992. A feminist redefinition of rape and sexual assault: Historical foundations and change. *Journal of Social Issues* 48: 9–22.
Drake, J. 1990. Sexual aggression: Achieving power through humiliation. In *Handbook of Sexual Assault*, ed. W. Marshall et al. Plenum.
Durkheim, E. 1912. Les formes élémentaires de la vie religeuse. Reprinted in Durkheim, *The Elementary Forms of the Religious Life* (Collier, 1961).
Dusek, V. 1984. Sociobiology and rape. *Science for the People* 16: 10–16.
Dworkin, A. 1989. *Pornography: Men Possessing Women*. Dutton.
Dworkin, A. 1990. Resistance. In *The Sexual Liberals and the Attack on Feminism*, ed. D. Leidholdt and J. Raymond. Pergamon.
Eberhard, W. 1985. *Sexual Selection and Animal Genitalia*. Harvard University Press.
Eberhard, W. 1996. *Female Control: Sexual Selection by Cryptic Female Choice*. Princeton University Press.
Ehrenreich, B., and J. McIntosh. 1997. The new creationism: Biology under attack. *The Nation*, June 9.
Eisenhower, M. 1969. To Establish Justice, to Insure Domestic Tranquility. Final Report of the National Commission on Cause and Prevention of Violence. US Government Printing Office.
Ellegren, H., and A. Fridolfsson. 1997. Male-driven evolution of DNA

Ethology and Sociobiology 16: 181–205.
Curio, E. 1973. Towards a methodology of teleonomy. *Experientia* 29: 1045–1058.
Daly, M. 1982. Some caveats about cultural transmission models. *Human Ecology* 10: 401–408.
Daly, M., and M. Wilson. 1983. *Sex, Evolution and Behavior*, second edition. Duxbury.
Daly, M., and M. Wilson. 1988. *Homicide*. Aldine de Gruyter. デイリー＆ウィルソン『人が人を殺すとき』長谷川眞理子・長谷川寿一訳、新思索社
Daly, M., and M. Wilson. 1995. Discriminative parental solicitude and the relevance of evolutionary models to the analysis of motivational systems. In *The Cognitive Neurosciences*, ed. M. Gazzaniga. MIT Press.
Daly, M., and M. Wilson. 1996. Evolutionary psychology and marital conflict. In *Sex, Power, Conflict*, ed. D. Buss and N. Malamuth. Oxford University Press.
Daly, M., M. Wilson, and S. Weghorst. 1982. Male sexual jealousy. *Ethology and Sociobiology* 3: 11–27.
Darvesbornoz, J. 1997. Rape-related psychotraumatic syndromes. *European Journal of Obstetrics, Gynecology and Reproductive Biology* 71: 59–65.
Darwin, C. 1872. *The Origin of Species*. Reprint: Penguin, 1974. ダーウィン『種の起源　上・下』八杉龍一訳、岩波文庫
Darwin, C. 1874. *The Descent of Man and Selection in Relation to Sex*. Rand McNally. ダーウィン『人間の進化と性淘汰１・２』長谷川眞理子訳、文一総合出版
Davies, K. 1997. Voluntary exposure to pornography and men's attitudes toward feminism and rape. *Journal of Sex Research* 34: 131–137.
Dawkins, R. 1976. *The Selfish Gene*. Oxford University Press. ドーキンス『利己的な遺伝子』日高敏隆・岸由二・羽田節子・垂水雄二訳、紀伊國屋書店
Dawkins, R. 1986. *The Blind Watchmaker*. Norton. ドーキンス『盲目の時計職人』、中嶋康裕訳、早川書房
Dean, C., and M. de Bruyn-Kopps. 1982. *The Crime and Consequences of Rape*. Thmas.
Denmark, F., and S. Friedman. 1985. Social psychological aspects of rape. In *Violence against Women*, ed. S. Sunday and E. Tobach. Gordian Press.
Dennett, D. 1995. *Darwin's Dangerous Idea: Evolution and the Meanings of*

Press.
Clutton-Brock, T., and G. Parker. 1995. Sexual coercion in animal societies. *Animal Behaviour* 49: 1345–1365.
Clutton-Brock, T., F. Guinness, and S. Albon. 1982. *Red Deer: Behavior and Ecology of Two Sexes*. University of Chicago Press.
Cohen, M., R. Garofalo, R. Boucher, and T. Seghorn. 1971. The psychology of rapists. *Seminars in Psychiatry* 3: 307–327.
Constantz, G. 1975. Behavioral ecology in the male Gila topminnow, *Poecilipsis occidentalis* (Cyprinodontiformes: Poeciliidae). *Ecology* 56: 966–973.
Cooper, W. 1985. Female residency and courtship intensity in a territorial lizard *Holbrookia propinqua. Amphibia and Reptilia* 6: 63–71.
Cosmides, L., and J. Tooby. 1987. From evolution to behavior: Evolutionary psychology as the missing link. In *The Latest on the Best*, ed. J. Dupré. MIT Press.
Cosmides, L., and J. Tooby. 1989. Evolutionary psychology and the generation of culture, Part II: Case study: A computational theory of social exchange. *Ethology and Sociobiology* 10: 51–98.
Cosmides, L., and J. Tooby. 1992. Cognitive adaptations for social exchange. In *The Adapted Mind*, ed. J. Barkow et al. Oxford University Press.
Cowan, G., and R. Campbell. 1995. Rape and causal attitudes among adolescents. *Journal of Sex Research* 32: 145–153.
Cox, C., and B. Le Boeuf. 1977. Female incitation of male competition: A mechanism of sexual selection. *American Naturalist* 111: 317–335.
Crawford, C. 1993. The future of sociobiology: Counting babies or studying proximate mechanisms. *Trends in Evolution and Ecology* 8: 183–186.
Crawford, C., and B. Galdikas. 1986. Rape in nonhuman animals: An evolutionary perspective. *Canadian Psychology* 27: 215–230.
Crawford, C., and D. Krebs, eds. 1998. *Handbook of Evolutionary Psychology: Ideas, Issues and Applications*. Erlbaum.
Crespi, B. 1986. Territoriality and fighting in a colonial thrips *Hoplothrips-pedicularius* and sexual dimorphism in Thysanoptera. *Ecological Entomologist* 11: 119–130.
Crick, N., and J. Grotpeter. 1995. Relational aggression, gender and socialpsychological adjustment. *Child Development* 66: 710–722.
Cronk, L. 1995. Is there a role for culture in human behavioral ecology?

255.
Buss, D., M. Haselton, T. Shackelford, A. Bleske, and J. Wakefield. 1998. Adaptations, exaptations, and spandrels. *American Psychologist* 53: 533–548.
Byers, J. 1997. *American Pronghorn: Social Adaptations and the Ghosts of Predators Past.* University of Chicago Press.
Cade, W. 1980. Alternative male reproductive behaviors. *Florida Entomologist* 63: 30–44.
Cairns, R., B. Cairns, H. Neckerman, L. Ferguson, and J. Gariepy. 1989. Growth and aggression: 1. Childhood to early adolescence. *Developmental Psychology* 25: 320–330.
Campbell, A. 1995. A few good men: Evolutionary psychology and female adolescent aggression. *Ethology and Sociobiology* 16: 99–123.
Campbell, A., S. Muncer, and J. Odber. 1998. Primacy of organizing effects of testosterone. *Behavioral and Brain Sciences* 21: 365–380.
Caputi, J. 1993. The sexual politics of murder. In *Violence against Women*, ed. P. Bart and E. Moran. Sage.
Card, C. 1996. Rape as a weapon of war. *Hypatia* 11: 5–19.
Cashdan, E. 1993. Attracting mates: Effects of paternal investment on mate attraction strategies. *Ethology and Sociobiology* 14: 1–24.
Cashdan, E. 1996. Women's mating strategies. *Evolutionary Anthropology* 5: 134–143.
Chagnon, N., and W. Irons, eds. 1979. *Evolutionary Biology and Human Social Behavior: An Anthropological Perspective.* Duxbury.
Chappell, D., and S. Singer. 1977. Rape in New York City. In *Forcible Rape*, ed. D. Chappell et al. Columbia University Press.
Chavanne, T., and G. Gallup Jr. 1998. Variation in risk taking behavior among female college students as a function of the menstrual cycle. *Evolution and Human Behavior* 19: 1–6.
Cheng, I. 1997. *The Rape of Nanking: The Forgotten Holocaust of World War II.* Basic Books.
Cheng, K., J. Burns, and F. McKinney. 1983a. Forced copulation in captive mallards *Anas platyrhynchos* 2. Temporal factors. *Animal Behaviour* 30: 695–699.
Cheng, K., J. Burns, and F. McKinney. 1983b. Forced copulation in captive mallards *Anas platyrhynchos* 3. Sperm Competition. *Auk* 100: 302–310.
Clark, L., and D. Lewis. 1977. *Rape: The Price of Coercive Sexuality.* Women's

Browne, K. 1995. Sex and temperament in a modern society: A Darwinian view of the glass ceiling and the gender gap. *Arizona Law Review 37* :971–1106.
Brownmiller, S. 1975. *Against Our Will: Men, Women, and Rape*. Simon and Schuster. ブラウンミラー『レイプ・踏みにじられた意思』幾島幸子訳、勁草書房
Brownmiller, S. 1976. *Against Our Will: Men, Women, and Rape*. Paperback edition. Bantam.（同上）
Brownmiller, S., and B. Mehrhof. 1992. A feminist response to rape as an adaptation in men. *Behavioral and Brain Science* 15: 381–382.
Buchwald, E., P. Fletcher, and M. Roth. 1993. Editor's preface. In *Transforming a Rape Culture*, ed. E. Buchwald et al. Milkweed.
Burgess, A., and L. Holmstrom. 1974. *Rape: Victims of Crisis*. Brady.
Burley, N. 1979. The evolution of concealed ovulation. *American Naturalist* 114: 835–858.
Burley, N., and R. Symanski. 1982. Women without: An evolutionary and crosscultural perspective on prostitution.In *The Immoral Landscape*, ed. R. Symanski. Butterworths.
Burns, J., K. Cheng, and F. McKinney. 1980. Forced copulations in captive mallards: 1. fertilization of eggs. *Auk* 97 : 875–879.
Buss, D. 1985. Human mate selection. *American Scientist* 73: 47–51.
Buss, D. 1987. Sex differences in human mate selection criteria: An evolutionary perspective. In *Sociobiology and Psychology*, ed. C. Crawford et al. Erlbaum.
Buss, D. 1989. Sex differences in human mate preferences: Evolutionary hypotheses tested in 37 cultures. *Behavioral and Brain Science* 12: 1–14.
Buss, D. 1994. *The Evolution of Desire: Strategies of Human Mating*. Basic Books.
Buss, D. 1999. *Evolutionary Psychology: The New Science of the Mind*. Allyn and Bacon.
Buss, D., and N. Malamuth. 1996. Introduction. In *Sex, Power, Conflict*, ed. D. Buss and N. Malamuth. Oxford University Press.
Buss, D., and D. Schmitt. 1993. Sexual strategies theory: An evolutionary perspective on human mating. *Psychological Reviews* 100: 204–232.
Buss, D., R. Larsen, D. Westen, and J. Semmelroth. 1992. Sex differences in jealousy: Evolution, physiology and psychology. *Psychological Science* 3: 251–

Blackman, J. 1985. The language of sexual violence: More than a matter of semantics. In *Violence against Women*, ed. S. Sunday and E. Tobach. Gordian Press.
Blatt, D.1992. Recognizing rape as a method of torture. *Review of Law and Social Change* 19: 821–865.
Bodmer, W., and L. Cavalli-Sforza. 1976. *Genetics, Evolution, and Man*. Freeman.
Booher, D. 1991. *Rape: What Would You Do If…?* Messner.
Borgia, G. 1979. Sexual selection and the evolution of mating systems. In *Sexual Selection and Reproductive Competition in Insects*, ed. M. Blum and N. Blum. Academic Press.
Bossema, I., and E. Roemers. 1985. Mating strategy including mate choice in mallards *Anas platyrhynchos. Ardea* 72: 147–157.
Bourque, L. 1989. *Defining Rape*. Duke University Press.
Bownes, I., E. O'Gorman, and A. Sayers. 1991. Rape: A comparison of stranger and acquaintance assaults. *Medicine, Science and the Law* 31: 102–109.
Bowyer, L., and M. Dalton. 1997. female victims of rape and their genital injuries. *British Journal of Obstetrics and Gynaecology* 104: 617–620.
Boyd, R., and P. Richerson. 1978. A simple dual inheritance model of the conflict between social and biological evolution. *Zygon* 11: 254–262.
Boyd, R., and P. Richerson. 1985. *Culture and the Evolutionary Process*. University of Chicago Press.
Bradbury, J., and S. Vehrencamp. 1977. Social organization and foraging in emballonurid bats. III. Mating Systems. *Behavioral Ecology and Sociobiology* 2: 1–17.
Bremer, J. 1959. *Asexualization*. Macmillan.
Brodzinsky, D., S. Messer, and J. Tew. 1979. Sex differences in children's expression and control of fantasy and overt aggression. *Child Development* 50: 372–379.
Broude, G., and S. Greene. 1976. Cross-cultural codes on twenty sexual attitudes and practices. *Ethnology* 15: 409–429.
Brown, D. 1991. *Human Universals*. McGraw-Hill. ブラウン『ヒューマン・ユニヴァーサルズ——文化相対主義から普遍性の認識へ』鈴木光太郎、中村潔訳、新曜社
Brown, J. 1975. *The Evolution of Behavior*. Norton.

Bell, G. 1997. *Selection: The Mechanism of Evolution*. Chapman and Hall.
Bell, V. 1991. Beyond the "Thorny Question" : Feminism, Foucault and the desexualisation of rape. *International Journal of the Sociology of Law* 19: 83–100.
Beneke, T. 1982. *Men on Rape*. St. Martin's. ベネケ『レイプ・男からの発言』鈴木晶ほか訳、筑摩書房
Benshoof, L., and R. Thornhill. 1979. The evolution of monogamy and concealed ovulation in humans. *Journal of Social and Biological Structures* 2: 95–106.
Berger, R., P. Searles, and W. Neuman. 1988. The dimensions of rape reform legislation. *Law and Society Review* 22: 329–357.
Betzig, L. 1986. *Despotism and Differential Reproduction: A Darwinian View of History*. Aldine de Gruyter.
Betzig, L. 1989.Causes of conjugal dissolution: A cross-cultural study. *Current Anthropology* 30: 654–676.
Betzig, L. 1995. Wanting women isn't new; getting them is—very. *Journal of Politics and the Life Sciences* 14: 24.
Betzig, L., ed. 1997. *Human Nature: A Critical Reader*. Oxford University Press.
Betzig, L., M. Borgerhoff Mulder, and P. Turke, eds. 1988. *Human Reproductive Behavior: A Darwinian Perspective*. Cambridge University Press.
Bingman, V. 1980. Novel rape avoidance in mallards *Anas platyrhyncos*. *Wilson Bulletin* 92: 405.
Birkhead, T. 1979. Mate guarding in the magpie *Pica pica*. *Animal Behaviour* 33: 608–619.
Birkhead, T., and A. Møller. 1992. *Sperm Competition in Birds: Evolutionary Causes and Consequences*. Academic Press. バークヘッド『乱交の生物学——精子競争と性的葛藤の進化史』小田亮・松本晶子訳、新思索社
Birkhead, T., and A. Møller, eds. 1998. *Sperm Competition and Sexual Selection*. Academic Press.
Birkhead, T., S. Johnson, and D. Nettleship. 1985. Extra-pair matings and mate guarding in the common Murre *Uria aalge*. *Animal Behaviour* 33: 608–619.
Bjorkqvist, K., K. Osterman, and K. Langerspetz. 1994. Sex differences in overt aggression among adults. *Aggressive Behavior* 20: 27–34.

Baker, K. 1997. Once a rapist? Motivational evidence and relevance in rape law. *Harvard Law Review* 110: 563–624.
Baker, M. 1981. *Nam: The Vietnam War in the Words of the Soldiers Who Fought There*. Berkeley.
Baker, R. 1997. Copulation, masturbation and infidelity: State-of-the-art. In *New Aspects of Human Ethology*, ed. A. Schmitt et al. Plenum.
Baker, R., and M. Bellis. 1989. Number of sperm in human ejaculates varies in accordance with sperm competition theory. *Animal Behaviour* 37:867–869.
Baker, R., and M. Bellis. 1993. Human sperm competition: Adjustment by males and the function of masturbation. *Animal Behaviour* 46: 861.
Baker, R., and M. Bellis. 1995. *Human Sperm Competition: Copulation, Masturbation and Infidelity*. Chapman and Hall.
Barash, D. 1977. Sociobiology of rape in mallards (*Anas platyrhynchos*): Responses of the mated male. *Science* 197: 788–789.
Barash, D. 1979. *The Whisperings Within*. Harper and Row.
Barber, N. 1995. The evolutionary psychology of physical attractiveness: Sexual selection and human morphology. *Ethology and Sociobiology* 16: 395–424.
Barber, N. 1998. *Parenting: Roles, Styles and Outcomes*. Nova.
Barber, N. 1994. Secular changes in standards of bodily attractiveness in women: Tests of a reproductive model. *International Journal of Eating Disorders* 23: 449–453.
Barkow, J., L. Cosmides, and J. Tooby, eds. 1992. *The Adapted Mind: Evolutionary Psychology and the Generation of Culture*. Oxford University Press.
Barlow, G. 1967. Social behavior of a South American leaf fish *Polycentrus schonburk*: With an account of recurring pseudofemale behavior. *American Middle Naturalist* 78: 215–234.
Baron, L. 1985. Does rape contribute to reproductive success? Evaluations of sociobiological views of rape. *International Journal of Women's Studies* 8: 266–277.
Bateman, A. 1948. Intrasexual selection in *Drosophila*. *Heredity* 2: 349–368.
Beckstrom, J. 1993. *Darwinism Applied: Evolutionary Paths to Social Goals*. Praeger.
Beecher, M., and I. Beecher. 1979. Sociobiology of bank swallows: Reproductive strategy of the male. *Science* 205: 1282–1285.

Alexander, R., and K. Noonan. 1979. Concealment of ovulation, parental care, and human social evolution. In *Evolutionary Biology and Human Social Behavior*, ed. N. Chagnon and W. Irons. Duxbury.

Alexander, R., J. Hoogland, R. Howard, K. Noonan, and P. Sherman. 1979. Sexual dimorphisms and breeding systems in pinnipeds, ungulates, primates, and humans. In *Evolutionary Biology and Human Social Behavior*, ed. N. Chagnon and W. Irons. Duxbury.

Allen, G., and L. Simmons. 1996. Coercive mating, fluctuating asymmetry and male mating success in the dung fly, *Sepsis cynipsea. Animal Behaviour* 52: 737–741.

Allen et al. 1975. Against "sociobiology." *New York Review of Books*, November 13: 182–185.

Allgeier, E., and A. Allgeier. 1991. *Sexual Interactions*, third edition. Heath.

Amir, M. 1971. *Patterns in Forcible Rape*. University of Chicago Press.

Andersen, N. 1997. A phylogenetic analysis of the evolution of sexual dimorphism and mating systems in waterstriders (Hemiptera, Gerridae). *Biological Journal of the Linnaean Society* 61: 345–368.

Andersson, M. 1994. *Sexual Selection*. Princeton University Press.

Arnqvist, G. 1989. Sexual selection in a water strider: The function, mechanism and selection and heritability of a male grasping apparatus. *Oikos* 56: 344–350.

Arnqvist, G. 1992. Spatial variation in selective regimes: Sexual selection in the water strider, *Gerris odontogaster. Evolution* 46: 914–929.

Arnqvist, G., and L. Rowe. 1995. Sexual conflicts and arms races between the sexes: A morphological adaptation for control of mating in a female insect. *Proceedings of the Royal Society of London* B 261: 123–127.

Avise, J. 1998. *The Genetic Gods: Evolution and Belief in Human Affairs*. Harvard University Press.

Bachman, R., and L. Saltzman. 1995. Violence against Women: Estimates from the Redesigned Survey. Special Report, Bureau of Justice Statistics, US Department of Justice.

Bailey, J., S. Gaulin, Y. Agyei, and B. Gladue. 1994. Effects of gender and sexual orientation on evolutionarily relevant aspects of human mating psychology. *Journal of Personality and Social Psychology* 66: 1081–1093.

Bailey, R., R. Seymour, and G. Stewart. 1978. Rape behavior in blue-winged teal. *Auk* 95: 188–190.

参考文献

Afton, A. 1985. Forced copulation as a reproductive strategy of male lesser Scaup *Aythya affinis*: A field test of some predictions. *Bebaviour* 92: 146–167.
Ageton, S. 1983. *Sexual Assault among Adolescents*. Lexington.
Ahmad, Y., and P. Smith. 1994 Bullying in schools and the issue of sex differences. In *Male Violence*, ed. J. Archer. Routledge.
Alcock, J. 1975. *Animal Behavior*. Sinauer.
Alcock, J. 1993. *Animal Behavior: An Evolutionary Perspective*, fifth edition. Sinauer.
Alcock, J. 1997. *Animal Behavior: An Evolutionary Perspective*, sixth edition. Sinauer.
Alcock, J. 1998. Unpunctuated equilibrium in the natural history essays of Gould, Stephen Jay. *Evolution and Human Behavior* 19: 321–336.
Alexander, R. 1971. The search for an evolutionary philosophy of man. *Proceedings of the Royal Society of Victoria* 84: 99–120.
Alexander, R. 1974. The evolution of social behavior. *Annual Review of Ecology and Systematics* 5 : 325–383.
Alexander, R. 1975. The search for a general theory of behavior. *Behavioral Sciences* 20: 77–100.
Alexander, R. 1978. Evolution, creation and biology teaching. *American Biology Teacher* 40: 91–107.
Alexander, R. 1979. *Darwinism and Human Affairs*. University of Washington Press. アレグザンダー『ダーウィニズムと人間の諸問題』山根正気・牧野俊一訳、思索社
Alexander, R. 1987. *The Biology of Moral Systems*. Aldine de Gruyter.
Alexander, R. 1988. The evolutionary approach to human behavior: What does the future hold? In *Human Reproductive Behavior*, ed. L. Betzig et al. Cambridge University Press.
Alexander, R. 1989. The evolution of the human psyche. In *The Human Revolution*, ed. P. Mellars and C. Stringer. University of Edinburgh Press.
Alexander, R. 1990. Epigenetic rules and Darwinian algorithms: The adaptive study of learning and development. *Ethology and Sociobiology* 11: 241–303.
Alexander, R., and G. Borgia. 1978. Group selection, altruism, and the levels of organization of life. *Annual Review of Ecology and Systematics* 9 : 449–474.

お礼の言葉

本書は、真の意味での共同作業によって生まれた。共著者である私たちは、すべてのページを共同で執筆し、どちらの名前を先に記すかは、ランダムに決定された。

本書の完成のために多くの人に力を貸してもらったが、なかでも、精力的に文献を検索し、膨大な下書きを読み通して批評してくれた、研究助手のスコット・ライトの貢献は大きい。彼がいなければ、本書は完成しなかっただろう。その他、全原稿を読んで批評してくれた、ジョン・オルコック、ポール・アンドルーズ、ポール・ベイトゥグ、ローラ・ベツィグ、エイミー・ブランド、デイヴィッド・ディバーリ、オーウェン・ジョーンズ、ドナルド・サイモンズ、ロバート・トリヴァース、その他四名の匿名のかたがたにも、感謝の意を捧げたい。

マイケル・フィッシャー、マーク・ハウザー、カーク・ジャンセンは、原稿を読んで有益なコメントをくれた。アン・ライスは原稿整理を、ジョイ・ソーンヒルは索引作りを、それぞれ専門家として手伝ってくれた。著者の一人であるランディ・ソーンヒルは、レイプの被害者が感じる心理的苦痛に関する諸研究に対して資金援助してくれた、ハリー・フランク・グッゲンハイム財団にも感謝している。

人類のレイプについて考えるのに進化的なアプローチが役立つと主張した人は、私たち以前にもいる。彼らの主張は広く受け入れられたわけではなかったが、レイプを解明する上で生物学が重要かつ基本的な役割を果たすことを示そうとしたそれらの研究の一つひとつが、つぎの研究を容易にしてきた。一九七九年にリチャード・アレグザンダー、キャサリン・ヌーナン、リチャード・ヘイガン、ドナルド・サイモンズは、人類のレイプを初めて現代進化理論の見地から解明しようとする研究を行なった。一九八三年にはウィリアム・シールズとリー・シールズが、人類におけるレイプの進化に関する重要な論文を発表した。一九八〇年代半ばにはデル・ティーセンが、人類のレイプと進化に関して、一冊の本にも匹敵するほどの長さの原稿を書き上げたが、いくつ出版社にあたっても引き受け手がなかったため、ついに出版を諦めた。幸いにしてその後は世間の風向きも変わり、レイプの生物学についてたくさんの科学的論文を書いたリー・エリスは、人類のレイプに関する一冊の本を一九八九年に出版することができた。一九九〇年代になるとヴァーノン・キンゼーとマルタン・ラリュミエールが、性犯罪者についての研究に進化の観点を持ち込んだ。この時期にはまた、ジャック・ベックストロームとオーウェン・ジョーンズが、レイプに関する現代進化理論の見地を法学の学術論文に盛り込んだ。これら先駆者たちの努力のすべてに、私たちは賞賛と感謝を惜しまない。

（適応についての科学的分析と、モラルに基づく警告――その両者の区別のつかない人以外は）誰でも本書を興味深く読める。

――ドナルド・サイモンズの著書『人類におけるセクシュアリティの進化』のカバージャケットに記された、マーク・リドレーの言葉

解説

レイプにどう対処するか？

長谷川眞理子

レイプは、被害者の人権と尊厳を踏みにじる重大な犯罪である。女性にとって、実に恐ろしい事態である。女性は思春期のころから、寂しい夜の町で帰宅を急ぐときも、自然に囲まれた山中を歩いているときも、レイプの危険という恐怖を心のどこかで持ち続ける。しかも、つい最近まで、不当な偏見や男性中心的な議論のために、レイプに関するすべてがゆがめられてきた。レイプの被害者であることを明らかにすることもはばかられた。それは、「実はあなたが誘ったのではないの？」という疑惑の目にさらされるからだ。さらに、敢えて裁判で争うときには、法廷ですべてを根掘り葉掘り聞かれ、あたかももう一度レイプされるようだとまで言われる。下着を引き裂かれてレイプされた女性が起こした訴訟の一つで、裁判官が、「下着を引き裂くのは通常の夫婦間でも起こりうる普通の出来事だから、それ自体ではレイプの証拠にはならない」と述べたという有名な話がある。これを聞いたとき、私は怒り、驚愕した。

確かに、女性にとってレイプは本質的に避けたい話題である。こんな不愉快な現象について詳細に見たくはないし、それに対する理の通った説明など、ましてや聞きたくもない、というのは多くの女性の普通の感覚であろう。私も、その気持ちはよくわかる。しかし、一方で、レイプがなぜ生じるのか、これはセックスの問題であるのだから、必ずや生物学的な問題であることは否定できない。したがって、進化生物学からの分析が必須であることは、これも私にはよくわかる。対象を冷静に科学的に理解しなければ、次の策を講じることもできないだろうと確信している。

本書は、レイプという不愉快な現象がなぜ起こるのか、進化生物学の観点から分析した、まじめな書物である。書いたのは女性と言いたいところだが、残念ながらそうではない。著者は二人の男性で、一方が進化生物学者、もう一方が人類学者である。しかし、進化生物学者のランディ・ソーンヒルは、もともと妻のナンシー・ソーンヒルと一緒にこの研究をしており、共著論文も書いているので、この研究の全体に女性の目が欠けているということはない。

私は、もう一六年も前の一九九〇年、彼がこの本の構想をしていたころ、その内容を熱心に語ってくれたのをよく覚えている。京都で開かれた国際動物行動学会でのことだった。クマゼミの声も騒々しい京都大学のキャンパス。研究発表の合間にティー・ルームでインスタント・コーヒーを飲みながら、彼は、レイプにあった女性の心理を詳しく分析すると、それはレイプに対する対抗進化を表していることがわかる、だから、人類の進化史でレイプはずっと重大な問題であり続けてきたのだという、本書に展開されている議論の骨子を熱心に語ってくれた。その後、私がいつも参加している国際人間行動進化学会でも、何度かレイプに関する彼らの研究発表を聞いた。研究発表のあとには、当然のことながらたくさんの議論が沸騰したが、それらはいつもたいへんまじめで真摯なものだった。

本書の核となっているのは、進化と適応の概念である。しかし、多くの人々は進化と適応について正確な知識を持ち合わせていない。それは、そういう正確な知識が学校で教えられておらず、しかも一般の人々が書店で手にする進化関係の書物は、「トンデモ本」から良書まで、玉石混淆で何が何だかわからない状態だからだ。それとは別に、人文・社会系の諸学問には、人間の現象に対して生物学的説明をあてはめることに対する大いなる警戒がずっと存在してきた（それにも一理はあるのだが……）。

そういう背景があるものだから、人文・社会系の人々が、レイプのような人間の現象について進化的観点から論じる書物に接すると、多くの無用な誤解と反論の果てにすべての議論が捨て去られてしまうことがしばしば起きる。それは、日本でも、諸外国でも状況にさしたる違いはないようだ。そこで、まじめに進化と適応を論じたいと目指す、本書のような書物は、まずは進化と適応についての正確な記述から出発せざるを得ない。読者の方々には、第一に、ここをよく納得した上で、その先の議論を検討していただきたいと思う。進化と適応の概念に関して、正確なコンセンサスがなければ、あとの議論はすべて無駄になるからだ。

人間の諸現象を、進化と適応の観点から考えようという最近の試みは、一九七五年、エドワード・ウィルソンによる『社会生物学』の出版から始まった。実は、もとを正せばそれは、チャールズ・ダーウィンによる一八七一年の『人間の進化と性淘汰』の出版に始まるのだが、最近の理論に基づく試みとしては、ウィルソンの書物がよい出発点である。以来、そのことに関する論争が延々と続き、それは「社会生物学論争」と呼ばれた。この論争の多くが、進化と適応に関する誤解の上になされていたので、その誤りをくり返さないためにも、「進化と適応の正しい理解を！」と言いたくなるのである。

本書は、レイプという、もともと議論の多い題材を扱っており、それを進化と適応の観点から理解する糧を得ようとしている。しかし、何もかもを「進化の産物で適応なのだ」と主張しようとしているのではない。人間の行動も、形態と同じく進化の産物なのだという根本理解をもとにしてはいるものの、行動や心理のような形質について「適応」を論じるとき、どんな証拠が必要なのか、つねに他の仮説との比較を行いながら、非常に厳密にバランスよく議論されていると感じる。その点、人間行動に関する他の進化系の書物よりも、ずっと慎重に議論が展開されているのは、高く評価してよいだろう。

本書にも述べられているように、進化生物学者だって、全員が同じ考えではない。本書の二人の共著者どうしの間にも、意見の相違はある。彼らを取り巻く人間行動生態学者、進化心理学者、動物の行動生態学者たちは、私も含めて、たとえ基本的に考えを同じくする仲間ではあっても、彼らの主張の一つ一つにすべて賛成しているわけではない。その意味では、本書は、「進化と適応からレイプを考える必要は絶対にある」という点では賛同する多くの科学者をバックにつけているとはいえ、個々の分析と結論に関しては、意見はさまざまだという理解の上で読んでいただきたいと思う。判断は、最終的には読者にまかされている。

意見の不一致があるいくつかの点について、少し触れておこう。深くは述べないが、私は、からだの作りの対称性と性的魅力、優良遺伝子との相関に関する彼らの議論は、今では、あまり信頼されていないと思う。本書で展開されているような、対称性が非常に強い信号になっているという考えは、本書の原書の出版からのち、かなり否定されたと思われる。

それから、「性的強要」が、性淘汰の大きな柱であることについて。これについては、本書が書かれた以後、このことの重要性はますますしっかり認識されるようになった。本書でははっきりと述べていないが、雄と雌（男性と女性）の間には、本質的な葛藤と対立が存在するのである。性的強要はその一つの現われにすぎない。雄という存在が採用すれば淘汰上有利になる行動と、雌という存在が採用すれば淘汰上有利となる行動とは一致しない。それは、うまく連動してはおらず、さまざまな側面で対立を引き起こすのである。それが今のところどちらの性の「勝利」で終わるのか、それは種ごとの条件で異なる。レイプは、まさに雌雄の利害の不一致、葛藤から起こるのであるから、それが性淘汰を引き起こす大きな柱の一つであることは、現在なら、もっと強調されてよかっただろう。

最後に私の考えを少し述べよう。私は、人間でレイプが生じることを始めとする多くの性的現象は、雌（女性）が発情の明確な兆候を示さなくなったこととリンクしていると考えている。女性が発情の兆候をおもてに表さなくなったことは、「排卵の隠蔽」と呼ばれている。本書では、そのことは少しも触れられていないが、私は、レイプの原因の中心には、排卵の隠蔽があると考えている。排卵が隠蔽され、女性の発情状態は外からは不明となった。では、女性はいつ「発情」するのか？　一部の学者は、「つねに発情可能」になったと書くが、少しニュアンスが違う。「発情するかどうかは、時と場合の微妙な手がかりによる、そして、それは排卵周期とは関係がない」というのが、正確な表現だろう。

そこで、排卵周期と関係なく、しかも、女性の側から一方的に決められる微妙な状況変化によって、性行動が可能になるかならないかが決められることになったのだ。そこで、すべてを無視してレイプに至る、という選択肢が出てきたのだろう。いずれにせよ、女性の排卵隠蔽のメカニズムを、本書では、もっと大きく取り上げるべきだったというのが、私の感想である。

コペルニクスは、一五四二年に『天体の回転について』という書物を出版した。それは、彼の死の年であった。天動説ではなく地動説を提唱したこの書物は、当時のカトリック教会の教えに反する危険をはらんでいたため、生前の公開をためらった結果である。その第二版に友人のオシアンダーが寄せた「序」には、少し問題があった。彼は、コペルニクスが地動説を唱えたのは、本当に地球のほうが動いていると信じていたわけではなく、そう仮定して計算したほうが、天体の回転に関する計算がずっと楽になるから、という方便だけであったのだと力説したのである。果たして、コペルニクスは本当にそう考えていたのだろうか？　もしもそうではなくて、心の底では本当に地動説が正しいと考え、それを啓蒙したいと考えていたのだとしたら、親友によるこの「序」は、お墓の中で足踏みしたくなるような裏切り行為だったに違いない。

私がここに書いた「後書き」も、著者のソーンヒルとパーマーが本書で熱く展開した内容に対して、ある程度、水を差すようなことかもしれない。自著が外国語に翻訳されるのは、彼らにとって嬉しいことに違いないが、内容に水を差すような後書きがあるのは、それほど嬉しいことではないだろう。しかし、彼らは、まっとうな進化学者として、私の考えにも耳を傾けてくれるだろうし、そのいくつかには賛成もしてくれると信じている。

レイプに関して、政治的、イデオロギー的、フェミニズム的、社会的アプローチから書かれたものはいくつもある。本書は、敢えてそれらの書物の解釈に挑戦し、進化生物学からの仮説を慎重に吟味したものだ。もちろん、これが進化生物学からの最良の解答ではない。さらなる研究によって、仮説が改良されていくことに疑いはない。最終的に興味をもたれるかどうか、賛同されるかどうかは、読者の判断にゆだねられている。しかし、このような観点を理解することも、今後の対策を考える上で必ずや助けになるに違いないと、私は信じている。

（総合研究大学院大学教授）

〔著者〕ランディ・ソーンヒル Randy Thornhill 一九七四年、ミシガン大学動物学Ph.D。現在、ニューメキシコ大学生物学教授、動物行動学、進化心理学専攻。シリアゲムシのレイプ行動からヒントを得て、人間のレイプ行動の研究を行った。クレイグ・パーマー Craig T. Palmer アリゾナ州大学Ph.D。現在、コロラド大学人類学インストラクター。進化心理学の分野の、主に人間の配偶戦略と性的嗜好を研究している。

〔訳者〕望月弘子（もちづき・ひろこ） 翻訳家。東京大学教育学部卒業。訳書『女の由来』『進化の傷あと』『人類の起源論争』（以上エレイン・モーガン著、どうぶつ社）『視覚の文法』（ドナルド・D・ホフマン著、共訳、紀伊國屋書店）ほか。

人はなぜレイプするのか
——進化生物学が解き明かす

2006年7月30日　第1刷発行
2021年3月15日　第2刷発行

著者　ランディ・ソーンヒル
　　　クレイグ・パーマー

訳者　望月弘子

発行者　辻一三

発行所　株式会社青灯社
東京都新宿区新宿1-4-13
郵便番号160-0022
電話03-5368-6923（編集）
　　03-5368-6550（販売）
URL http://www.seitosha-p.co.jp
振替　00120-8-260856

印刷・製本　株式会社シナノ

ISBN4-86228-006-4 C1045

小社ロゴは、田中恭吉「ろうそく」（和歌山県立近代美術館所蔵）をもとに、菊地信義氏が作成

●青灯社の本●

「二重言語国家・日本」の歴史
石川九楊
書の表現技術と筆致の心理から、中国への異和、日本固有の美学の成立、大和ごころの幻視、中国の再認識等、時代精神の変遷を鮮やかに解明していく。（定価二二〇〇円＋税）

脳は出会いで育つ
——「脳科学と教育」入門
小泉英明
過保護や溺愛は非行を招く可能性がある。脳こうそく後のリハビリは2か月が勝負——。一生にわたって脳を育むにはどうすればいいのか。最新成果と展望を語る。（定価二〇〇〇円＋税）

高齢者の喪失体験と再生
竹中星郎
「生きがい」や「自立」は望ましいが、引きこもりでも〝自分らしく〟あればいい。老年精神医学の第一人者が、一人一人の内面を見つめる味のある高齢者生き方論。（定価一六〇〇円＋税）

「うたかたの恋」の真実
——ハプスブルク皇太子心中事件
仲　晃
この心中事件は、はたして「天国に結ぶ恋」であったのか。歓楽と哀愁と腐敗の街ウィーンを舞台に、自殺へと追いこまれていく真相と帝国崩壊の予兆を描く。（定価二〇〇〇円＋税）

歯はヒトの魂である
——歯医者の知らない根本治療
西原克成
名歯科医が歯科医療の欠陥を正し、生体力学や歯の進化学の視点から、歯と身体の関わり、歯の病気の治し方、自ら開発した画期的な人工歯根の仕組みを紹介する。（定価一六〇〇円＋税）

ナチと民族原理主義
クローディア・クーンズ著
滝川義人訳
ドイツ国民の良心的行動によるユダヤ人排撃。単にナチの悪と片づけられない。その道徳体系の意識形成に当時の知的エリートがいかに関わったかを明かす労作。（定価三八〇〇円＋税）